発達障害と司法

非行少年の処遇を中心に

龍谷大学矯正・保護研究センター叢書 第11巻

浜井浩一
村井敏邦
［編著］

現代人文社

はじめに

浜井浩一（龍谷大学教授）

　今や，発達障害は学術的に一つのブームを迎えている．精神医学や臨床心理学に限らず，心理学，福祉，犯罪などに関する学会では，発達障害と題するシンポジウムや研究会を企画するだけで会場は満員になることが多い．そのきっかけは，おそらく，事件を起こした者が発達障害と診断された事例が，マスコミで大きく取り上げられたことではないだろうか．

　最近では，わかりにくい（動機なき殺人といわれるような）事件が起きた場合には，反射的に「発達障害なのでは」と考える人も少なくない．実際に，非行歴のない少年が突発的に見ず知らずの人を殺害した場合には，発達障害という診断をつけられることが多いようにも思われる．

　しかし，私たちは，発達障害という診断がつくことで何かわかったような気になっていないだろうか．精神科的診断で，「あぁ発達障害なんだ．だから普通と違うんだ」とわかったふりをして，単に切り捨てているだけということはないだろうか．〈発達障害＝突然キレる危険な人〉と誤解してはいないだろうか．特に司法の場では，そうした疑問を強く感じる．現在のところ，処遇機関を除く法曹関係者で発達障害についてきちんと理解し，対応しようとしている人はごく少数である．本書は，このような問題関心を出発点として，発達障害と非行との関係について，何がわかっていて，何がわかっていないのか，司法の場で発達障害をもつ非行少年と接する際には，何に気をつけ，どのように処遇すべきなのかといった点について，医学，心理学，刑事法学といった学問分野の研究者に加えて，裁判，矯正・保護，福祉といった現場の最前線でこの問題に取り組んでいる専門家にさまざまな観点から解説していただいた．

　発達障害が非行と一緒に語られる際には，最初に，発達障害は，非行の原

因ではないと断った上で議論が始められることが多い．確かに発達障害は犯罪や非行の直接的な原因ではありえない．これは，発達障害の基本的な障害特性が，人を陥れようとする悪意や嘘とは無縁だからである．発達障害をもつ者（以下，発達障害者とする）は，太っている人を見て，「あなた太っていますね」と言ってしまったり，就職面接で，「御社は滑り止めです」と答えたりするなど，社交辞令が言えずに，正直過ぎて周囲と軋轢を起こしてしまう．また，発達障害者は決められたルールに対しては，それを杓子定規に守ろうとする人たちでもある．不適応を起こさず育てば，定型者（障害をもたない者）よりも犯罪をしにくい人たちだと言ってもいい．

しかしながら，発達障害者が重大事件を起こした場合，事件と障害がまったく無関係であるかといえば，そうではない．本書でもたびたび指摘されることだが，非行は，発達障害を基底とする二次障害の症状の一つであるとされている．これは，発達障害の特性を周囲が十分に理解していないことに起因する．すなわち，発達障害の障害特性である強いこだわりや頑固さ，あるいはコミュニケーションの不自然さを，周囲が悪意に受け取ってしまい「自分勝手で思いやりがない」と評価し，叱責することを繰り返したりすると，本人の被害感が強くなり，社会的に不適応な状態が作られ，それが非行につながるということである．このように発達障害，特に高機能広汎性発達障害と言われるものについては，障害そのものが見えにくいことに加えて，非行との関係性が障害を基底とした二次的なものであるという点が，刑事司法の場での理解を困難なものとしている．統合失調症等による妄想や幻覚に支配されて犯罪を起こした場合には，責任能力の有無が問題とされ，刑事法的な論理にもなじみやすい．しかし，発達障害の場合には，同じ障害で同じ症状をもつ者がいたとしても，周囲が適切な対応をしていれば，犯罪や非行は起こらない．となると責められるべきは，本人ではなく周囲にいる人ということになる．

しかし，個人責任を原則とする刑法の世界では，これはとても困ったことである．刑法では，犯罪を実行した者またはこれを教唆・ほう助した者でなければ処罰の対象とすることはできないのだ．周囲にいる人に責任があると言われても，障害特性を理解した上でそれを積極的に利用しようとする意思がない限り，刑法上，周囲にいる人を罰することはできない．となると，本人の責任を問うしかない．現実の裁判では，本人にたとえ障害があったと

しても，刑法39条にいう心神喪失や心神耗弱に当たらなければ，完全責任能力があるということになり，障害の有無はほとんど考慮されずに，定型者と同じように裁かれることが多い．精密な論理を組み立てようとする刑事司法の世界では，よくわからないあいまいな個別事情は無視されやすい．最近の裁判事例を見ていると，発達障害の議論は，残念なことではあるが，責任能力の決着がついた段階で脇に追いやられてしまうことが多いように感じられる．

　だが，それで良いのだろうか．本書で弁護士の古田が指摘しているように，発達障害は，社会性，コミュニケーション能力や思考の障害であり，事実認定や犯罪の故意を含めて，裁判官，検察官や弁護人が障害特性を正しく理解していなければ，適切な尋問も適切な証拠（調書など）の評価もできないはずである．特に，高機能広汎性発達障害と言われる人たちは，一見，定型者に見えるが，その障害の本質が社会性，コミュニケーション能力，思考といった機能の障害にあるため，取り調べ，調書の作成，審判や裁判において，その障害特性を知らない者（警察官，検察官，裁判官など）が担当すると，発達障害特有のこだわりや場にそぐわない言動を「強情で悪質な確信犯．反省がまったく認められない」などととんでもない誤解をしかねない．そして何より，刑事司法は判決で終わるわけではない．判決後に保護観察を実施したり，刑務所で処遇を行ったり，社会復帰に向けた支援を行ったりする上で，発達障害に対する理解は不可欠である．

　本書は，このような問題関心から，発達障害のなかでも，特に，高機能広汎性発達障害と言われるものに焦点を当て，その特徴および少年司法における尋問などに対する適切な対応のあり方，非行と言われる行為の理解の仕方や矯正施設等での治療（教育）可能性などについて理解を深めることを目的とする．そのために，発達障害をもつ非行少年の裁判事例および少年院での処遇事例等を検討し，発達障害者が非行を起こすプロセスや，尋問での応答などコミュニケーションの特徴を理解し，再犯防止等に対する有効な処遇方法について検討する．

　なお，本書は，龍谷大学矯正・保護研究センターの研究プロジェクトの研究成果である．同センターの矯正処遇と心理プロジェクト（代表：村井敏邦）と，発達障害と非行少年処遇プロジェクト（代表：浜井浩一）とが合同して研究会を組織し2007年から活動してきた．この研究会の最大の特徴は，本

書の執筆陣に見られるように多様な専門領域を有するメンバーで構成された学際性にある．

研究会では，発達障害という共通したテーマを通して，少年司法のそれぞれの段階での処遇の実態，専門領域の違いによる関心やアプローチの相違点等についての相互理解を深めることに重点が置かれた．これは，必ずしも容易ではなかった．一例を挙げると，研究会では事例報告（裁判事例や処遇事例等）が多く行われた．臨床心理家にとって事例報告による研究会はケース検討の場であると理解される．そこで語られるのは，ケースの理解の仕方や処遇の働きかけの臨床的妥当性である．しかし，刑事法の研究者にとっては，客観的事実の確認や故意，責任能力の有無に関心が向かい，ともすると抽象的な議論が展開されてしまう．また，同じ心理学者でも，認知心理学と臨床心理学では関心の対象や研究方法が異なる．精神科医の見方も臨床心理学者と同じではない．同じケースについて議論しながら，まったくかみ合っていないことも少なくなかった．本当にわかりあっているのか不安を感じる場面もあった．まさに同床異夢の世界である．

編者の一人である筆者は，認知心理学を大学で学び，法務省に就職して臨床心理学の訓練を受け，矯正・保護のすべての現場で勤務経験があり，留学して犯罪社会学（犯罪学）を学び，法務総合研究所で刑事政策の研究をしつつ，外国人に対する刑事法の研修等に従事し，転職して法科大学院の刑事法（犯罪学）のスタッフとなった．そのような筆者が研究会の司会進行を務め，できるだけ専門相互間の通訳を試みたが，逆に，司会者自身がイライラしてしまう失態もあった．本書は，そうした悪戦苦闘の結果生み出されたものである．

しかし，そのような過程を経て，発達障害と司法をめぐる画期的な書籍となったと自負している．少年審判・裁判を担当する裁判官，検察官や弁護士，現場で処遇を担当する法務教官，刑務官，保護観察官，保護司，さらには，発達障害者の支援を行う福祉関係者といった幅広い読者の方が，処遇上・指導上の留意点やヒントを本書から見つけてくだされば幸いである．

（はまい・こういち）

『発達障害と司法　非行少年の処遇を中心に』**目次**

はじめに［浜井浩一］　2

序　章　**本書の構成と趣旨**　　　　　　　　　　　　　浜井浩一　10
　　　本書の構成　10
　　　各章の紹介　11

第1部　発達障害の特徴

第1章　発達障害とは何か　「発達障害」概念は人間の理解に資するものか
　　　　　　　　　　　　　　　　　　　　　　　　　　浜田寿美男　30
　　　はじめに　30
　　1　発達障害とは何か　31
　　2　発達障害とその連続した多様性　32
　　3　機能連関と症状形成という視点　36
　　4　問題の原因と理由　38
　　5　「発達障害」によって顕わになったもの，隠されたもの——ある事件から　40
　　　おわりに　43

第2章　発達障害の診断と対応　特に，青年期の高機能広汎性発達障害について
　　　　　　　　　　　　　　　　　　　　　　　　　　中野育子　45
　　　はじめに　45
　　1　広汎性発達障害の診断　46
　　2　対応，支援について　53
　　3　自立への支援　56
　　　さいごに　57

第3章　非行と発達障害の関係　事例研究を通じて
　　　　　　　　　　　　　　　　　　　　　　　　　　小栗正幸　60
　　　はじめに　60
　　1　事例　60
　　2　非行化の背景　64

3　二次障害の諸相　　　　　　　　66

第4章　非行と発達障害の関係　実証研究を通じて
　　　　　　　　　　　　　　　　　　　　　　渕上康幸　73

　　はじめに——実証研究の誤用　73
　　1　アナログ研究と類推・連続性　74
　　2　連続性とスペクトル　75
　　3　アナログ研究と疫学調査　76
　　4　縦断的発達研究　77
　　5　破壊的行動障害（DBD）マーチの実証研究　79
　　6　児童虐待と非行　80
　　7　児童虐待の先行要因としての発達障害傾向　81
　　8　アナログ研究の手法を用いた構造方程式モデリング　82

第5章　発達障害者支援の取り組みと課題
　　　　　　　　　　　　　　　　　　　　　　山岡　修　86

　　はじめに　86
　　1　発達障害をめぐる非行や事件発生の衝撃　86
　　2　法律上や制度上の発達障害の位置づけ　88
　　3　我が国における発達障害者支援の取り組み　92
　　4　発達障害支援施策の今後の課題　100
　　5　発達障害と非行少年の処遇について　101
　　おわりに　107

第2部　発達障害と裁判

第6章　刑事裁判と発達障害
　　　　　　　　　　　　　　　　　　　　　　古田　茂　110

　　はじめに　110
　　1　発達障害の諸特徴と刑事裁判　111
　　2　発達障害を有する者の防御能力およびこれを前提とした手続上の問題点　113
　　3　刑事裁判における発達障害に関する立証活動および審理上の問題点　119
　　4　発達障害を有する者に対する必要な支援と刑事手続との関係　124
　　5　マスコミ対策上の問題点　125
　　おわりに　126

第7章　刑事責任能力と発達障害
浅田和茂　129

はじめに　129
1　刑事責任能力とその判断　130
2　広汎性発達障害,特にアスペルガー障害と責任能力　135
おわりに　141

第8章　発達障害をもつ人の記憶と面接
仲　真紀子　144

はじめに　144
1　記銘と学習　145
2　保持と再生　148
3　特異な記憶　151
4　ASDへの面接　152

第3部　発達障害をもつ非行少年の処遇

第9章　発達障害をもつ非行少年の処遇　事例研究を通じて
阪本哲也　160

はじめに　160
1　事例紹介　161
2　考察　170

第10章　少年鑑別所・少年院での処遇
小栗正幸　171

はじめに　171
1　二次障害の特徴　171
2　対象者への指導　174
3　保護者への対応　183

第11章　発達障害をもつ保護観察対象少年とその家族に対する援助について
山口裕司　187

はじめに——発達障害と非行　187
1　保護観察について　188
2　事例　190
3　考察　194

第12章　発達障害のある少年を中心とした福祉と刑事司法の連携

原田和明　200

　　はじめに　200
　　1　支援チームの形成と支援のあり方　200
　　2　刑事司法におけるケースマネジメント　202
　　3　被疑者段階での支援と連携　204
　　4　少年審判手続（刑事訴訟手続）段階での支援と連携　205
　　5　刑事的処遇と福祉的支援の連携　209
　　6　地域生活定着支援センターと退院（出所）後の支援　212
　　おわりに　213

第13章　オーストラリア・ビクトリア州における知的障害をもつ非行少年（ジャスティス・クライアント）への処遇

水藤昌彦　216

　　はじめに　216
　　1　少年司法制度の概要　218
　　2　知的障害者福祉制度の概要　222
　　3　ジャスティス・クライアントへの特別処遇　223
　　4　ジャスティス・クライアント処遇——架空のケースＸを題材にして　228
　　おわりに　231

終　章　まとめに代えて　何が明らかになったか

村井敏邦　238

　　1　刑事司法における発達障害についての理解の変遷　238
　　2　少年事件と発達障害　239
　　3　裁判員裁判と発達障害　240
　　4　発達障害者の社会生活のために　241
　　5　本書の意義　242

編著者略歴・著者略歴　244

序章 本書の構成と趣旨

浜井浩一（龍谷大学教授）

本書の構成

　目次に見られるように，本書は「発達障害の特徴」，「発達障害と裁判」および「発達障害をもつ非行少年の処遇」の3部から構成されている．第1部「発達障害の特徴」では，そもそも発達障害とは何か，発達障害者の非行をどのように理解すべきなのかということを，発達心理学，精神医学，非行臨床の専門家，実証的な研究者，そして親の会などの支援者にそれぞれの立場から論じてもらった．第2部「発達障害と裁判」では，発達障害者が裁判を受ける際に何が問題になるのかということを，刑事弁護人，責任能力を研究する刑事法研究者，尋問や目撃証言を研究する認知心理学者にそれぞれの立場から論じてもらった．第3部「発達障害をもつ非行少年の処遇」では，発達障害をもつ非行少年の処遇はどうあるべきなのか，処遇実践のあるべき姿とは何かということを，少年院における法務教官，少年鑑別所の法務技官，保護観察官，福祉の現場（社会福祉士），そして最後にオーストラリア・ビクトリア州の元司法社会福祉士にそれぞれの立場から論じてもらった．
　これまでに発達障害に関する本は多数出版されているが，本書のように，非行を起こした発達障害者を理解し，処遇するために必要な内容をそれぞれの専門領域や司法手続ごとに横断的に解説したものは初めてであり，その学際性に本書の存在価値がある．
　以下，本書の全体像を理解しやすくするため，各章の論文を編者の一人として筆者なりの理解に基づいて紹介する．あくまでも筆者自身が理解した内容であり，詳しくは各論文を精読していただきたい．

各章の紹介

第1部　発達障害の特徴

第1章　発達障害とは何か　「発達障害」概念は人間の理解に資するものか
（浜田寿美男）

　浜田は，発達心理学者の立場から，発達障害という言葉が独り歩きしている現状や発達障害と非行との関係が取りざたされる状況に対して問題提起を行っている．浜田は，発達障害という診断や名前が普及しているわりに，私たちは発達障害についても，それと非行との関係についても何もわかってはいないのだということを指摘する．そして，発達障害と非行との関係が取り上げられる際に，言葉としては，発達障害が非行の直接的原因ではないと明記されながらも，発達障害という診断で不可解な事件を納得してしまおうとする風潮に警鐘を鳴らしている．発達障害は，いろいろな要素が連続的につながっているもので，ある機能だけに着目して定型や正常と区別して理解できるものではないのである．

　その上で，浜田は，発達障害の一つの理解の仕方として，認識（理解）の発達と対人関係（社会性）の発達という二軸で捉えることを提唱する．そうすることによって，連続した多様性の広がりとして発達障害を記述（理解）できるのではないかと指摘する．また，自閉症の子どもたちが奇妙で常同的な行動パターンにはまってしまうのは，周囲の人々と意味世界を共有できないという背景があるのかもしれないとする．

　さらに，発達障害者の奇異な行動に対して「どうして」という問いを立てる場合に，それが原因を聞いているのか，理由を聞いているのかを分けて考えることの必要性を指摘している．

　発達障害の原因は脳の器質障害だというのが現在の定説である．これは，原因である．ただし，脳のどのような器質異常が発達障害を生み出すのかはまったく解明されていない．脳の器質異常を原因だと記述しても，そこから先は何も生まれてこない．それに対して，発達障害者が，周囲の人から「どうして」と思われる行動をとった際には，その理由を理解することはとても意味がある．たとえば，教室にじっとしていられない児童を発達障害だからと説明したのでは，それでは普通学級から外して特別教育をしようとなっ

てしまい，ただの排除につながる．彼らがじっとしていられないのには，授業がわからない，授業がつまらないなどのさまざまな理由があるはずである．それを理解することで初めて，周囲にいる私たちは適切な対応ができるようになるのである．

最後に，浜田は，「大きな事件が起これば，人々はそれに見合うだけの『原因』を探ろうとする．もちろん，そのことは必要である．しかし，事件をただ外からの原因に帰すことはできない．問題は，事件の当事者たちが与えられた状況をその内側からどのように生きていたのかということにまで及ぶ．そこでは当事者たちの『理由』の世界を見ないわけにはいかない」と締めくくっている．

第2章　発達障害の診断と対応　特に，青年期の高機能広汎性発達障害について（中野育子）

中野は，精神科医の立場から，発達障害，特に青年期の高機能広汎性発達障害の診断の難しさとポイントを具体的事例を使ってわかりやすく解説している．広汎性発達障害は，①対人的相互反応における質的な障害，②コミュニケーションの質的な障害，③行動，興味および活動の限定された反復的で常同的な様式の三つの特性をもつとされる．原因は，脳の生得的，器質的な障害とされるが，心理テストやMRIなどで診断されるわけではなく，現在の症状や生育歴などが重要な診断要素になる．

Lorna Wingは，自閉症スペクトラム障害を提唱し，発達障害は，切れ目のない連続体的障害であり，その連続体のなかに症状の濃淡によってさまざまな発達障害があると表現した．その診断基準は，先ほどの広汎性発達障害の特性を更に抽象化したもので，社会性，コミュニケーションおよび想像力の障害の有無および程度であるとされる．これは通称「三つ組みの障害」とも呼ばれている．

発達障害は，社会との関係性のなかで当事者が生き難さを感じたりして問題となることが多く，中野は，「生来性の障害であるにもかかわらず，途中で診断名が消失してしまうのでは，一見，発達障害の概念に相反するようであるが，発達障害は周囲との適合性で，顕在化したり，逆に見えにくくなることもある」と指摘するなど，加齢や環境によって症状が変わるため，診断が変化する可能性を指摘している．また，発達障害の診断で重要となる具

体的特徴として，二次障害や気分障害との合併症の可能性，随伴症状として過去の体験がフラッシュバックのようによみがえってくるタイムスリップ現象や被害関係念慮などの存在を指摘している．

第3章　非行と発達障害の関係　事例研究を通じて（小栗正幸）

　小栗は，心理学を専門とする非行臨床の実務家の立場から，発達障害と非行との関係や発達障害をもつ非行少年へのアプローチの仕方をいくつかの典型的な（仮想）事例を通して解説している．これは，発達障害者に限らないが，幸せな家庭ですくすく育った非行少年はまずいない．非行少年の家庭には貧困や夫婦の不和などさまざまな問題が潜んでいることが多い．小栗はそれを，「あの家庭なら仕方がない」等と評価し，放置することによって障害の存在を見えにくくしている面があると指摘する．非行は，発達障害に対する適切な対応がなされなかったために発生した二次障害として発生していることが多く，その二次障害が前面に出ることが，その背後にある発達障害を見えにくくしている要因ともなっているのである．

　いずれにしても，小栗は，周囲が発達障害に気づき，継続的に支援が行われてきた少年に非行化はほとんど見られないと指摘する．その上で，発達障害をもつ非行少年を理解するためのコツをいくつか伝授してくれている．たとえば，刑法上，他人の物を許可なくもち去れば，それは窃盗である．しかし，発達障害者の視点に立てば，それは無断拝借かもしれないという可能性である．彼ら自身の意識のなかでは，盗んだつもりはなく，単に貸して欲しかっただけなのかもしれない．ただ，その障害特性から適切な借り方がわからず，黙ってもってきたため窃盗になったのかもしれないのである．窃盗だと考えれば，その対応としては，他人の物を盗んではいけないと規範意識に働きかけることになるが，無断借用だとすれば，人がもっているものを借りたいと思った場合の社会的なスキルを教えることが必要である．再非行を防止する観点からは，この理解は不可欠である．また，目の前で他人の物が自分のカバンに入っているのを見つかっても，発達障害をもつ少年の場合には，なかなか盗んだ事実を認めないことがある．これは，発達障害者には他人の立場に立って物事を考えることができにくいという特徴があるためである．他人の気持ちや立場を想像することが困難であるというのも障害の一つの特徴である．頑固に非を認めないことを，反省していない証拠だ

と考えて叱責のみを繰り返すと状況はますます悪化してしまう．頑固さやこだわりも発達障害の特徴の一つだからである．

　発達障害者は他人の視点に立つことが苦手であるということを述べてきたが，実は，刑事司法の専門家も，非行少年の立場に立って彼らを理解することが得意ではない人が多い．非行少年に関わる専門家は，まず，彼らの立場に立って「どうして」と考えてみる想像力が必要なのかもしれない．

第4章　非行と発達障害の関係　実証研究を通じて（渕上康幸）

　渕上は，発達障害と非行との関係について実証的心理学の立場から計量的な分析を行っている．まず，横断的研究の限界や相関関係と因果関係の相違など，実証研究がもつさまざまな限界や問題点について言及しつつ，非行少年の約3％が発達障害をもつといった調査の数字が独り歩きすることの危険性について注意を喚起している．

　その上で，アナログ研究（ある精神疾患の心理的な過程を類推するために，非臨床サンプルに対して精神疾患の症状を測定する自己記入方式尺度を用いて行う研究）と言われる手法を用いて，発達障害と保護者の養育態度などの非行の促進要因や非行化からの保護要因との関係，さらには，それらと非行との関係について分析している．渕上は，破壊的行動障害（DBD）マーチといわれる行動性の外在化によって起こるとされる注意欠如・多動性障害（ADHD）から反抗挑戦性障害（ODD）へ，そしてさらに素行（行為）障害（CD）へという障害の深化を一つのモデルとして，アナログ研究のデータを構造方程式モデリングという統計手法を用いて非行化への因果の連鎖をモデル化し，検証している．その結果，小学生時の反抗挑戦性障害傾向が強いほど，家族からの暴力や放任，愛情不足といった不適切な養育経験を有しており，不適切な養育経験が，素行障害傾向，つまり非行化傾向を高める因果連鎖があること，さらには，そこに不適切な養育体験と非行抑制傾向（罰感受性や罰回避性）という変数を加えるとその因果連鎖が消失することを見い出した．つまり，不適切な養育態度または非行抑制性に適切に介入すれば，（DBD）マーチ，すなわち発達障害からの非行化を防止できる可能性があることを実証的に確認したのである．ただし，渕上が指摘しているように，非臨床サンプルを使用した横断的なアナログ研究であり，この結果の一般化には留意が必要であることは言うまでもない．

第5章　発達障害者支援の取り組みと課題（山岡 修）

　山岡は，発達障害者に対する支援者の立場から日本における発達障害者支援の歴史，現状，そして将来への課題について解説している．山岡は，自閉症を除く発達障害者に対する支援が意識され始めたのは，「全国LD（学習障害）親の会」が発足した1990年であると紹介している．発達障害は，診断基準的には精神障害に分類されるべきものとされていた．だが，法律上は，長いあいだ精神保健福祉法と知的障害者福祉法のはざまに落ちてしまい，法的にもきちんと定義されず，福祉的な支援も届かない時代が長く続いている．皮肉なことに，発達障害が社会的な関心を集めたのは，1990年代後半から2000年代にかけて起きたいくつかの重大な少年事件がきっかけとなっている．こうした事件は，社会のなかに発達障害に対する偏見を引き起こすと同時に，厚生労働省が発達障害者に対する支援の必要性を認識するきっかけともなっていると山岡は指摘する．

　いずれにせよ，関係者の努力によって2004年に議員立法で発達障害者支援法が成立し，翌2005年から施行されている．この年には，山岡も中心メンバーである日本発達障害ネットワーク（JDDネット）が発足し，政府の審議会等に委員を送り込んで積極的に政策提言を行っている．筆者が山岡と知り合ったのも厚生労働省の社会保障審議会障害者部会の委員としてであった．

　現在，発達障害は，法的に認知され，厚生労働省や文部科学省を中心にさまざまな支援が試みられている．ただ，山岡は，現状ではいずれもモデル事業的なものが中心で，個々の障害者やその家族に十分な支援が届いているわけではないと指摘する．山岡は，発達障害者の支援には，①早期発見・早期療育，②教育的支援，③就労支援，④地域における相談・支援体制の整備，⑤専門家の育成と専門的医療機関の確保，⑥調査研究，⑦理解啓発の促進などが必要だと指摘する．地域社会の発達障害者に対する理解が進むことによって，早期発見・早期療育が行われれば，発達障害者は就労・自立することが可能なのである．

　最後に，山岡は，本来的には，被害者になることは多くても加害者になることが稀な発達障害者が不幸にも非行少年となってしまったときには，マニュアル的な指導ではなく，一人ひとりの特性に応じた個別的な矯正処遇を行い，彼らが自己有能感をもち，自己理解・他者理解ができ，家族とつな

がっていけるような働きかけが必要だとも指摘している．

第2部　発達障害と裁判

第6章　刑事裁判と発達障害（古田　茂）

　古田は，刑事弁護人の立場から，実際に重大事件により家庭裁判所から逆送され刑事裁判を受けることになった少年の弁護活動を通して，広汎性発達障害をもつ少年が刑事裁判を受ける際に留意しなくてはならない事項について具体的に考察している．

　発達障害をもつ少年が刑事裁判を受けることになる場合，まず，着目しなくてはならないのは，発達障害が社会性，コミュニケーション，そして思考の障害であり，これらは，取り調べで事実を聞きとったり，裁判で防御権を行使したり，尋問に答えたり，反省や謝罪を申し述べたりすることすべてに影響を与えるという事実である．これらのすべてについて，本人の障害特性がきちんと理解されていなければ，事件の本質についてとんでもない誤解をする危険性がある．

　古田は，これらの問題点を捜査段階から，公判段階まで具体的に指摘している．刑事裁判では，責任能力，犯行の動機，犯行の経緯，処遇選択などすべての局面で障害の有無や程度との関係が問題になるべきであるが，現実の裁判では，発達障害は完全刑事責任能力があると判断した時点で，障害特性に対する配慮はほとんどなくなってしまう．古田は，こうした現状に対して，発達障害者は，そのコミュニケーション障害から，①長い質問に混乱しやすい，②会話中の主客を混乱しやすい，③心情について記述するのが困難，④質問において，時制，つまり現在と過去をうまく分けられない，⑤否定型の疑問文が理解しにくい，⑥比喩的な表現を字句通りに理解する，⑦文脈的な理解が苦手などの傾向があり，配慮が必要だと具体的に指摘する．

　そして，発達障害をもつ被告人の弁護人としての立証課題には，大きく分けて，責任能力に関するもの，少年の供述の理解や評価に関するもの，処遇のあり方に関するものがあると述べている．これらを適切に立証するためには，取り調べの完全可視化に加えて，裁判員を含めた刑事司法関係者が発達障害について正しく理解することが必要であると指摘する．

　古田とその同僚たちは，彼らが関わった裁判を通して，発達障害に関する

多くの文献を精査し，多数の専門家と話し合うなど膨大な時間を費やして弁護に当たった．古田の論文を読みながら，果たして，事件を担当した裁判官や検察官は，どの程度，発達障害について理解しようと努力したのか，ぜひ本人たちに聞いてみたいと思った．ちなみに，筆者は古田が弁護人を務めた裁判に弁護側の専門家証人として出廷した．その際に，弁護人たちの発達障害を理解しようとする姿勢に驚きを感じるとともに，それに対する裁判官の無関心さにも同様に驚きを感じた．

第7章　刑事責任能力と発達障害（浅田和茂）

　浅田は，刑事法研究者の立場から，広汎性発達障害を中心に発達障害と責任能力の関係について問題提起を行っている．

　「責任なければ刑罰なし」という言葉で表現される責任主義は，近代刑法の基本原理である．浅田は，まず，この責任主義を体現した刑法39条「心神喪失者の行為は，罰しない」「心神耗弱者の行為は，その刑を減軽する」の解釈をめぐる議論を整理する．刑法では，精神の障害を生物学的要件，行為の是非を弁別する能力・その弁別に従って行動する能力を合わせて心理学的要件とする議論がある．浅田は，前者は精神科医が，後者は法律家が判断すべきといった議論やドイツでの「統合失調症の場合には原則として責任無能力とすべきである」という慣例（Konvention）を確立すべきであるとする議論を紹介しながら，精神鑑定をめぐり誰が生物学的要件や心理学的要件といった責任能力を判断すべきなのかという判例の変遷を解説する．

　浅田によると，裁判所は，近年，責任能力は事実認定の一つであり，裁判官が証拠に基づいて判断するべきものとして，積極的に責任能力を認めて刑罰化を推し進める傾向にあったが，2008（平成20）年の最高裁判決（刑集62巻5号1559頁）が，鑑定人の公正性や能力に疑いがない場合には，その意見を十分に尊重して認定すべきと判断し，そうした傾向にやや歯止めをかけたことを積極的に評価している．その上で，最近の広汎性発達障害と診断された者に対する主要な判決を一つずつ精査し，その多くが弁識能力・制御能力が限定されてはいたが「著しくはない」として心神耗弱も否定して完全責任能力と判断する事例が目立つことに疑問を投げかけている．

　広汎性発達障害の場合には，社会的な訓練によって不適切な行動を制御するように学習することは可能であるとしても，そのような学習の機会の

ないまま犯行に至ってしまった行為者を完全責任能力とすることは責任主義の原則と合致するのかというのが浅田の疑問であり，裁判員裁判で，これがどのように判断されるのかが注目される．

第8章　発達障害をもつ人の記憶と面接（仲 真紀子）

　仲は，認知心理学者の立場から，内外の記憶実験をレビューして発達障害（高機能自閉症などの Autism spectrum disorder）をもつ者と定型者との間に，記憶の覚え込みである記銘，そして記憶の保持・再生に差があるかどうか検討している．その結果，発達障害者の場合，記銘に関しては，やや複雑な処理や意味的体制化が困難である傾向があり，意味や文脈にもとづく効果的な記銘が行われにくいことや，保持・再生でも，若干であるが定型者のほうが再生が正確であるといった報告が見られる．ただし，司法で必要とされる目撃証言などの実験はそれほど多くなく，記憶という点に関する限り，発達障害者だからといって定型者と比較して著しく劣るということはないことが確認されている．

　それよりも，仲が，注意を喚起しているのは，記憶を聞き出すための面接法である．発達障害は社会性やコミュニケーションの障害であると言われるように，その面接に当たっては定型者とは異なる配慮が必要となる．司法面接は，①グラウンドルール（「知らないことは知らないと言ってください」などの面接での約束事），②自由報告（「どうしてここに来ましたか」など一般的な問いかけによって自発的な報告を促す），③質問（さまざまな質問），④クロージング（感謝や面接終了の挨拶）からなるが，仲は，発達障害者に対しては，より明確な情報要求を文字で示す，抽象的でなく直接的な質問を心がけるなどの努力が必要であると指摘する．そして，何よりも司法関係者がこうした発達障害者を正しく理解し，対応することの重要性を強調する．

第3部　発達障害をもつ非行少年の処遇

第9章　発達障害をもつ非行少年の処遇　事例研究を通じて（阪本哲也）

　阪本は，少年院の法務教官の立場から，処遇事例を報告している．事例で紹介されている少年は，ADHDが疑われる窃盗少年で，義父・実母，異父妹の4人家族で，実母の再婚後，両親とうまくいかなくなり家庭が安定した場

とならず，同時に，学力低下から中学校でも問題行動を繰り返すようになったため，学校内で問題児扱いされるようになり，結果として大人に対する不信感を高めつつ非行化が進んでいったと思われる人である．保護処分歴はないものの，保護環境は良好とは言えず，問題行動の根も深いため審判の結果，中等少年院送致となっている．ADHD が疑われるが，知能は中程度と判定されている．この少年に対する少年院での処遇目標は，ルールを守る気持ちと習慣を身につけさせること，大人（教官）との信頼関係を構築し，母子関係を修復することに焦点が当てられている．具体的な処遇経過としては，当初，少年が集団処遇になじまなかったため，単独室での処遇を取り入れながら根気強く内省を働きかけ，基本的なしつけを行いつつ，徐々に集団生活への適応を図っている．同時に，担任教官との信頼関係の構築を通して大人に対する不信感の払しょくを図っている．基本的には，こうした処遇を繰り返しながら，教官との信頼関係を基盤に，自分自身の行動を客観的にとらえられるように働きかけ，さらに，他の少年よりもやや時間をかけ，徐々に本人の成長を促すような働きかけを行っている．そして，出院準備期には，実母との面会を通した関係修復を行い，仮退院という目標を設定し，最上級生としての自覚と責任感をもたせるように働きかけている．また，出院前には医療機関での診察を受けさせ，社会内処遇が円滑に進むように配慮している．

　この報告は，処遇が比較的うまくいった一つの事例であり，すべての発達障害をもつ少年に対する処遇がこのようにうまくいくわけではない．しかし，本報告で紹介された処遇は，少年院で行われる処遇としては決して特別なものではなく，個別的な配慮を十分に行えば，少年院での処遇が発達障害をもつ少年にも応用できることを示しているとも言える．

第10章　少年鑑別所・少年院での処遇（小栗正幸）

　本章は，本書における小栗の2本目の論文である．第3章では，発達障害と非行との関係について解説し，本章では，法務技官・教官としての立場から，少年鑑別所および少年院における発達障害をもつ少年に対する処遇のあり方について解説している．小栗が，まず強調するのは，非行は発達障害の二次障害であるが，こだわりの強い発達障害の症状をもつ少年の二次障害はこだわりの強いものになるなど，その二次障害の症状は，それぞれ根幹

にある発達障害の症状との間に連続的な関係があること，施設の職員は，非行というノイズで見えにくくなった二次障害の背後にある発達障害の基本的な症状に気づかなくてはならないということである．言い方を変えると，周囲を困らせる行動があるということは，その少年自身が何かに困っているということでもあり，少年が何に困っているのかについて正しくアセスメントしなくてはならないということである．

　その上で，小栗は，少年矯正施設の最大の役割は，二次障害の症状（非行性）をできるだけ緩和した状態で社会復帰させることだと指摘する．発達障害は施設だけで解決できる問題ではないが，二次障害の症状を緩和させることは少年矯正施設だからこそできることであると小栗は強調する．そして，施設内で起こる発達障害者の処遇困難事例の多くが，実は，発達障害者の症状の一つであるパニックへの対応であり，小さなパニックを状況操作によって軽くしつつ，自己理解の力を育てることが処遇困難の解消に有効であると指摘する．その際に重要なこととして，小栗は，視点を現在や過去ではなく，未来に向けさせることだと指摘する．具体的な例として，発達障害者の少年院での問題行動の典型例である集団場面に出ることを拒否するという場面に対する対応について述べている．発達障害者にとって，それは「集団場面には出ない（ことに決めた）」というこだわりであるため，やってはいけない指導法は，少年の言っていることを正面から受け止め，集団場面を拒否する理由を聞いたり，その説明に対する反論をしたり，あるいはもう少し頑張るように励ましたりすることであると指摘する．その理由は，こうした指導が少年のこだわりに加担してしまうことになるからである．小栗は，職員が少年のこだわりに固執して説得しようとすることで，かえってこだわりに引きずられ，ミイラ取りがミイラになってしまうと指摘する．発達障害をもつ少年がこだわりを示しているときには，「あっそう」とやり過ごして，話を未来に向けることが有効だとする．少年が反抗的な態度をするときには，少年と向き合い，その話にじっくりと耳を傾けて指導するというのが，非行少年指導の常道であるが，小栗の進める方法は，ある意味，それと相反する働きかけであり，まさに，目からうろこの対応方法である．

　本論文は，自身の処遇経験に基づいた発達障害のもつ症状に対する深い洞察から生まれたもので，具体的でわかりやすく示唆に富むものが多い．

第11章　発達障害をもつ保護観察対象少年とその家族に対する援助について（山口裕司）

　山口は，保護観察官の立場から，発達障害をもつ少年の指導や保護者に対する支援のあり方について，一つの処遇実践例を通して考察している．
　まず保護観察について，山口は「保護観察とは，その対象者に通常の社会生活を送らせながら，一定の遵守事項を守らせるなどの指導監督と住居確保や就労，治療の援助など福祉的な側面をもつ補導援護を行うことで，再び犯罪をすることを防ぎ，またはその非行をなくし，善良な社会の一員として改善更生することを助けるものである」と定義する．その上で，発達障害者の非行を周囲の不適切な対応が作り出した二次障害ととらえ，障害特性を十分に理解した上であれば，保護観察における基本的な構えである「受容と共感」によって，発達障害者の適応性を高めることができるのではないかと考え，自身の処遇実践を報告している．
　山口の報告にある少年（少年院仮退院者）は，少年鑑別所でも，家庭裁判所でも，少年院でも発達障害であるとの確定診断を受けていない．ただ，少年院仮退院直後の保護観察において「僕は警察官になりたい．僕の処分は保護処分であり，欠格事由に当たらない」と主張するなど，処遇場面の随所で，文脈的理解ができない，言葉を字句通り受け止めるといったアスペルガー症候群特有の奇異な行動をとることから，精神科医らが参加する事例研究会にケースを提出し，ほぼ間違いなくアスペルガー症候群であるとの所見を受けている．山口は，この少年に対して，半年間で16回の受容的な面接を行うことで，感情の言語化が促進され，周囲とのコミュニケーションのあり方が大きく変化し，攻撃的な感情を言葉に表して周囲と意思疎通や解決が図れるようになってきたと評価している．そして，この処遇事例を通して，山口は，発達障害をもつ少年に対する処遇として，一貫した環境や構造化された面接が必要であるとしても，受容的で温かい援助関係は十分に有効であると結論づけている．

第12章　発達障害のある少年を中心とした福祉と刑事司法の連携（原田和明）

　原田は，ソーシャルワーカーの立場から，発達障害者が触法障害者となった場合の福祉と刑事司法との連携の具体的な実践例を報告しつつ，そのあ

るべき姿について考察している．原田は，福祉的支援の観点から発達障害者は触法行為の有無にかかわらず生活に何らかの支障（生活ニーズ）を抱えている者であり，触法行為そのものも，ある意味では生活上の支障であると捉える．したがって，触法障害者は，解決すべき生活上のニーズをもった存在であり，ソーシャルワーカーとしては，そこに必要な（福祉的）支援をしていくだけであり，それが再犯の防止につながると指摘する．

　また，触法発達障害者の支援に当たっては，障害を理解するソーシャルワーカー，弁護士，自治体の関係者など多分野からなる支援チームによる働きかけが必要であり，そのチームは支援が継続するなかで機能的に変化していくべきであり，メンバーも流動的であるべきだと主張する．また，こうした支援チームによる介入は，可能な限り早期であることが効果的であり，できれば被疑者の取り調べ段階から関わることが望ましいとも指摘する．さらに，こうした支援は，情状弁護等によって罪を軽くする目的で行われるべきものではなく，裁判官などの刑事司法の専門家が障害を正しく理解して適切な判断を行い，処分後の再犯防止や自立に向けた支援を担保するものでなくてはならないと強調する．

　そして，事例を交えながら，発達障害者の支援に当たっては，本人に対する働きかけだけでなく，環境に対する働きかけも重要であり，施設収容後の支援などでは，環境そのものを変えるような展開も必要になると指摘し，2009年度から制度化された地域生活定着支援センターを通じた福祉と刑事司法のさらなる連携の強化への期待を述べて論文を締めくくっている．

第13章　オーストラリア・ビクトリア州における知的障害をもつ非行少年（ジャスティス・クライアント）への処遇（水藤昌彦）

　水藤は，オーストラリアの大学院で社会福祉を学び，そのままビクトリア州のヒューマン・サービス省（DHS）に社会福祉の専門家として就職し，専門職として非行少年の処遇を行った経験をもつ．本章は，水藤のビクトリア州時代の経験をもとに，司法分野で働く社会福祉士の立場から，ビクトリア州での実践を報告している．

　オーストラリアは連邦制国家であり，各州は独立して行政サービスを行っている．ビクトリア州の少年司法の大きな特徴は，司法手続のかなり早い段階から福祉部門がアセスメントや処遇に関わっていることである．厳密に

言えば，ビクトリア州の取組みは，知的障害のみを対象としたもので，発達障害が含まれるのは知的障害のある自閉症に限定されるが，その取組み自体は，今後の日本の制度的枠組みを考える上で参考になる点が多い．水藤によると，ビクトリア州の少年司法は，施設収容を最後の手段と考え，裁判をできるだけ回避するダイバージョンと社会内処遇を基本としている．少年が犯罪を起こした場合には，重大事件を除いて児童裁判所がこれを管轄する．行政府として処遇等を管轄しているのは少年司法部門であり，これは社会福祉分野全般を担当しているDHSに所属している．つまり，少年に関しては，福祉と矯正・保護が一体化しているのが大きな特徴である．ビクトリア州では知的障害をもつ非行少年の処遇に当たっては，特別な配慮が法律によって規定されており，彼らはジャスティス・クライアントと呼ばれている．ジャスティス・クライアントに限らないが，審判前には，「判決前調査書」の作成が義務づけられ，DHSに所属するソーシャルワーカーによって福祉的なニーズを含む社会調査が行われる．ジャスティス・クライアントに対しては，これに加えて「サービス計画書」の提出が義務づけられている．この「サービス計画書」には「クライアント状況報告書」が添付され，そこには障害の程度，発達歴，過去の福祉サービスの利用状況，現在の状況等が記載されることになっている．

　水藤の報告は，こうしたビクトリア州における司法と福祉の連携に関する制度だけでなく，自身の実務家としての実践のエッセンスが事例と紹介されており，具体的な連携についてわかりやすく解説されている．

終章　まとめに代えて　何が明らかになったか（村井敏邦）

　村井は，本書の編者の一人であり，龍谷大学矯正・保護研究センターの矯正処遇と心理プロジェクトの責任者でもある．村井は，かつて「精神病質」という診断が責任能力を否定あるいは制限する方向に作用するよりむしろ，刑を重くし，究極的には死刑を科する理由となっていることを判決の分析によって明らかにしたことがある．そして，「発達障害」という診断に対しても，それと同じようなことが起きるのではないかということを危惧している．つまり，「発達障害」という診断を受けることで，本人の責任に帰すことのできない障害特性であるにもかかわらず，人の痛みがわかりにくい，内省が深まりにくいという特徴から，再犯の可能性が高いと結論付けられ，量

刑が重くなる危険性に警鐘をならしているのである．村井は，裁判員裁判においても「発達障害」と責任能力の関係を裁判官に任せて，「発達障害」＝完全責任能力と短絡的に判断するのではなく，症状や事件の内容という個別的事実ごとの判断が重要であり，その意味においては，裁判員の事実の見方もそこには反映されるべきであろうと指摘している．

おわりに

　以上，各章を筆者なりの視点から紹介した．「はじめに」でも述べたように，また，各章の執筆者が繰り返し述べているように，発達障害は生得的な脳の器質的な障害とされるが，これはMRIなどの検査で確認できるわけではない．「(発達障害は) 生まれつきのもので，誰のせいでもないですよ．親の育て方のせいでもないですよ」ということである．このことによって，救われた親も多いのではないだろうか．

　発達障害と診断するだけでは何もわかったことにはならないが，周囲にいる人が発達障害だとわかることで，周囲の人も発達障害者本人も救われることがある．発達障害だとわからなければ，親や教師といった周囲の人は，場違いで不用意な言動や場にそぐわない頑固なこだわりに対しては，何とかしてその行動の問題を本人に理解させ，その行動を修正しようとしてやっきになる．しかし，周囲が騒げば騒ぐほど，それを理解できない本人の行動はさらにエスカレートし，二次障害につながるかもしれない．しかし，発達障害だとわかれば，本人たちの行動も理解できるし，周囲もこれまでとは異なった対応が可能になり，イライラする必要がなくなる．

　先日，複数の経路をもつバス停でバスを待っていたところ，乗り口の真ん中で踏ん張り続けている男性がいた．おそらく自分の乗るバスが来ていないのだろう，私の乗るバスが来ても，その人がバスに乗ろうとしないまま乗り口の真ん中で踏ん張っているため，その人を押しのけるようにしなければバスに乗ることができず，かなり閉口した．しかし，「どうして，あの人は，自分が乗りたいバスでもないのに真ん中に立っているのだろう，どうして，他のバスが来て，そのバスに乗りたい人がその人を押しのけなければバスに乗れないにもかかわらず踏ん張り続けているのだろう」と考えながら，「もしかして発達障害かも……」と考えると，何となく納得して，いら立つ

気持ちが急速に引いていった．彼が，発達障害であったかどうかはわからない．変わった行動をとる人を見て発達障害かもしれない，と勝手にレッテル貼りすることも問題だと自覚している．ただ，それによって，私の気分が楽になったのも確かである．

　「人は，あきらめることによって幸せになる」が私の持論である．このあきらめるということは，「あぁ，だめだ」と投げ出すことではない．現状を受け入れることである．現状を受け入れることができず，「こんなはずではない」とあがき続けることが，努力や継続，さらには飛躍につながるのは確かである．しかし，現実をきちんと理解して受け入れないままで続ける努力は不毛である．どうしようもない現実は受け入れ，何とかなりそうなことに向かって努力することが重要なのではないだろうか．どうしようもないことに対して何とかしようとあがき続けることはとてもしんどいことである．発達障害も同じではないだろうか．発達障害であることを受け入れることで，本人も周囲も「あぁ仕方がないんだな」と考えることで楽になることができる．その上で，小栗が指摘するように，何ができるのか未来について考えるのである．発達障害は一つのハンディではあるが，本人と周囲がその障害を理解し，受け入れることができれば，学習することも，成長することも，更生することも定型者同様にできるのである．しかし，そのやり方は，定型者とはやや異なる．重要なことは，まず，周囲が発達障害をきちんと理解して，障害に対する正しい対応方法を学ぶことである．彼らが不幸にも非行を起こした際には，特にそれが必要となる．

　法律は，刑法39条のような例外を除いて人を平等に扱うことを是としている．しかし，人には個性があり，さまざまな障害をもつ人がいて，決して同じ人はいない．人を公正に扱うということは，皆を同じように扱うことではないはずである．全員を同じように扱うというのは，扱う人にとって都合のいい（後で責任を取らなくていい）公正である．発達障害に限らず，刑事司法の専門家がさまざまな障害を正しく理解し，障害に応じた対応をすること，それが憲法の保障する「すべて国民は，個人として尊重される」ことにつながり，公平な裁判につながるのではないだろうか．本書がその一助となれば幸いである．

（はまい・こういち）

付録

　最後に，司法制度に詳しくない読者のために，少年司法の手続の流れを示したフローチャートを犯罪白書から転載しておく．少年司法手続を大ざっぱに説明すると以下のようになる．

　警察に検挙・補導された少年は，微罪処分を除いて検察庁を経由して家庭裁判所に送られる（全件送致）．警察に逮捕され，身柄付で（身体を拘束され）家庭裁判所に送られた少年は，そこで観護措置をとるかどうかが検討される．重大事件で資質鑑別が必要だと見なされたり，家庭環境などから少年鑑別所への一時収容が必要だと判断されたりした場合には，観護措置がとられ最長8週間まで少年鑑別所に収容される．家庭裁判所に送られたケースは，事案が軽微な場合などで審判不開始になる場合を除いて，家庭裁判所で審判を受け，無罪に相当する不処分を除くと，何らかの保護処分を受けることになる．その多くは，保護観察処分となり保護観察を受けることになるが，非行性が進んでいると判断された場合には少年院に送致され，特殊な事件を除き，半年から1年程度少年院で教育を受けることになる．そして，一定の教育課程を修了したとみなされた場合には，仮退院となって保護観察を受けることになる．

　一方，殺人などの人が死亡するような重大事件で家庭裁判所が刑事裁判が必要だと判断した場合には，事件は，検察官に戻され，そこで起訴されて，刑事裁判を受け，懲役刑となれば少年刑務所に収容される．無期刑など刑期が長期の場合には，26歳を過ぎると一般の刑務所に移送される．仮釈放の条件を満たせば仮釈放となり，保護観察を受けることになる．事件が重大であり，本人の仮釈放に対して遺族感情や社会感情が悪い場合や再犯への懸念が強い場合には，満期釈放となるが，その場合には保護観察はつかず，誰も監視しないかわりに，支援もなく自力で社会復帰することになる．

　詳しくは犯罪白書等を参照願いたい．

非行少年に対する手続の流れ

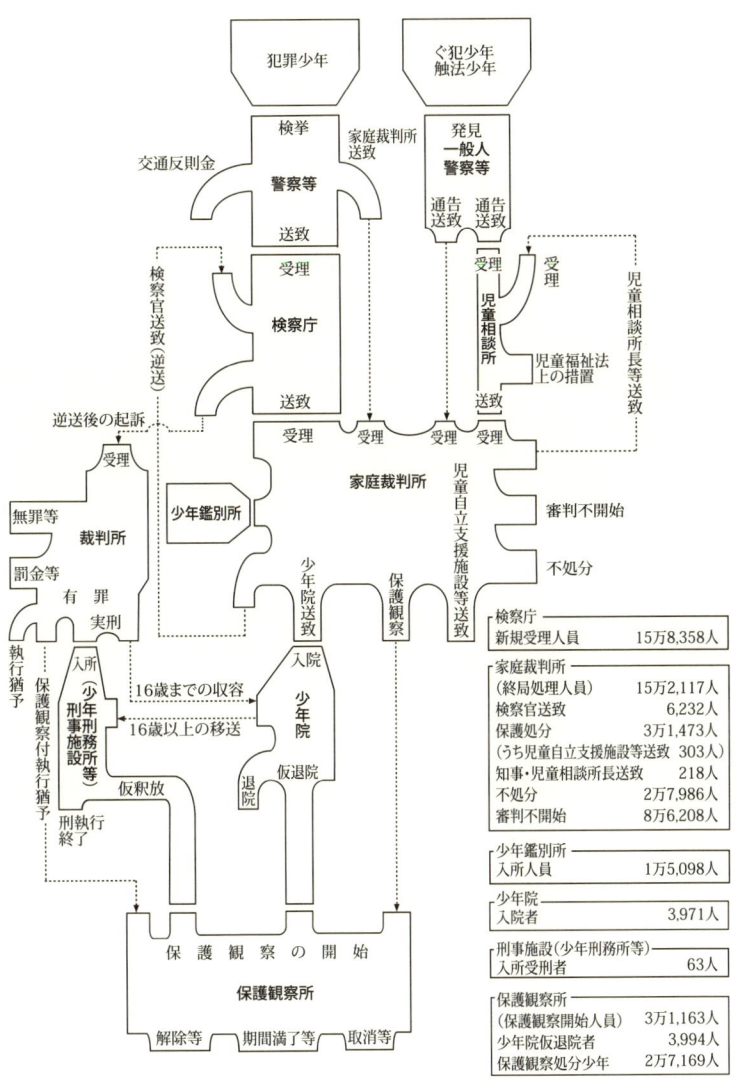

※『平成21年版犯罪白書』4-2-1-1図を転載した.

序章 本書の構成と趣旨

第1部
発達障害の特徴

第1章 発達障害とは何か
「発達障害」概念は人間の理解に資するものか

浜田寿美男（奈良女子大学教授）

はじめに

　人の出発点は，みな一個の受精卵である．そこからはじまって，母の胎内で育ち，未熟な新生児としてこの世に生み出される．そして，さらに20年ほどの年月を経て，次の世代を生み出せる身体になり，周囲との関係を築き上げて，それぞれの生活世界を作り出していく．この過程を広く「発達」というのなら，それはまさに人の成り立ちとして不可欠のものであり，これを抜きに人間を論じることはできない．しかし一方で，この発達はまことに複雑精妙なもので，外から眺めた大筋の変化はつかめても，その内部でどのような過程が進行しているのかを解明するのは容易でない．いや，じっさい私たちが知りえているのは，その全容のごく一部にすぎない．そうして見れば，一言で「発達」とか，あるいはその「発達の障害」とか言って，何かが分かったかのように思うことほど危いことはない．
　そもそも発達の出発点たる受精卵は，個々に前の世代から遺伝子を引き継いで，諸領域にわたる膨大な多様性を帯びている．そこから展開する諸過程には，身体やその器官の発達もあれば，運動や姿勢機能の発達もあるし，また認知や言語の発達もあれば，情動や社会性の発達もあって，もろもろの領域の発達が重層的に絡み合っていて，簡単には解きほぐせない．それに，その発達の舞台である身体そのものが生身のものであってみれば，発生過程のどの時点でどのような壊れ方をするかもしれないし，その壊れ方しだいで，そこにどのような影響が波及してくるかも，容易には予想できない．それだけの多様性を帯びた身体が，さらに多様な関係世界に巻き込まれ，多様な時代状況，社会状況を生きつつ，自らの世界を編み上げていく．気の遠

くなるほど複雑多様なこの人間世界の展開過程を前にして，現在の発達科学がいかほどのことを解明できているかというと，実は，はなはだ心もとない．

この事実を踏まえた上で，いま世間で「発達障害」として盛んに語られているものがいったい何なのかを，医学的診断や治療の脈絡からではなく，人間行動の理解の脈絡から考えてみることにする．

1　発達障害とは何か

「発達障害」という用語は，2000年前後から一般によく耳にするようになったが，過去を振り返ってみると，これがはじめて用いられたのは，1970年のアメリカ公法（発達障害サービス法）だったという．ただ，それは臨床術語というより，ケア，教育あるいは経済的・法律的な援助を行う際の行政や福祉のための概念規定で，そこには精神発達遅滞，脳性まひ，てんかんなどが含まれていた．このことから分かるように，この用語は，もともとは認知機能や精神機能，姿勢運動機能など，何らかの発達領域に遅れやゆがみを来たす障害の全般を指すものとして用いられていた．そこに対人関係機能の発達の問題を中心症状とする早期幼児自閉症が加えられたのが1975年である．

我が国でも，上記の意味で「発達障害」という言葉を使うことはあったが，これが広まりはじめたのは，アメリカ精神医学会の診断分類マニュアルDSM-III（1980）において，早期幼児自閉症が「広汎性発達障害」という名称のもとにまとめられ，さらにはDSM-III-R（1987）では，その上位の分類として「発達障害」が取り出されたことによると思われる．とりわけ最近は，知的な発達の遅れを伴わない高機能自閉症やアスペルガー症候群などが注目されるようになって，特別支援教育とのからみで「軽度発達障害」として盛んに取りざたされている．しかし，この「軽度発達障害」という用語は，これという臨床的定義なしに，非常に曖昧なかたちで用いられてきた．

我が国で2005年に制定された「発達障害者支援法」では，発達障害は「自閉症，アスペルガー症候群その他の広汎性発達障害，学習障害，注意欠陥多動性障害その他これに類する脳機能の障害であってその症状が通常低年齢において発現するもの」と定義されている．ここでは障害領域が，対人関係を中心とする社会的場面の「障害」に絞られていて，しかもそれが「脳機能

の障害」として位置づけられていることに注目しておく必要がある（高岡・岡村 2005）.

　じっさい，いま巷には発達障害にかかわる解説書や啓蒙書があふれるように出版されているが，そこにはきまって何らかの「脳障害」あるいは「脳の機能障害」が原因だと説明されている．しかし，現実には，脳の障害を直接証明するような検査所見が診断に用いられているわけではない．実のところ，自閉症についてさえ，脳の障害が原因であろうと推定はされているが，脳のどこにどのような障害があるかは特定されていない．まして軽度発達障害と言われるものが脳の「障害」に起因するとの証明は存在しない．にもかかわらず，発達障害と言えば脳の障害として喧伝されているのである（滝川 2008）．

　もちろん，脳も人間の生身の器官であってみれば，何らかの原因で損傷することがあるし，その一部の機能が十分に働かなくなることもある．そしてその結果，行動上の統制ができずに，場面にふさわしい行動ができないということも起こる．したがって，そうした場合に「脳の障害」の可能性を考えることは，ある意味で当然のことではある．しかし障害を脳機能のこれこれの問題として具体的に特定できない現状にありながら，それでも「脳の障害」だと決め打ってこれに関わる姿勢はそうとうに危ない．

　もっとも，そこにメリットもないわけではない．一つには，発達障害を脳機能の障害と考えるようになったことで，しつけが悪いとか，態度が悪いとか，努力が足りないとか言って，親や本人を非難する傾向に歯止めをかけられるようになった．これによって救われたという人も少なくない．また脳の障害を考えることで，その原因をめぐる議論が積極的に展開され，脳研究と臨床につなぐパイプが太くなったことも事実である．

　しかし，一方，「発達障害」と言われてきた行動上の問題を，脳に焦点づけてしまうことで，かえって問題の全体性を見失わせている側面を見逃すことはできない．この点をここでは，以下，三つの論点にしぼって見ておきたい．

2　発達障害とその連続した多様性

　第1は，脳の障害として位置づけることによって，その「障害」性を浮き

立たせ，他との連続性を見失いがちになるという問題である．

「障害」という概念は，その一方に「正常」とか「普通」あるいは「定型」を対照させたところで成り立つ．視覚障害は，目が見えるのが「正常」であるところ，何らかの原因で目が見えない，あるいは見えづらいことを言うし，知的障害は，「普通」ならたいていの人が認識できるはずのところができない，あるいはできにくいことを言う．そして最近は，「発達障害」に対して「定型発達」などというような言い方が盛んになされ，対人関係の読めなさが「定型」からはずれた症状として問題視されたりする．しかし，この「障害」と「正常」「普通」「定型」との境目は曖昧で，一般には連続的につながっている．じっさい視覚障害にしても，全盲状態であれば違いははっきりしているが，軽度の弱視となると極度の近視とつながってしまう．また，知的障害も知能指数では連続的にしか表せず，障害と非障害との区切りは恣意的にしか決められないし，現にボーダーライン（境界線）級などという判定がなされたりもする．それにもかかわらず「障害」というラベルが貼られると，あたかもそこではっきりした区切りがあるかのように思われてしまう．そこのところにラベルの魔力がある．

「発達障害」を「脳の障害」とする見方は，その点，二重の意味で奇妙である．一つには，上に述べたように，そもそも脳の特定の部位や機能と関連づけるだけの知見が確立されているわけでもないのに，それを「脳の障害」と言ってしまっている．そのこと自体がおかしい上に，もう一つには，「発達障害」と言われる問題症状そのものがまた曖昧で，いくつかの診断基準があげられているとは言え，「正常」とか「定型」とか言われるものとの相違は相対的で，そこにこれという区切り目があるわけではない．つまり，原因とされる脳の障害が，具体的な特定のない曖昧なものならば，問題となる症状のほうも，ここからが障害だと区切れるような境目がない．そうした曖昧なものでしかないのである．

もちろん，はっきりした問題をかかえている重い自閉症の場合には，そこに何らかの脳障害を疑うのが当然であるし，またそのための脳研究に重要な意味があることを否定しない．しかし軽度の子どもたちの場合には，そう単純には割り切れない．じっさい，「困った」行動があるということで周囲が問題視しても，それは本人が「困っている」というより，周囲が対応に「困っている」というかたちで問題になることも少なくない．その意味で「困った」

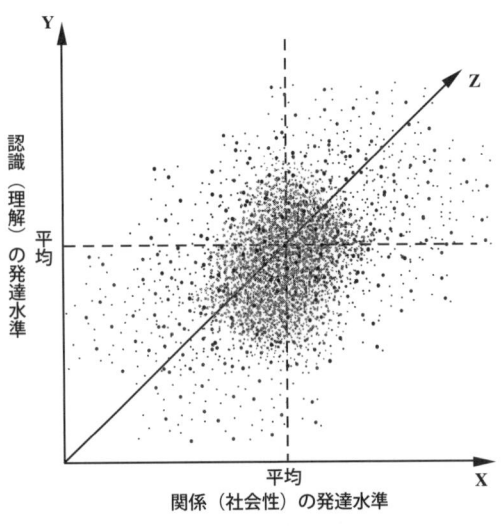

図1　精神発達の全体分布

子どもに「障害」というラベルを貼りつけ，あとは専門の「特別支援」にお任せして，自分たちの管轄外におこうとするようなことすら起こってくる．

そこで，問題を根元から考えるためには，原因や診断基準の議論をいったん横において，まずは行動上に現れた発達状況を素朴に記述し，そこに問題を位置づけてみるという発想が求められる．

滝川（2004）は，精神発達を「まわりの世界をより深くより広く知っていく」対物的な認識の発達と「まわりの世界とより深くより広くかかわっていく」対人的な関係の発達という二つの軸で見ていくという素朴な見方に立って，両者の絡みによって精神発達の全体的布置を描いている．つまり図1のように，X軸を「関係（社会性）の発達水準」，Y軸を「認識（理解）の発達水準」としたとき，この二つは絡み合いながら育つ．そして，通常はX軸上の発達とY軸上の発達とがバランスよく伸びていくことが期待される．これを図の上でZという矢印で示している．このような二元軸の上に，人々の発達状況をプロットすれば，両軸とも平均のラインを中心に，図で示した星雲のような分布をなし，周辺にいくほど分布は薄く，まばらになっていく．

この全体分布のなかで，一般に「正常発達」として考えられているのは，図2で示したように，関係の発達水準でも認識の発達水準でも遅れがなく，

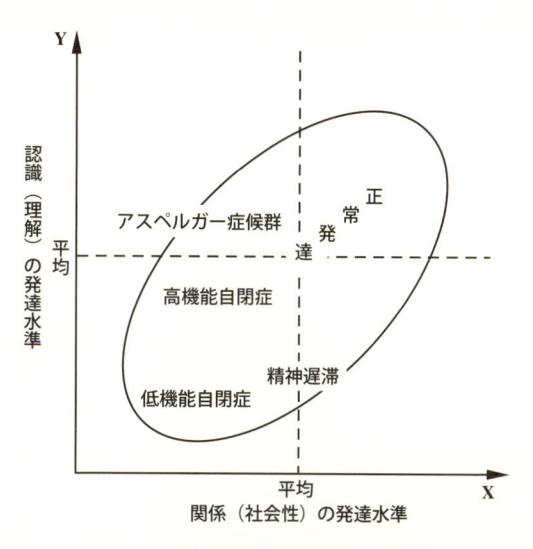

図2　正常発達と発達障害の連続性

平均以上の状態を指す人たちである．また知的障害があるけれども対人的には疎通性のある「精神遅滞」の人たちは，関係の発達水準はほぼ平均的な位置に分布しているが，認識の発達水準は平均から遠い位置に分布する．それに対して「広汎性発達障害」に属する人たちは，関係の発達水準が平均からそうとう離れている．そのなかでも重い自閉症（図中の「低機能自閉症」）の人たちは，関係の機能が大きく遅れた結果として周囲の人から学ぶことが難しく，認識の機能も引きずられて大きく遅れる．しかし，「高機能自閉症」の人たちは知的な認識がボーダーから平均のレベルにまで及び，「アスペルガー症候群」の人たちはそれがさらに高く平均レベルを超えている．こうして見れば，正常発達を含めてもろもろの発達障害は，連続した一つの多様性の広がりとして記述できる．

　これは一見素朴にすぎるように見えるかもしれない．しかし，人間の基本的な機能に着目して，発達とその遅れを連続したものと見なしたとき，これはごく自然に登場する分布であるし，まずはその多様性の広がりを確認することが，個々を全体のなかに位置づける前提となる．ここでは，あえて各機能の遅れについて，その原因は問わず，また機能の遅れから結果として具体的な生活の上にどのような問題行動や症状が表れてくるかも，とりあえ

ずは問わない．

　自然というものは千差万別，一つの物差しの上に個々を取り出せば，おのずとばらつきが出てくる．たとえば身長という物差しで見れば，背のものすごく高い人もいれば，ものすごく背の低い人もいる．学力という物差しで見れば，ちょっと勉強しただけでほとんど分かる人もいれば，ちょっとやそっとでは分かるようにならない人もいる．自然というのはそのようなものである．その自然という目で見たとき，発達障害もまたこのような自然な分布のなかに位置づけられる．「障害」とは他から切り離され，一般から突出した何かではなく，あくまで同じ人間の現象の広がりのなかの一つなのである．

3　機能連関と症状形成という視点

　障害を人間という自然がおのずと表す多様性の一つとして見ることに加えて，第2に論じなければならないのは，障害と症状との関係である．私たちはとかく障害と症状を1対1対応で重ねて考えがちだが，実際にはそのように単純なものではなく，どのような障害にも複数の機能が絡み合い，その上に具体的な症状が織りなされていく．

　私たちが日常で「障害」ということを考えるとき，ごく一般的には，ある単一の機能や能力を想定して，それがうまく働かない症状を○○障害というふうに名づける．たとえば，目が見えない，見えづらいという症状は視覚障害，耳が聞こえない，聞きづらいという症状は聴覚障害，姿勢を保ち円滑に運動できない，できづらいという症状は姿勢運動障害……というふうにである．そして同じように，注意欠陥障害と言えば，注意を集中できないという症状，対人関係障害と言えば対人関係を結んだり理解したりすることが難しいという症状として考えてしまう．しかし，これはほとんど同語反復でしかない．

　実際には，見る，聞く，動く，関わるなど，言葉にすれば一言で言えることでも，人の働きとして見れば，どれも単一の能力として取り出せない．見ることは，姿勢を構えて運動する機能と切り離せないし，手を伸ばして触れる機能とも切り離せない．またそれは，他の諸機能と連動して空間を認識していく機能に組み込まれていく．したがって目が見えないという障害は，そ

れらの機能の連関の全体に複雑に絡んでくる．同じように，発達障害についても，大きくは対人関係の機能にかかわる障害だと言って間違いはないのだが，ではその対人関係の機能とは何かと考えれば，そこにはさまざまな機能が絡み合っていて，およそこれを単一の能力に還元することはできない．その機能連関のなかで見てはじめて，一つ一つの障害が引き出していく症状形成の全体を捉えることが可能になる．先の図1で，対人関係の発達水準を一次元で表したのも，そうした次元で切り取ったときの分布の多様性，連続性を示す便宜にほかならず，これを純粋に単一の機能と考えてのことではない．

　一例をあげよう．自閉症の子どもたちの発達を考えたとき，たとえば，次のような機能の連関と症状形成の連鎖がある．

　この子どもたちの多くは，歩きはじめる以前の段階で，おとなしいのだが，「目が合わない」，「声をかけても振り向かない」，「抱いても身を離して抱きついてくれない」と言われる．それがなぜかは分からないのだが，そこには非常に基本的な，一次的なレベルでの機能の障害がうかがわれる．そして，その結果，周囲のおとなと「何かを一緒にする」という，人どうしの基本的な共有関係が結びにくい．周囲の人と何かを一緒にするというのは，子どもが周囲のものごとを意味づけていく上で必須の体験で（このことを「人」と「人」とが「何か」を共有体験するという意味で三項関係と名づける），この三項関係がなければ，子どもたちは周囲のおとなたちと同じ意味世界を生きることができない．

　じっさい，この世の中に生まれ出て，はじめてコップというものを見た子どもは，最初それが何であるかは分からない．手で触れればスベスベしていて，光にかざせばキラキラ光り，そこから向こうを見透かすと物が歪んで見え，手から落とせばガチャンと割れ，粉々になる．そういう物理的・生理的な対象であることは分かっても，それだけではそのコップが水やジュースを入れて飲む器だという社会的・文化的な意味を帯びてこない．そうした意味は，周囲のおとなたちがコップを使って水を飲み，あるいはそれを使って自分にジュースを飲ませてくれるという三項関係があってはじめて，子どものなかに浸透していく．もしこの三項関係が十分に持てないとすれば，その子どもは身の回りにおとなたちと共有できる意味世界を広げることができない．

そうして，もしコップがコップにならず，鉛筆が鉛筆にならず，時計が時計にならず，本が本にならなければ，その子どもの世界はどのようなものになるのか．そこではたして子どもは身を落ちつけて生きていけるのか．自閉症の子どもたちが，周囲の人には理解できない奇妙なものにこだわったり，常同的な行動パターンにはまってしまうという症状を示す背後には，周囲の人々と意味世界を共有できないという背景があると考えられる．自閉症の子どもたちの発達には，このような症状の連鎖を見て取ることができる（詳細は，浜田 1999）．

　そうだとすれば，単に一般の人と異なる部分を症状として取り出して，○○障害と名づけても，それでは何も理解したことにはならない．種々の機能の連関のなかで発達上の症状形成を見るという視点が，「障害」の理解のためには必須である．

4　問題の原因と理由

　第3に考えなければならないのは，「原因」というものの見方である．脳の障害は，一般に「外因性」と呼ばれるように，それは自分にはどうしようもないかたちで「外」からやってくる．しかしその「外」からやってきた障害原因を，当人は「内」から引き受けなければならない．つまり，原因は外から与えられても，人はそれを内から生きる．そのときもはや「原因」というものの見方にとどまることはできず，「理由」ということを考えなければならなくなる．人のふるまいには，原因を超えたところで，その人なりの理由（わけ）があるからである．

　ごく単純な例をあげて考えてみる．たとえば小学校に上がったばかりの子どもたちのなかには，教室で机の前に長く座っていられず，すぐに立ち上がってうろうろしたり，教室から飛び出していく子どもがいる．教室は机の前に座って勉強するところだと思っている親や教師にとっては，こういう子どもたちのふるまいがとても不可思議に見える．あるいは，ときにその域を超えて，異常だとさえ見える．そこで「どうしてこの子はいつもこんなふうにうろうろしてしまうのか？」と問う．子どもをありのままに受け入れようと心がけている寛容な教師でも，はみ出しの度が過ぎれば，やはりこの問いに囚われる．「どうして」という問いはそれだけ素朴である．

しかし，人が「どうして」と問うとき，そこには，大きく分けて二つの意味がある．一つは「どういう原因で」こうなってしまうのかと問うもの．もう一つは「どういう理由で」そうするのかと問うものである．よく似ているようだが，この二つはまったく違う．

　発達障害に対して脳との関連を考え，これを脳の障害として議論するのは，もちろん前者の考え方である．脳の科学が進歩して，以前には分からなかったことがいろいろ分かってきたなかで，私たちは簡単にこの原因論に飛びついて，子どもが学校で落ち着いていられないといった問題についても，原因を脳の障害に求め，いかめしい診断名を付けたり，その解決を投薬に頼ったりする．それは子どもの「外」から与えられた問題を，「外」から操作，改善しようとする発想につながる．

　一方で，人のふるまいには理由がある．教室ですぐに立ち歩いてしまう子どもたちは，端的に言って，先生の話がつまらないのかもしれないし，授業が分からないのかもしれない．つまり子ども側からの理由があるのかもしれない．にもかかわらず，問題をもっぱら原因論のなかにおいて，子どもの障害のせいにし，それを症状として記述すれば，この子どもにとっての「理由」は無視され，切り捨てられてしまう．

　人間の身体は，先にも述べたように，生もので，とりわけ脳は壊れやすい臓器だから，そのどこかが故障することはあるし，そのことを考えないと子どものふるまいを理解できないこともある．しかし同時に，人のふるまいにはかならず理由（わけ）がある．ふるまいの原因を求めるのみで，そのふるまいに理由を見ないとき，子どもは外から操作の対象になってしまって，私たちとともに生きる主体とはならない．

　子どもが授業中に席を立ってうろうろするときでも，そこには理由がある，そう思うことではじめて見えてくる子どもの世界がある．学校に行けないと言い，行きたくないと言って，学校に足を向けない子どもたちにも，そうなってしまう原因というより，そうしたくない，あるいはそうできない理由がある．そう考えないと，問題の本質が見えてこない．この理由の世界をどのように考えるかを抜きにして，障害をもっぱら原因の世界で捉えようとする傾向が，発達障害の現場にはけっして小さくはない．

　原因と理由は，いずれも重要な視点である．しかし障害の問題を論じるとき，話はとかく原因の側に傾きがちで，障害あるいは自分に外から与えられ

た条件を引き受けて生きる主体の側の理由がないがしろにされる．端的な言い方をすれば，原因に薬は効いても，理由に薬は効かない．この当り前のことを確認することが，発達障害を論じるとき，案外，重要なのである．

5 「発達障害」によって顕わになったもの，隠されたもの
　　——ある事件から

　この第3の問題は，発達障害とのからみで非行や犯罪のことを考えなければならないときに大事な論点となる．最後にこのことに触れておきたい．
　「発達障害」と診断されていた子どもが，何かのきっかけで犯罪や非行の事件を起こす．あるいは周囲からは理解しづらい事件が起こって，その加害者を調べてみると，それまでは特に障害があるとは思われていなかったのに，精神鑑定の結果，「発達障害」であると診断される．そうした事件がこのところマスコミでさかんに報道される．こうした最近の動向に対して，ときに強い違和感を覚えざるをえない．多くの場合，「発達障害が事件を起こした直接の原因ではない」と注意深く付言されていたりするのだが，ならば，なぜ「発達障害」ということにわざわざ触れるのか．それはおそらく，発達障害が「直接の原因」ではなくとも，実際上，少なくとも事件の「間接的な要因」になっているとの認識が暗黙裡にあるからであろう．では，発達障害がどのような意味で「間接的な要因」になりうるのか．実は，そのことが十分に究明されてはいない．
　もちろん，当の犯行者に発達障害なり何なりの障害があるとき，そのことが犯行の動機や態様に影響すること自体は否定できない．犯罪であれ何であれ，人のふるまいには，その人なりの個性や事情や反映する．それは障害も同じである．ただ現実には，人の個性や事情，あるいは障害が具体的にどのように影響して，そのふるまいのかたちを決めるかは，心理学においても精神医学においても，ほとんど分かっていない．ところが，犯行の動機が突飛に見える事件や，動機のわりに犯行の結果が陰惨な事件になると，それが一般の人々の理解を超えているためだろうか，とかくその理解を超えた部分を「発達障害」によって埋め，それでもって理解したつもりになってしまう．そこにしばしば根の深い誤解が忍び込む．
　この問題を佐世保事件の例から考えてみたい．2004年6月1日，長崎県佐

世保市の小学校で起こった同級生殺しの事件である（浜田 2005）.
　事件の加害者と被害者はいずれも女の子で，二人は5年生のとき，ミニバスケットボール部に所属し，日記を交換したり，パソコンでチャット（おしゃべり）を楽しんだりする仲だったという．事件が起こったのは，6年生になって2ヵ月たった6月1日．新聞の第一報では次のように報道されている（西日本新聞2004年6月2日朝刊.被害者名は匿名とした）.「午前中の授業が終わった後の給食準備中，被害女児Aさんは加害女児から，6年生の教室と同じ3階にある学習ルームに呼び出され，カッターナイフで首の頚（けい）動脈や左手首など数ヵ所を切られた．……間もなく加害女児が血まみれで，カッターナイフを持ったまま教室に戻り……話を聞いた担任が学習ルームに行き，血まみれで倒れているA子さんを発見」．救急隊員が駆けつけたときA子さんはすでに心肺停止状態．死因は失血死だった．
　事件はいかにも残虐で，そこに繰り広げられた惨事を想像しただけでも目をおおいたくなる．白昼，教室のなかでこんな惨劇を演じた女児の精神状態には何か「異常」があったのではないかと，多くの人が思い，また「いまの子どもたちはどこかおかしくなっているのではないか」という声が巷にあふれた．
　事件から3ヵ月半後，家庭裁判所は加害者となった女児を児童自立支援施設で個別処遇するとの強制措置を決定した．その決定要旨は新聞にも全文掲載された．通常ならば，このような少年事件で家裁の決定要旨がそのままマスコミに流されることはないのだが，事件が社会に与えた影響を裁判所がおもんばかったためであろう．その決定要旨には次のように書かれている．「女児は，生来的に，①対人的なことに注意が向きづらい特性　②物事を断片的にとらえる傾向　③抽象的なものを言語化することの不器用さ　④聴覚的な情報よりも視覚的な情報のほうが処理しやすい，といった認知や情報処理の特性を有している．そのために，女児は，自分の中にあるあいまいなものを分析し統合して言語化するという一連の作業（例えば，感情の認知とこれの言語化）が苦手である．なお，①ないし④の認知・情報処理の特性は，広汎性発達障害や受容性表出性言語障害などに多く見られものである．しかし，女児の特性は軽度であり，このような障害や，その他の障害と診断される程度には至らない」．
　この判断の根拠が精神科医による精神鑑定であったことは，用いられて

いる表現から明らかなのだが，驚くべきことは，ここで女児のこの人格特性を「生来的に……」としている点である．女児は事件までごく普通の子どもとして，発達上の問題が取りざたされたことが一度もなく，相談機関などで知能検査や発達診断を受けた経歴はない．それに，5年生のときにホームページに掲載していた女児の詩を見るかぎり，この女児は年齢相応というよりそれ以上の表現力を持っていたし，事件直前には被害女児らと深刻な葛藤を演じてはいたが，それまで友人関係で違和感を持たれていたような気配はない．にもかかわらず，裁判所は，事件後の女児の診断によって上記のような特性を「生来的」と判断する．

　この判断は何に基づいていたのだろうか．そもそも大事件を起こしてしまった女児が，身体を拘束されているなかで，調査官の聴き取りや鑑定医の診断やテストにどこまで平静に答えられたかは疑問である．また，事情聴取を受けた両親が，「障害と判断される程度にはいたらない」軽度の徴候を，回顧して正確に語ることができたとも思えない．娘が全国を騒がす大事件を起こしたというなかで，強烈な負い目を抱え，どうしようもないほどの羞恥と屈辱にさらされながら，娘のことを語らざるをえなかったことを思えば，その両親のことばから，ここに指摘されたような特性をニュートラルに引き出すことができたとは思えない．その上決定要旨には，「女児の家族は，このような女児の行動を『育てやすさ』『一人で過ごすことを好む』というようにとらえ，ささいな表情の変化や行動に表れる女児の欲求を受けとめて，女児に積極的にかかわるということをしてこなかった」と処断されている．

　結局のところ，家庭裁判所は事件の原因を女児の人格特性と両親の養育態度に求め，その上で被害女児とのいさかいが本件の引き金として働いたと判断したのである．そこには，これだけの陰惨な事件を引き起こした女児に人格特性上の問題がないはずがないとの思いが強く働いている．もし事件以前に女児を精神科医が診断し，あるいは裁判官が聴き取りを行ったとして，ここに書かれたような判断を下すことができたとは思えない．とすれば，いかにも理解を超えているように見えるこの事件の陰惨さを，結局は，後づけ的に「発達障害」の名によって埋めようとしたと考える以外にない．裁判所は，障害と言えないほどに軽度のものだと断った上で，なお「広汎性発達障害」に言及し，ジャーナリストがこれに飛びついて，話に尾ひれをつ

ける（草薙 2005）．そうなったとき，この「発達障害」というラベルは，まさに説明放棄のためのブラックボックスとして機能する．

　それだけではない．「発達障害」を持ち出すことで，加害女児が事件を起こすにいたった状況の側の問題は，括弧に入れられ，不問に付されてしまう．現に長崎県教育委員会は，今後本件女児のような子どもをいかに早期に発見するか，また道徳教育やネット教育をいかに進めるかという方向で対策を講じるのみで，今日の学校状況がはらむ根本の問題には目を向けようとしなかった．むしろ私たちはこのことをこそ恐れるべきではないか．佐世保事件の女児は，その後，児童自立支援施設に入所し，そこで正式にアスペルガー症候群との診断を受けたという．しかしこの後追いの障害診断によって，以上に指摘した問題が正当化されるわけではない．

　大きな事件が起これば，人々はそれに見合うだけの「原因」を探ろうとする．もちろん，そのことは必要である．しかし，事件をただ外からの原因に帰すことはできない．問題は，事件の当事者たちが与えられた状況をその内側からどのように生きていたのかということにまで及ぶ．そこでは当事者たちの「理由」の世界を見ないわけにはいかない．

おわりに

　現代の「発達」論は，時代の意識を反映してか，個体単位にその力を伸ばす個体能力論にはまり込んでいる．結果として，障害の原因もまた個体に与えられた要因に帰せられ，昨今の脳科学の隆盛のなかでは，障害原因の脳対応が模索され，障害の個体内帰属がますます強まっている．そこでは症状形成的な見方が背後に沈んで，症状形成の途上のかたちあるいはその結果を，そのままスタティックに障害・症状としてピン止めし，それと脳の特定部位機能が1対1対応するかのごとく考える傾向が強まっている．

　このような「発達」論，あるいは「発達障害」論に対して，個々の人々の生きる状況論を描くことができなければ，私たちはますます隘路にはまり込むだけに終わる．とりわけ犯罪や非行の世界においては，「発達障害」ということでもって理解の空白を埋めたつもりが，その実，求めるべき理解を放棄し，関わりのかたちをかえって歪めてしまうことにもなりかねない．障害を持つ・持たないにかかわらず，この時代，この状況のなかで，人々がそれ

ぞれの理由を抱えながら生きているその現実を，私たちはどのように記述することができるのか．本来の発達論は，そこにまで射程を及ぼさなければならないはずである．

［文献］
浜田寿美男, 1999,『「私」とは何か』講談社.
浜田寿美男, 2005,『子どものリアリティ　学校のバーチャリティ』岩波書店.
草薙厚子, 2005,『子どもが壊れる家』文藝春秋社.
滝川一廣, 2004,『「こころ」の本質とは何か』筑摩書房.
滝川一廣, 2008,「『発達障害』をどう捉えるか」『精神医療』49, 27‐34.
高岡健・岡村達也, 2005,『自閉症スペクトラム』批評社.

（はまだ・すみお）

第2章　発達障害の診断と対応
特に，青年期の高機能広汎性発達障害について

中野育子（札幌市精神保健福祉センター医師）

はじめに

　発達障害の現場が様変わりしている．
　医療のみならず，福祉，教育，司法，労働などのさまざまな分野で関心を集め，マスコミで取り上げられることも多くなった．なかでも，高機能広汎性発達障害やアスペルガー障害（アスペルガー症候群）という言葉は医療の枠内に留まらず，あちらこちらで登場する．精神医学の診断名が，これほど精神科医以外の人々の関心を集めるのは，そう多い現象ではないだろう．
　この状況はいつ始まったのだろうか．我が国では立て続けに翻訳出版された『自閉症だった私へ』[1]（William 1992）と『片づけられない女たち』[2]（Solden 1995）がそのきっかけの一つになったように思える．前者は自閉症の，後者は注意欠陥／多動性障害のある当事者が著者である．この2冊が世間の注目を集めたのは，これらが専門家の書いた「障害」の解説本ではなく，当事者自らが自分自身を語った，生々しく，鮮烈な自己史の開示であったからであろう．専門家ばかりでなく，いわゆる"一般読者"層をも獲得したことの波紋は大きく，発達障害という言葉が特殊な医学用語ではなくなり，障害への理解も飛躍的に進んだ．同時に，発達障害は子どもだけでなく大人の問題でもあるのだという，当然と言えば当然の事実が再認識されたことの意義も大きい．また，未診断の当事者たちにとっては，自分たちが抱えてきた「生きづらさ」が「発達障害」という言葉で説明されるのかもしれない，という気づきを促したことも見逃せないであろう．
　たかだか10年ほど前まで，多くの精神科医にとってさえ，発達障害とは"知的障害のある自閉症の子ども"をほぼ意味していたのである．"知的障害のな

い""子どもではない"アスペルガー障害や注意欠陥／多動性障害や学習障害などの発達障害のある当事者が自分たちの存在を声高に語り始めた，というのが今の発達障害の現場なのである．

以下，発達障害のなかでも，特に青年期の高機能広汎性発達障害について取り上げ，診断と対応，支援などについての整理を試みたい．

1 広汎性発達障害の診断

(1) 広汎性発達障害を診断するということ

多くの精神疾患がそうであるように，発達障害は血液検査や頭部画像検査などの身体的，生物学的検査や知能検査，各種心理検査のみによる診断はしない．知能検査，心理検査は診断のために有益だが，あくまでも判断材料にすぎず，これらの検査結果をもって診断することはない．

精神医学の分野で広く使われている診断基準は世界保健機構作成の「国際疾病分類」（現在第10版：ICD-10）（WHO 1992）とアメリカ精神医学会の「精神疾患の診断と統計のためのマニュアル（DSM-IV-TR）[3]（American Psychiatric Association 1994）の二つである．多くの精神科医がこの両者を適宜使用している．これらは共通に広汎性発達障害という診断名を採用し，ほぼ同じ内容が記載されている．すなわち，広汎性発達障害は，①対人的相互反応における質的な障害，②コミュニケーションの質的な障害，③行動，興味，および活動の限定された反復的で常同的な様式，の三つの特性をもつことで診断されるのである．DSM-IV-TRではそれぞれに下位項目を設け，そのうちのいくつに該当するかと発症年齢，除外診断などについての項目を検討した上で，最終的に診断できるかどうかを判断する．こういった診断方法は操作的診断と言われ，表面的にはチェックリストを使用した安易で機械的なやり方であるかのような印象を与えるかもしれない．しかし，精神科医は実際の臨床場面において，各項目に記載された以上のものを総合的に判断している．たとえば精神医学全体のなかでの位置づけ，通常の発達がどういうものであってどこに相違があるのか，環境的要因はどの程度なのか，ほかの精神医学的問題の有無やあるとすればどの程度，どのように影響されているか，などの総合的アセスメントを行う．その上で各項目の適否を検討し，最終的な診断に至るのである．1回の診察で診断が確定することもあ

るが，必要な情報を得るために複数回の診察が必要であることも多い．回数を重ねるなかで，それまで顕在化していなかった（あるいはこちらが気づけなかった）精神症状や特徴的な言動が立ち現われ，初回の診立てに何度も修正を加えながら，最終的な診断に辿りつくこともある．特に思春期，青年期以降の発達障害の診断は診察室で本人に会うだけでは不十分で，通常は養育者からの生育歴の聴取が不可欠である．本人の了承があれば，兄弟や同居者，職場の同僚などの話を聞き，それが診断の助けになることも多い．青年期以降になると，当然ながら複雑な人間関係や複数の生活の場をもつため，情報が複雑に錯綜していることも多いが，正確な診立てのためにはできるだけ横断的かつ縦断的な情報の収集を厭わずに行うべきであろう．本人の語る内容と他人がみた客観的評価とのギャップが予想以上に大きいこともあり，それ自体が診断の助けになることもある．このように，他の精神疾患に比べ，時間と手間をかける必要があるのが，青年期以降の発達障害の診断であるとも言える．

　最近は当事者が既にインターネットや専門書で"勉強"を重ねており，質問に対する返答が教科書的すぎて逆に診断に苦慮することも多い．やりとりをしながら，当事者にしか語れないであろう"生の表現"を引き出すことができれば，診断に大きく近づくことになる．また，たとえば，教師に「クラス委員は嫌われるくらいでないとだめだ」と言われ，わざと皆に嫌われるようなことをした，といった話はコミュニケーションの問題として理解しやすい．「小さな音が気になる」という表現よりも「夜，みんなが寝静まった時が一番うるさい．雨の日は静かで心が休まる」という話や「人の顔は覚えにくい」より「私の大学には同じ顔の先生が3人はいます」のほうが聴覚過敏や相貌失認のある当事者の声として納得ができる．

(2) 自閉性障害とアスペルガー障害

　自閉性障害は広汎性発達障害の中心概念であることから，DSM-IV-TRでは先述の三つの特性をもって自閉性障害としている．アスペルガー障害と自閉性障害の鑑別点はDSM-IV-TR，ICD-10ともにコミュニケーションの質的障害と言葉の発達の遅れの有無としている．すなわち，この二つがあるのが自閉性障害，ないのがアスペルガー障害である．コミュニケーションといっても，あくまでも言語レベルのものを指しており，非言語的コミュニ

ケーションについては両者ともに「質的障害がある」としているのは同様である．

　コミュニケーション障害の有無は臨床場面において，比較的了解しやすい．知的水準が高く，言語性検査も高水準である高機能の自閉性障害の青年と話をしていて，独特の言い回しや言葉の使い方のズレに気づくことがある．あるいは，文語体にしか使わない難しい熟語が会話のなかに登場したり，細部にこだわった理屈が先行しすぎて，何を伝えようとしているのか分かりづらい，なども自閉性障害の青年に多い．このように，会話を通じて見当がつくことがある．

(3) 自閉症スペクトラム障害

　Lorna Wingが提唱する自閉症スペクトラム障害 Autistic Spectrum Disorders（Wing 1996）を積極的に診断名として使用する精神科医も多い（内山 2009）．自閉症スペクトラム障害は社会的交流，社会的コミュニケーション，想像力の障害があることで定義され，これを三つ組みと呼ぶ．スペクトラムという概念は，自閉性障害，アスペルガー障害とその辺縁にある一群も加え，同じスペクトラム内（同じ連続体）のなかにあり，本質的な違いではなく，自閉症傾向に濃淡があるにすぎない，という考え方である．臨床的にも線引きの難しいケースは多く，現場感覚に合った障害概念である．現在，もっとも多いとされている特定不能型の広汎性発達障害についての理解も容易となろう．一方，このスペクトラム概念の流布が，診断をめぐる混乱の一因となっている側面もあるかもしれない．すなわち，スペクトラムの片方の端はいわゆる定型発達（発達障害がないという意）に続いており，そこにも明らかな境界線が存在しないということである．このことが，発達障害の分かりにくさに通ずると同時に，単なる性格の偏奇ではないのか，過剰診断ではないか，という意見や，変人＝アスペルガーといった安易な命名がまかり通る素地になっている部分もあるかもしれない．過渡期にあるにせよ，過剰診断の論議は広汎性発達障害ばかりでなく，他の発達障害にも共通するものであろう．それでは，診断成立の"線引きをどうするか"であるが，DSM-IV-TRにあるように，「社会的，職業的，または他の重要な領域における機能の，臨床的に著しい障害を引き起こしている」ことをもって，診断することが原則である．

また,「高機能」という言葉であるが,これは医学用語ではない.使うときは「明らかな知的な遅れがない(と思われる)」といった意味で用いる.厳密に一人ひとりに対して知能指数を算出するわけでなく,言語能力やそれまでの生活歴(生育歴や学歴なども含む)からおおよその判断をする.

(4) DSM-IV-TR診断基準

DSM-IV-TRの診断基準をみてみよう.自閉性障害のA.(1)(a)は「目と目で見つめあう,顔の表情,体の姿勢,身振りなど,対人的相互反応を調整する多彩な非言語性行動の使用の著明な障害」(下線は筆者)とある.この項目を満たす思春期以降の高機能の当事者に出会うことはそう多くはない.「目と目で見つめあう」ことが「著明に障害」されていたり,「顔の表情」が著明に不自然である,といった思春期以降の当事者に会うことはほとんどないのである.なぜなら,育ちのなかで,「人と話をする時は相手の目を見なさい」といった教示が入った途端におそらくこの項目には該当しなくなるからである.本人がそれを記憶していて,ソーシャルスキルとして身につけたと説明してくれることも多い.また,(1)(b)は「発達の水準に相応した仲間関係を作ることの失敗」とある.これについても,たとえば同じ趣味を通じた同年代の友人との交流の存在は生育歴のなかから聞かれることは多い.ここでは,たとえば,テレビゲームをするために集まった数人の平行遊びではなく,その年代に見合った相互の関係を築いていたかどうかの判断が要求されているのであるが,何年も経っていると確認が難しい.(1)の(c)(d)の項目についても「〜の欠如」となっており,「弱い」や「乏しい」だけでは該当しないことになっている.このように,各項目一つ一つの適否を厳密に検討していくと,診断数はかなり少数となる.特に思春期以降の当事者たちは,ソーシャルスキルや対人関係マニュアルを積極的に身につける努力を惜しまない.したがって,診察室で多少の時間を割いた程度では診断に迷いが生じよう.未診断のままで青年期に至った,ということはそれだけ適応のためのソーシャルスキルを積んできたということでもある.

(5) 青年期以降の診断

加齢とともに診断名が変化することがある.乳幼児期から学齢期に自閉性障害やアスペルガー症候群の診断がついていたが,青年期以降,それまで

の診断基準を満たさなくなり，特定不能型の診断名に変わる，といった経過である．さらに，家庭や学校生活，労働環境，人間関係などの外的条件との相性が良く，周囲からの何気ない気遣いもあり，また本人のソーシャルスキルの獲得により社会性が順調に伸びていく場合は診断自体がつかなくなることもありえよう．生来性の障害であるにもかかわらず，途中で診断名が消失してしまうのでは，発達障害の概念にそぐわないと思われようが，発達障害は周囲との適合性で，顕在化したり，逆に見えにくくなることもあるのである．逆に，ある時点まで適応していたように見えていたのに，途中で立ち行かなくなり，破綻を来たす場合も当然ある．不適応を起こすと自閉傾向が強くなり，こだわりが増し，非合理的儀式や順番，物の置き場所などに関する独自のルールの数が増え，さらにそれを過剰に遵守しようとするために，周囲との軋轢がさらに強まるといった悪循環に陥いることも多い．それまで，問題がなさそうにみえていた人物が何らかのきっかけで不適応を来たした途端，一気に「自閉症」として立ち現れ，驚かされることがある．

　このように，加齢や環境との適合性により臨床像は変化するし，個人の気質や知的能力，社会環境，家族関係，人間関係などによる影響も大きい．もちろん，これは発達障害に限ったことではないが，その展開の有り様は定型発達者以上に多様多彩である．特に高機能者のバリエーションの幅は大きい．また，診断が早期にされ，必要な支援や療育を受けて育つ場合と青年期に至って初めて診断がつく場合との臨床的相違点もあるであろう．

　近年，未診断のケースが青年期以降になって初めて診断を受けることが多くなったが，潜在的にはもっと多くの未診断ケースが存在すると推測されている．「診断がつくのは不適応を起こした発達障害者」と述べる精神科医もいる（杉山 2009）．

(6) 事例の検討

　参考までに事例を挙げる．二つの事例は筆者がこれまで経験した複数の事例を組み合わせたものであり，実在はしないが，広汎性発達障害の一典型例である．

　事例1：30歳・男性・無職，主訴：ひきこもり，診断：自閉性障害

　〈初診時の様子〉　入室を促すと大きな声で「ありがとうございます」と言いながら，深々とお辞儀をする．目は合うが，こちらの目を「見る」といっ

た様子で不自然さを感じる．質問に対しては的を射た回答であるが，必要以上に丁寧で面接会場にいるような様子．難しい言葉を使い，知的な高さを感じさせる一方，家族の話に敬語を使うなどちぐはぐさがある．全体に真面目で一生懸命であるのは伝わるが，「ひきこもり」について聞くと「いずれ仕事はしたい」と述べながらも深刻味がない．他人の話でもするような素っ気なさに違和感がある．

〈生育歴〉 母親から聴取．言葉が出るのは遅かったが，2歳過ぎに話し始めた途端に文章になっていて，周囲を驚かせた．最初の言葉は「カーカー」というカラスの鳴きまねで，次が「アンパンマンのビデオ見たい」だった．好きなビデオは繰り返し見て，台詞を覚え，よく独り言のように言っていた．1歳の誕生日プレゼントの平仮名積み木で平仮名を覚え，2歳で絵本を，3歳でアルファベットのロゴを読んだ．幼稚園では集団行動をとれず，いつのまにか教室の隅で本を読んでいた．友達の遊びには興味をもたず，自宅ではミニカーを一列に並べることに夢中になっていた．

小学校時代に大人向けの「三国志」を好んで読んだ．中学校は特に大きな問題なく過ごした．たまに友人がテレビゲームをしに集まり，楽しそうにしていたが，それ以外での交流はなかった．もともと規則の遵守に厳密であったが，高校ではそれがエスカレートし，クラスメートの校則違反を逐一注意するので，浮いた存在になっていた．授業中に携帯電話を使う生徒を見て怒り出し，相手を殴ったため，教師から強い叱責を受けたことがあった．随分と悔しかったのか，10年以上経っているのに，突然思い出していまだに怒っている．クラス対抗の球技大会などにも関心が薄く，仕方なく参加していた．チームプレーも苦手であった．有名大学に入学．試験の点数はとれるが，レポートが書けないために単位取得に苦労しつつも卒業．

就職活動では筆記試験は合格するが，面接で不採用になることを繰り返していたが，ようやく採用された．技術面では優秀で，正確で完璧な仕事ぶりは信頼されたが，他人の些細な間違いを見逃さずいちいち指摘し，上司にも歯に衣を着せぬ物言いをするため，煙たがれた．飲み会は「意味が分からない」と言って断るなど，摩擦は早くからあった．最初の頃は，本人に頓着する様子もなかったが，次第に，「自分勝手」「我がまま」と言われたり，あからさまに悪意をぶつけられることが続き，結局2年ほどで辞めた．その後は連絡をとる相手もなく，自宅中心の生活を送っている．インターネット，

読書など，自分の趣味に没頭している．友人に連絡をとってみてはどうかと勧めると「集まって話をして何が楽しいのか分からない，苦痛なだけだ」と言い，現在の生活に特段不満もない様子．働くように促すと自室から出てこなくなるので，親は本人自ら動き始めるのを待つしかないと思い始めている．退屈したり，焦っているようにも見えず，快適に過ごしているようなのが，逆に家族の心配の種になっている．

事例2：35歳・女性，主訴：診断希望，診断：アスペルガー障害

本人がよく記憶していて詳しい生育歴が聞けることもある．以下，本人の話を中心に養育者からの聴取を加えたものである．これも加工した事例である．

〈初診時の様子〉 清楚な印象．遠慮がちに入室し，適度な礼節が保たれている．目の合い方，話しながらの表情，時折見せる笑顔，声のトーン，言い回しなども自然である．

〈生育歴〉 手の掛からない，大人しい赤ん坊であった．言葉はむしろ早いほうであった．幼児期は迷子が多かったが，母親を求めて泣くこともなく，けろっとしているので，母親は寂しい思いをしたと聞いている．同年代の子どもに関心をもたず，よく一人で本を読んでいた．好きな本は繰り返し読んでも飽きなかった．幼稚園では自分から遊びの輪に入ることはなかったが，誘われれば友人の後ろを付いて歩いていた．小学校は時間割，座席，年間行事も決まっていたので，分かりやすかった．真面目で責任感が強いという理由で教師に勧められ，学級委員をしたこともあった．一番困ったのは自由時間や昼休みで，どう過ごしたら良いのか分からずうろうろしていた記憶がある．「自由にしていい」といわれるのが一番困った．勉強は教科書を丸暗記しただけだが，成績は良かった．この頃から何となく周囲との違和感を感じ始め，アニメ，本，テレビドラマなどから人の考えや行動，会話をパターン的に覚えようと努力した．中学では運動部に入った．先輩後輩関係がはっきりしているので，付き合いやすかった．学業成績が良いことで顧問から部長になるようにと指名されたが，まったく機能しなかった．パターン化した練習は楽しかったが，試合に勝ってみんなで喜ぶという感覚は分からなかった．専門学校で絵の勉強をし，勧められて広告会社に就職した．メッセージ性のあるポスターを作るよう求められたが意味が分からず，1年ほどで辞め

た．現在求職中であるが，どんな仕事ができるのか，自分に向いているのかは分からない．最近，知的にそれほど劣っているとは思えないのに，うまく出来なかったのはなぜかを知りたいと思い始めた．「普通にやればいいのに」と言われ続けてきたが，未だに「普通」がどういうことか分からない．怠けや性格ではない理由が他にあるのではないか．もしそうであるならば，知りたい．理由を知ることで対処方法や工夫が見つかるのではないかと思う．

2 対応，支援について

(1) 診断と診断の告知

　先に挙げた事例のように，青年期は，自分自身に対する「気づき」の訪れる年代のようである．大学は高校までに比べると格段と個人の選択肢や自由度が増える．求職活動を何とか乗り越えて就職すると，今度はそれまで経験をしたことのない人間関係や仕事を要求される．組織の一員でいるためには気遣いと点数では測ることのできない能力の発揮を求められる．それまでの「学校ルール」は通用せず，「暗黙」や「行間」の部分が増大する職場は，彼らにとってはもっとも苦手とする社会であろう．会社組織がコミュニケーション能力を一律に求め，スペシャリストであるよりも器用に何でもそこそこにこなすジェネラリスト型に価値を求める現代社会のニーズは彼らには圧倒的に不利である．彼らが直面する挫折感は彼らがそれまで感じていた違和感をはっきりとした「違い」にまで押し上げる作用をすることも多い．年齢による成熟とこのつらい挫折体験の両方が揃って初めて，診断ニーズが明確になるという経過は未診断の青年達の辿る一つの典型である．Lorna Wingは，「青年期は自分の障害についての自覚の強まりがあり，自分のもっている問題が他人とは共有できない特異なものであることの気づきがある」と述べている．本人が自らの生活史を振り返り，不適応（感）の理由を求めるに至る年齢のピークがこの辺りにありそうである．

　このように，本人が診断を求めて来所する場合，診断すること，それを本人に告げること自体が本人，家族への大きな支援になることが多い．こういう場合，診断とその告知の是非についての議論の余地は少なく，むしろ，本人，家族に対してどのように伝えるかが重要である．本人がこれまでの生き方を受け入れ，これからの生き方に役に立つ告知にしたいと常々思うが，一

筋縄ではいかないことも少なくない．ある当事者が告知を受け「自分が悪いのでも親が悪いのでもない，誰も悪くないのだということが分かったのが嬉しい」と述べた言葉が，印象深い．当事者で作家の森口奈緒美は「生き難さの克服には100回の診察よりも1回の診断が役に立つ」と述べている．その人の人生の意味をリフレイミングする重い意味のある仕事であると心したい．

　本人が診断を希望していない場合は，まだ機が熟していないと考え，環境調整の余地を考慮しながら，告知のタイミングを待つほうが良いことも多い．家族だけが希望している，あるいは本人は希望しているが，家族は拒否的である，ということも当然ある．その場合は家族関係にも配慮しつつ，支援を行いながら，経過を見守っていくこともある．診断がつくからといって，一様に告知が治療的意味をもち，支援に直結するわけでもない．当事者とその家族に受け入れの態勢があるか，告知することで支援が広がっていくのか，などについても考慮すべきである．診断することと告知することは別の行為であり，告知は医者のためにするのではなく，あくまでも本人のためである．

(2) 合併症と併存症状

　支援を始める場合，予め合併症や併存する症状の有無を確認すべきである．特に薬物療法による改善が望める場合は，医療へ繋がることが最優先事項となろう．

　(a) **合併症**　精神科疾患を合併することは稀なことではない．また，学習障害や注意欠陥／多動性障害などの他の発達障害の合併も多い．精神科疾患に関しては，当然ながら，すべての疾患の合併がありうる．それが二次障害なのか，たまたま合併したのかの判断は難しいことも多いが，いずれにしても，医療を受けることで改善の可能性があれば，精神科への受診をためらうべきではない．合併頻度が多いのは，うつ病，躁うつ病などの気分障害，強迫性障害，摂食障害，てんかんなどであろう．青年期に，心身ともに過剰なストレスがかかり，一時的に精神病様症状を呈する事も稀ではなく，ICD-10の診断基準にも記載されている．実際に統合失調症との鑑別やシゾイドパーソナリティ障害をはじめとした幾つかのパーソナリティ障害との異同については現在も論議が続いている．

(b) 随伴症状

タイムスリップ現象 タイムスリップ現象を経験する当事者は多い．これは，過去の実際の体験が突然，甦るように再体験されるもので，成り立ちは異なるが，外傷後ストレス障害（PTSD）のフラッシュバックと類似の現象であろうとされている．回数や継続時間などはストレス状態にあると増悪し，それがさらに精神的負担を増やし，結果，悪循環に陥いることも多い．「思い出す」のではなく「甦る」「再体験」というほうが近いようである．今まさにその場面に無理やり引き戻され，声が聞こえ，周囲の状況などが見えてくることもあるという．そればかりでなく，その時の自分自身の感情も再体験され，これが何より苦痛であると述べる当事者が多い．こういったタイムスリップ現象を克服することは容易ではなく，社会への再参加を妨げる大きな障壁となることもありうる．ある青年は就労していた時に上司から叱責された経験をもつが，仕事を辞めて10年近くも経っているのに，似た年恰好の男性に会うと，タイムスリップ現象を起こすため，長くひきこもり状態にあった．社会的ひきこもりといわれる青年達のなかにも似たようなケースが多い．対処方法としては，薬物療法が効を奏することもあるが，ストレスを軽減することで軽快することも多い．

先ほどの青年のような場合，タイムスリップ現象が全て消失するのを待ってから再就職を考えるという道筋は現実的ではないであろう．必要な支援や環境調整の見通しが立てば，症状の存在とは別に，動き始めるほうがよさそうである．タイムスリップ現象の消失そのものに照準を合わせるのではなく，生活全般の質を高めていくことを目標にすることで，結果的に軽快していくもののようである．

被害関係念慮 広汎性発達障害のある人々は，実際の体験から一つ一つの社会的学習を積み重ねていく．このために，過去のいじめなどの体験から被害感を形成しやすい傾向がある．ときに突飛に聞こえる内容でも，よくよく読み解いていくと，確かに以前に類似の体験をしていて，その記憶の正確さとそれが薄れることのないことに驚かされる．記憶が鮮明に残るために「以前，こういう体験をしたので，今度も同じはず」という認知法が成立しやすいのであろう．何年も前の出来事をその後の経験に照らし合わせてこまめに修正を加えていくことは得意ではないため，ときに現実感覚から乖離していたり，常識や妥当性を欠くと思われることもある．こうして形成されて

いく確信にみちた被害感は，被害関係妄想と判断される可能性もある．一見，社会常識からはずれていると思われる訴えであっても，過去に何があって，それをどう解釈したのかについて，確認していくとこちら側の疑問が解けることもある．ある青年は，「引っ越しを決めた親のせいで，性格が暗くなった」と訴えた．よくよく聞いてみると，本人が高校生の時に新居に引っ越したということが判明した．本人の部屋が北東に割り当てられたが，本人が信じている占いの本（これ自体も問題ではあるが）にその方角は良くない，と書かれていたことと，その頃，学校での人間関係が難しくなって孤立し始めており，教師に「最近，暗くなったのではないか」と言われたことが時期的に重なったようである．親は占いを信用しないよう説得を試みたが，本人は執拗に再転居か部屋の交換を主張した．本人は自分の性格が暗くなる方角だと知った上で拒むとはひどい親だと感じ，それ以来，親子関係は好転しないままである．

感覚過敏と感覚鈍麻　随伴症状に分類するべきかどうか難しいが，便宜上ここに加えた．聴覚，視覚，触覚，味覚，温痛覚，臭覚などの感覚が敏感であったり，逆に鈍感であることは多い．どれか一つの感覚ということもあるし，複数であることもある．敏感さと鈍感さが混在していることもあるなど，多様である．頻度としては聴覚過敏がもっとも多いようである．本人にとっては生まれてからその状態であるために，他人と比べて過敏あるいは鈍感である事自体に気づいていないことも多い．また，心身のストレスによって，敏感さが増すこともある．当事者から，サングラスやツバ付きの帽子，耳栓，消音ヘッドホーンなどで対応しているという話を聞く．また，感覚の問題がハードルとなって，社会への再参加に踏み出せない，という話もあり，看過はできない．この問題も感覚過敏そのものの軽快を目的とするよりも，生活全般の豊かさを求めていくなかで自ずと気にならなくなることも多いようである．

3　自立への支援

　青年期の発達障害のある人々への支援において，自立の課題を無視することはできない．経済的，社会的自立をどのように目指していくかをともに考えていくのが，支援者の役割であろう．

診断がついたことで,「どうして"普通に"できないのか」という長年の疑問が氷解したにしても,それが自立に直接繋がるわけではない.むしろ,生来性の障害であって,"治癒"の概念は当てはまらないということや,現在の福祉制度のなかではまだ明確な市民権が与えられているわけではなく,むしろ福祉制度の狭間にある,という現実に早々に直面することになる.支援者側にとっても,身体障害,知的障害などに比べ,支援方法にまだ大きな迷いがあるのが実際のところである.近年,急速に知られるようになった障害であるだけに,「未知」の部分がいまだに大きい.どこに向かった,どのような支援方法が必要なのか,まだまだ開発すべきものが山積している.

さいごに

　発達障害の現場は確かに様変わりしている.数年前までは,当事者が「相談窓口でアスペルガー障害があるというと怪訝な顔をされた」「障害があるようには見えないから気にしないようにと慰めてくれる.こちらは理解して欲しいと思っているのに」と困惑の表情を見せることもよくあった.しかし,最近は発達障害という言葉の「知名度」が上がり,「分からない」と門前払いされたという話も少なくなっている.発達障害はもはや一部の専門家だけの特殊な専門分野ではなくなっている.しかも,医療で対応できる問題は一部分であり,福祉,教育,就労現場,そしてときに司法の分野などとの横の繋がりなしには支援としても成立しない.これほど,専門分野間の壁をやすやすと乗り越えた精神疾患や障害はこれまであったであろうか.その後押しの原動力になっているのは,やはり当事者自身の声であるように思う.書籍売り場へ行けば彼らが書いた自伝やエッセイ,対談集の数々が平積みされているし,テレビでは本人たちが自分自身のことを語っている.当事者が自ら,自分の診断を求め,名乗り,自分たちの世界と自分史を声高に語り始めるという「発達障害の現場」に私たちは今,立ち会っているのである.そのことの意味は大きい.

[注]

1　1992年にイギリスで出版され,多くの国で翻訳された.自閉症の当事者が自分自身の生い立ちや自分の世界を語ったもので,ベストセラーとなった.日本でも1993年に翻

訳出版され，現在は文庫にもなっている．当時，本屋へ行くと，この2冊は「医学関係」の棚ではなくベストセラーの特別コーナーに平積みされていた記憶がある．

2 訳者のニキ・リンコ氏も広汎性発達障害のある当事者である．『スルーできない脳』（2007，生活書院）など自身が著した本も数多い．

3 DSM-IV-TRは，以下の表参照．

自閉性障害　Autistic disorder		
A.	(1)(2)(3)から合計6つ（またはそれ以上），うち少なくとも(1)から2つ，(2)と(3)から1つずつの項目を含む．	
(1)	対人的相互反応における質的な障害で以下の少なくとも2つによって明らかになる：	
	(a)	目と目で見つめあう，顔の表情，体の姿勢，身振りなど，対人的相互反応を調節する多彩な非言語性行動の使用の著明な障害．
	(b)	発達の水準に相応した仲間関係をつくることの失敗．
	(c)	楽しみ，興味，成し遂げたものを他人と共有することを自発的に求めることの欠如．
	(d)	対人的または情緒的相互性の欠如．
(2)	以下の少なくとも1つによって示される意思伝達の質的な障害：	
	(a)	話し言葉の発達の遅れまたは完全な欠如．
	(b)	十分な会話のある者では，他人と会話を開始し継続する能力の著明な障害．
	(c)	常同的で反復的な言語の使用または独特な言語．
	(d)	発達水準に相応した，変化に富んだ自発的なごっこ遊びや社会性を持ったものまね遊びの欠如．
(3)	行動，興味および活動の，限定され反復的で常同的な様式で，以下の少なくとも1つによって明らかになる：	
	(a)	強度または対象において異常なほど，常同的で限定された型の1つまたはいくつかの興味だけに熱中すること．
	(b)	特定の，機能的でない習慣や儀式にかたくなにこだわるのが明らかである．
	(c)	常同的で反復的な衒奇的運動．
	(d)	物体の一部に持続的に熱中すること．
B.	3歳以前に始まる，以下の領域の少なくとも1つにおける機能の遅れまたは異常：(1)対人的相互作用，(2)対人的意志伝達に用いられる言語，または(3)象徴的または創造的遊び．	
C.	この障害はレット障害または小児期崩壊性障害ではうまく説明されない．	

アスペルガー障害　Asperger's Disorder		
A.	以下のうち少なくとも2つにより示される対人的相互作用の質的な障害：	
	(1)	目と目で見つめあう，顔の表情，体の姿勢，身振りなど，対人的相互反応を調節する多彩な非言語性行動の使用の著明な障害．
	(2)	発達の水準に相応した仲間関係をつくることの失敗．
	(3)	楽しみ，興味，成し遂げたものを他人と共有することを自発的に求めることの欠如．
	(4)	対人的または情緒的相互性の欠如．

B.	行動，興味および活動の，限定され反復的で常同的な様式で，以下の少なくとも1つによって明らかになる： (1) 強度または対象において異常なほど，常同的で限定された型の1つまたはいくつかの興味だけに熱中すること． (2) 特定の，機能的でない習慣や儀式にかたくなにこだわるのが明らかである． (3) 常同的で反復的な衒奇的運動． (4) 物体の一部に持続的に熱中すること．
C.	その障害は社会的，職業的，または他の重要な領域における機能の著しい障害を引き起こしている．
D.	臨床的に著しい言語の遅れがない（例えば2歳までに単語を用い，3歳までに意志伝達的な句を用いる．
E.	認知の発達，年齢に相応した自己管理能力，（対人関係以外の）適応行動，および小児期における環境への好奇心などについて臨床的遅れがない．
F.	他の特定の広汎性発達障害または精神分裂病（現在は，統合失調症）の基準を満たさない．

特定不能の広汎性発達障害　Pervasive Developmental Disorder nor Otherwise Specified
このカテゴリーは，対人的相互反応の発達に重症で広汎な障害があり，言語的または非言語的なコミュニケーション能力の障害や常同的な行動・興味・活動の存在を伴っているが，特定の広汎性発達障害，統合失調症，失調型パーソナリティ障害，または回避性パーソナリティ障害の基準を満たさない場合に用いるべきである．たとえば，このカテゴリーには，"非定型自閉症"――発症年齢が遅いこと，非定型の症状，または閾値に達しない症状，またはこのすべてがあるために自閉性障害の基準を満たさないような病像――が入れられる．

［文献］

Williams, 1992, Nobody Nowhere,（=1993，河野万里子訳『自閉症だった私へ』新潮社）．

Solden, 1995, Women with Attention Deficit Disorder: Embrace Your Differences and Transform Your Life,（=2000，ニキ・リンコ訳『片づけられない女たち』WAVE出版）．

WHO, 1992, The ICD-10 Classification of Mental and Behavioral Disorders（=1999，融 道雄・中根充文・小見山 実監訳「ICD-10 精神および行動の障害」医学書院）．

American Psychiatric Association, 2000, Diagnostic Criteria from DSM-IV-TR-TR（=2002，高橋三郎・大野 裕・染矢俊幸訳「DSM-IV-TR-TR 精神疾患の分類と診断の手引き」医学書院）．

Wing, 1996, The autistic spectrum,（=1998，久保紘章・佐々木正美・清水康夫監訳「自閉症スペクトル」東京書籍）．

内山登紀夫，2009，「成人期の自閉症スペクトラム」『そだちの科学』日本評論社．

（なかの・いくこ）

第3章 非行と発達障害の関係
事例研究を通じて

小栗正幸（特別支援教育ネット代表・元宮川医療少年院長）

はじめに

　ここでは，発達障害のある子どもの非行化とは「いかなる事態であるのか」について述べていく．その際，私は非行少年と接してきた実務家であり，あくまで事例を前提にしないと何も語ることができない．しかしその半面で，私は個人情報に関する守秘義務を背負っている者でもある．そうしたことをいろいろ勘案した結果，ここで紹介する非行少年は，すべて私の頭のなかに住んでいる子どもたち，すなわち創作事例によって構成することにした．その代わり，そこには，発達障害をもちながら，不幸にして非行化してしまった子ども達から私に託されたメッセージが，精一杯盛り込んである．少しでも彼らと触れ合っていただけたらありがたい．

1　事例

(1)　15歳男性（中学生）

　この子どもは，保育園での集団行動が維持できず，小学校でも著しいトラブルメーカーであった．

　特に保育園では，集団行動のルールが守れなかっただけではなく，園のおもちゃや，友達の持ち物を無断で持ち帰る行動が目立ち，この行動は小学校でも改まらなかった．保育士や学校の教師は，この行動を盗癖としてとらえ，何とかしたいとやっきになった．しかし，本人はなかなか盗んだことを認めなかった．友達の持ち物が本人のカバンに入っている証拠を突き付けられても「僕は知らない」「知らないうちにカバンに入っていた」と言い張

るのだ．母親も，本人がそう言っているのだから信用してやってほしい，先生たちはうちの子をドロボウ扱いするのかと，保育園や学校を批判した．

　小学校では，授業中の着席が困難で，勝手に席を立って図書室へ行くなどした．廊下を走り回った挙句，消火器の消火液を噴出させたりして，学校中が大騒ぎになったこともあった．忘れ物や無くし物も多く，勉強にも集中できない状態で，小学校高学年になると顕著な学業不振に陥っていた．こうした経過に困り果てた学校は保護者に専門機関への受診を勧めたが，保護者は一向に取り合わず，逆に学校は子どもを障害児扱いしていると非難し，以前にも増して学校批判の姿勢を強めた．

　小学校高学年になると，学校の指導はほとんど機能しなくなった．それと並行するように，子どもは髪の毛を金髪にして登校したり，喫煙したり，友達宅に外泊したりするなど，非行化の兆候が目立つようになってきた．

　中学校では，登校はしても授業はほとんど受けず，体育館や物置小屋などに集まる仲間達と過ごすようになった．暴走族に所属する先輩との交遊が始まり，先輩の運転するバイクの後部座席で大騒ぎしながら暴走しているところを逮捕された．

　この子どもは，少年鑑別所で注意欠陥多動性障害を指摘されたが，保護者は養育に相当困っていたものの，今まで発達障害の認識はなく，そのうち子ども自身が自分の問題に気づいて落ち着くことを期待するだけで，実質的な指導は何もできない状態であった．

(2)　17歳女性（無職）

　幼児期から自己主張の少ない子どもで，幼稚園では友達の輪に溶け込めず，一人遊びが目立った．

　小学校では，読み書きの学習に困難があり，国語の成績が振るわなかった．算数の計算はできたが，国語と同じように文章問題の意味が理解できなかった．それよりも困ったのは友達関係の不調で，極端な口下手に加えて，ともかく自己決定ができず，動作のぎこちなさや要領の悪さが目立ち，いじめやからかいの被害者にもなった．

　親しい友達はほとんどおらず，小学校4年生ころから登校しぶりが始まり，やがて不登校へと移行した．不登校はその後も改善されず，学校に行ったり，行かなかったりする状態で経過したが，家ではおとなしくしており，無

理に登校を促すと興奮して暴れたり，車で学校まで送ってもらうと，車のなかで固まったように動かなくなることがあった．また，学校の敷地内では一切しゃべろうとしない緘黙症状も目立った．そのため，保護者は学校カウンセラーとも相談して，登校刺激を避けるようにした．

しかし，中学生になったころから生活面で昼夜逆転の状態に陥り，保護者の焦りが強まった．そこで子どもを説諭する母親との対立が深まり，興奮して家を飛び出すようになった．家出中は，同じような仲間に追従する機会が増え，それは次第に不良交遊へと発展していった．保護者は，ここで初めて専門機関へ子どもを連れて行き，専門医から広汎性発達障害の兆候を指摘された．その際，指導上の留意点について教えられたが，保護者は子どもの行動に振り回される状態になっており，結局有効な指導を行えないまま経過した．

高校進学には関心を示さず，中学卒業後はスーパーマーケットのレジ係などのアルバイトもしたが長続きしなかった．そうこうするうちに，家が不良仲間の溜り場のようになってきたため，母親が友達の出入り禁止を言い渡したところ，今度は本人が家出をするようになった．家出中は友達と繁華街を徘徊するうち，声をかけてきた男性と性的関係をもつようになり，それは次第に売春へと発展していった．この売春行為の最中に薬物濫用者と出会い，本人も複数の薬物を使用して警察に逮捕された．

このケースについては，少年鑑別所でも広汎性発達障害の兆候を指摘されたが，小学校からの学業不振には，「読み書き」を中心にした学習障害も関与していた．また不登校には，対人関係に必要なコミュニケーション能力の障害が密接に関与していた．

なお，この子どもについても，保護者は養育に困り果てていたが，二次障害の症状が顕著化して，専門機関に足を運ぶようになるまで，発達障害という認識はなかった．

(3) 17歳男性（高校生）

乳幼児期から自己主張の強い子どもで，幼稚園では，何でも自分がしゃしゃり出るなどして，集団生活のルールを無視する行動が目立った．

小学校では相手を不快にさせるようなこと，たとえば女子生徒に向かって，「太っているなあ」というようなことを平気で言うので，学級内の友達

関係からは孤立していた．

　しかし，本人は孤立を意に介していないように見え，教師が他人を不快にさせる言葉遣いの指導を試みても，「本当のことを言って何が悪い」と反論するだけで，言動はまったく改まらなかった．教師は，そうした教室内での様子を保護者に伝えたが，保護者は教師の指導力を批判するだけで取り合おうとしなかった．

　一方，学業成績は優秀で，趣味としては軍艦や戦闘機，第二次世界大戦に関する知識が非常に豊富であった．学年が進むにしたがい，同じようなことに関心を示す友達ができるようになったが，お互いの家を訪問しても，友情を楽しんでいる様子はなく，同じ部屋のなかでお互いが別のことをしているか，お互いが知識を見せ合うといったレベルでの交流であった．

　中学校での学業成績はトップクラスで，学級委員などにも選ばれた．言いたいことはずけずけと言うので，相変わらず友達は少なかったが，この子どもと論争すると，教師のほうが言い負かされてしまう状態で，生徒間ではそうした特異な才能（？）が注目されていた．

　高校には何の問題もなく進学した．ところが，学業成績の優秀な生徒が進学する高校であったため，中学校のときに比べると，良好な成績の維持が難しくなった．高校での成績の低下はひどく自尊心を傷つけ，家でもイライラすることが多くなり，ドアや壁を蹴って破損させるようになった．止めようとする母親への暴力も出現した．もともと細かいことにこだわる子どもだったが，学校から帰ると何度も手を洗うとか，入浴時間が極端に長くなるなど，強迫的な行動が目立つようになった．

　さらには，スーパーマーケットなどで万引きを反復するようになり，さすがに心配になった保護者が専門医に受診させたところアスペルガー症候群と診断された．

　ただ，専門医からアドバイスを受けても，保護者には家庭内暴力のある子どもを指導することが困難になっていたことと，警察が関与しても万引きが停止しなかったこと，さらには好意をもった女子生徒宅へ多数回にわたる無言電話をかけ，同女へのつきまとい行為なども発現したため，放置できないと判断した家庭裁判所は，子どもを少年鑑別所に収容して心身鑑別を実施する観護措置を決定した．この子どもについては，少年鑑別所でもアスペルガー症候群を指摘されたが，保護者には切羽詰った状況に陥るまで，発

達障害の認識はなかった．

2 非行化の背景

ここに記載した事例には，いずれも非行化の過程に共通した特徴があることをお分かりいただけたであろうか．つまり，彼らが必要としていた支援の機会を，ことごとく逸しているということである．これは，発達障害のある子どもの非行化を考える際に，絶対に見落とせない側面なのだが，どうしてこんなことが起きるのであろうか．非行化した子どもたちを見ていると，そうなってしまういくつかの理由が浮かび上がってくる．

(1) 学業成績

学業成績が良好だと，友達関係が壊滅的であっても，親を含めて周囲からはほとんど問題視されない場合があり，これによって実態把握が遅延しやすくなる．つまり，学校の勉強はできても，社会性の発達が不足している子どもの一部が，人間関係の複雑化する思春期や青年期になって挫折を経験し，それによって非行化するというもので，たとえば既述の17歳の高校生（3番目の事例）には，そうした経過が反映されている．

(2) 保護者の否認

1番目の事例（15歳の中学生）のように，学校の教師などが子どもの発達的な制約に気づいても，保護者がそれを否定して結局支援の機会を逸してしまうもので，そうした子どもの一部が思春期に非行化することがある．

ただし，こうした保護者からの否認には，信頼関係が形成されていない状態での唐突な障害告知など，指導する側の対応のまずさが絡んでいる場合がある．つまり，相手が保護者であろうが，子どもであろうが，ネガティブな情報を伝えるときにこそ，伝える側のコミュニケーション能力が試されることを，我々は十分認識しておく必要があるということである．

(3) 家庭環境

もっとも深刻な遅延の理由は，子どもが逆境的な環境で育っている場合である．

ともかく，育ちに必要な基本的安全感すら確保できない子どもは，往々にして早期から周囲を困らせる行動を引き起こしやすくなる．そうすると，たとえその子どもに発達面の制約があったとしても，周囲は子どもの問題行動に振り回されるだけで，とても実態把握どころではなくなってしまう．
　それだけではなく，家庭環境に大きな問題があると，周囲はそのことだけで，「あの家庭なら仕方がない」と，一気に納得してしまうことがある．これがあると，子どものニーズのような微妙な側面などは，あっさり見落とされやすくなる．私は，こうした点にも家庭環境の問題の深刻さが反映されていると思う．
　実際問題として，発達障害をかかえながら非行化してしまう子どもには，家庭環境に大きな問題をかかえている場合が少なくない．しかも，家庭環境の問題には，保護者の経済的な苦しさが合併しやすいことは，非行の専門家であればみんな知っていることである．要するに，経済的な貧しさは，保護者の心の余裕を奪い，子育てを歪めることすらある．これは，この世の不幸を吸い寄せる磁石のような働きをするため，児童虐待の問題にも根深く関わっていく．こうした状況においては，発達障害への気づきのようなデリケートな視点など，二の次，三の次になったとしても，少しも不思議ではないのである．

(4) その他の理由
　そもそも，非行少年については専門機関への受診歴のある子ども自体が少数派である．仮に専門機関へ受診し，そこで発達障害を指摘されている場合でも，それは子どもに親を困らせる行動が出現した後のこと，要するに二次障害の症状が出現した後での受診であることが多い．たとえば，2番目の事例（17歳の無職少女）も，3番目の事例（17歳の男子高校生）も，この辺りの事情は判で押したように変わらないことを指摘しておく．
　もっとも，さらにレアケースであるが，幼児期から発達障害の症状に気づかれていた非行少年もいる．しかしながら，そうした場合であっても，継続的な支援の機会に恵まれた事例など皆無と言い切ってもよい現実がある．それには，前項で触れた保護者の否認が大なり小なり関与しているものだが，ときにはもう少し複雑な家庭内の事情が絡んでいることもある．
　たとえば，母親は問題に気づいても，父親が頑としてそれを否定し，結局

支援を受ける機会を逸してしまった事例を私はたくさん見てきた．これがあると，救いようのないストレスを一身に背負ってしまうのが母親である．その結果として，子どもが苦労するのは，あまりにも明らかであろう．

　なお，百歩譲って早期からの支援に恵まれた子どもがいたとしても，その後に何らかの理由で支援を中断していることが多い．そうした支援中断の主な理由は，思春期になった子どもが，支援の場へ通うことを嫌がるようになったとか，子どもが高校や大学に進学したり，就職したりして，保護者が安心したのか，せっかく受けてきた支援を途中で中断してしまうといったものがほとんどである．ともかく，せっかく受けてきた支援を中断し，その後非行化したような事例については，残念という以外に適当な言葉が見当たらない．

　そもそも考えていただきたい．何のために我々は早期発見，早期支援の大切さを主張しているのか．先に答えを示すとすれば，要するに思春期対応である．言うまでもないことだが，健常だと言われている子どもであっても，思春期の急坂を上るのは骨の折れる仕事である．ましてや発達障害のある子どもにおいては，思春期こそが支援の正念場だと言っても過言ではないのだ．

　ともかく，非行化した子どもが支援の機会を逸していることは紛れもない事実である．それゆえにこそ発達障害のある子どもの一部が孤立無援の中で非行化していく．要するに発達障害があるから子どもは非行化したのではなく，必要な支援を受けられなかったことで失敗体験を重ね，そのなかでゆがみ，そして非行化していくのである．

3　二次障害の諸相

　発達障害のある子どもの非行化とは，外在化した二次障害の表現形として発現する．こうした二次障害の発現要因については前述したとおりであるが，次に非行少年に特徴的と思われる二次障害の諸相について述べてみたい．それが，発達障害をもちながら非行化してしまった子どもを理解するための出発点になるからである．

(1) 盗癖

　私が受ける非行相談のかなりな部分を，子どもの盗癖の問題が占めている．保護者も，学校の教師も，保育園や幼稚園の先生も，ときには専門家までもが，「この子には盗癖があって……」と困っておられる．
　しかし，身も蓋もない書き方をして恐縮だが，私は「それは盗んだのではなく，無断借用したのと違いますか？」と問い返すことが多い．
　これは，発達障害のある子どもから教えてもらった指導上の経験知のようなものだが，要するに友達が珍しいものをもっている，自分も欲しいと思った，それを勝手に持ち帰った，この行動を「窃盗」と見るか「無断借用」と見るかの問題だ．
　「盗み」と見た場合の説明は，まさにそのものズバリなので不要だろう．
　一方，「無断借用」と見た場合の説明はどうなるのだろうか．
　つまりこうである．彼はそれを"貸してほしい"とも，"いつまで貸してほしい"とも言わずに持ち帰った．または，"貸してほしい"とは頼んだが，相手が返事をする前に持ち帰った．もしそうだとすれば，この「無断借用」は，「借用行動のエラー」の範ちゅうで捉えられることになる．
　さて，ここで大切なことは，「盗み」と捉えた場合と「借用行動のエラー」と捉えた場合とでは，指導の方法が違ってくることである．すなわち，「盗んだ」と捉えた場合には，おそらく「盗みは悪いことだ」という道徳面からのアプローチや，窃盗行動の心理学的側面からのアプローチ，あるいは社会学的側面からのアプローチが指導の中心になってくるだろう．
　これに対して，「借用行動のエラー」と捉えた場合には，「借用できるものとできないものの弁別学習」，「借用依頼の練習」，「相手が承諾した場合のお礼の練習」，「相手が断った場合の対処行動の練習」，「思ったようにならない状況でのストレスマネジメント」，「無断借用した場合としなかった場合との結果の相違に関する弁別学習」といったアプローチが指導の中心になってくるだろう．
　本当は，「盗んだ」のか，「無断借用した」のか，その確かな答えは神様にしか分からないのかもしれない．しかし確実に言えることは，発達障害のある子どもが必要としているのは後者の指導だということである．つまり，彼らへの指導に関して，仮に否定的な切り口と，肯定的な切り口があるとした

ら，迷うことなく肯定的な切り口を選ぶべきである．なぜなら，指導手続が具体的になり，指導目標の設定も容易になるからだ．それよりも何よりも，「窃盗」と捉えた場合と「借用行動のエラー」と捉えた場合とでは，子どもへの（子どもに与える）侵襲性の程度がまるで違ってくる．

　だから私は，子どもの盗癖相談を受けたときには，「それは盗んだのではなく，無断借用したのと違いますか？」と問い返すのである．

(2) 否認

　型通りに盗みを追及された場合，彼らは往々にして非行事実を否認する．たとえば，友達のものが○○君のカバンに入っていたのであれば，他者の視点からすると○○君が「盗んだ」と思われても仕方がないだろう．しかし○○君にとっても，「盗んだのと違うか」と詰問されるのは嫌なものだ．だから，その答えは「違う」にしかならない．たとえこの段階で，「これはまずいことになった」と気づいたとしても，自分の考えを変更する，まして嫌なことを受け入れることは，彼らのもっとも苦手とする課題である．

　とても大切なポイントなので，もう少し説明する．「盗んだのと違うのか」と詰問されたときの"嫌な気分"は彼らにもよく分かる．ムカッとするのか，イライラするのかは別にして，ストレスの身体反応として身体感覚的に分かるからだ．これに対して，「盗られた人の気持ちになってみろ」と言われると分かりにくくなる．相手の気持ちは自分の身体反応とは違って，"想像する"あるいは"空想する"ことによってしか"推測"できないからだ．この点を分かっていないと，発達障害のある人たちの行動は了解困難になる．

　ここから先はパニックである．パニックは，興奮して大騒ぎしてしまう状態だけではなく，どうしたらよいのか分からない状態も立派なパニックである．そうした状況で追及の手が緩まなければ，本当に興奮して大パニックに陥るか，黙して語らず状態に陥るか，頑なに言い訳を通すかのいずれかになる．しかも，この頑なさには，後述する「こだわり」の後押しがあるので，余計に始末が悪い．

　ともかく，自分の非を認めない偏狭さは，周囲には御しがたい印象を与え，批判の対象になりやすい．言うまでもないことだが，マイナスの評価に晒された子どもは歪みやすくなる．間違っても，この状態を「身から出た錆だ」などと言わないでほしい．これも発達障害の症状の一つだからである．

それゆえに彼らは二次障害の症状をさらに強固なものにしてしまう．そうした状況を予防する，あるいは既に起こっている二次障害の症状を緩和する，それが我々に課せられた仕事ではないか．

(3) 言葉

　知的障害を合併していない広汎性発達障害の子どもは，乳幼児健診の段階で言葉の遅れを指摘されても，幼稚園に入るくらいの年齢で言葉が急に増えてくることがある．また，アスペルガー症候群の子どもも，言語発達に著しい遅れがないという特徴をもっている．しかし，彼らにはいずれも，「相互的な社会的関係の質的障害」という共通項がある．要するに対人関係でのやり取りが適切にできない，すなわち相手の立場を考えてのやり取りをする力に著しい制約がある人達なのである．

　さて，言葉というものは単語だけ知っていれば良いというものではない．なぜなら言葉はコミュニケーションの道具であり，相手のことが分からないのに，言葉だけたくさん知っている状態は，ある種危うい状況を形成してしまうからだ．つまり，非常に失礼なことを言ったりやったりするような状況が生起しやすいのである．

　たとえば，初対面の女性に平気で体重を聞いたりする．それも，少し肥満気味の女性を見たときに，目で見たとおりの印象が体重に関する質問になったりするので，余計に始末が悪い．私のところに相談に来ていたアスペルガー症候群の男子小学生は，勉強の成績が振るわないクラスメートに，「君は馬鹿だなあ．そんな成績では世の中生きていけないよ」と平気で言うので，学級内の人間関係から完全に浮き上がっていた．つまり，言葉というものは，相手のことが分かって使うからコミュニケーションの道具になるわけで，ここの部分に欠陥があると，コミュニケーションどころか，人を傷つける道具になってしまうということだ．相手にものを頼む場合に，本来であれば丁寧語を使うべきところが命令調になってしまうとか，相手が話しているときに，次に自分の話すことばかり考えているので，まったく相手の話が聞けていないとか，指摘し始めれば，枚挙にいとまがないとはこのことなのである．

　こうした状況があれば，対人関係はうまくいかない．それどころか，トラブルばかりが多発する．しかし当の本人には，その理由が分からない．結果的に，理由も分からないのに相手から批判される状況が頻発することにな

る．そうすれば子どもは確実に歪む．歪めば被害感が強まったり，周囲への攻撃的言動が目立つようになったりしても不思議はない．それがまた周囲の批判を呼び起こす．この悪循環は，二次障害形成の最短コースを準備するものとなる．言葉というものは，思いのほか曲者であることを，非行領域の専門家にはぜひとも分かっていただきたい．

(4) こだわり

　発達障害のある子どもの「こだわり」については，限定的な領域への興味・関心や執着の強さとの関連で理解されていることが多い．それはそれで正しいのだが，ときには，特定領域への興味や関心が認められないという理由で，その子どもには「こだわりの症状は見られない」と思われてしまう場合がある．実は，非行領域の専門家にも，こうした誤解をもっている人が案外多いのである．そのため，目の前にいる非行少年の，もっと典型的なこだわりが見逃されてしまうことがある．

　その典型的なこだわりとは，言い出したら自説を曲げない頑固さのことである．職員研修などでそう指摘すると，「ああ，そういう子どもならけっこういますよ」という反応が返ってくることが多い．頑として自説を曲げない行動は，非行の専門家だけではなく，保護者も教師も悩ませるものになる．そこで，ここではこの種のこだわりについて考えてみたい．

　さて，そもそも非行少年には勉強嫌いな子どもが多い．だいたいは学業不振に根差す勉強への無気力（無力感）であり，それはそれで困ったものである．ところが発達障害のある子どものなかには，勉強はできているのに，ある日突然「僕は今日から勉強はしないことに決めた」と言いだす子どもがいる．不登校についても，子どものほうが「学校には行かない」あるいは「学校には行けない」と決めている場合が意外に多いのだ．これは，発達障害のある子どもを理解するためのとても大切なポイントなので，もう少し説明しておこう．

　たとえば，「もう勉強はしない」と決めてしまう子どもの場合だが，すべての課目を放棄する場合と，特定の課目（たとえば国語）を放棄する場合，反対に特定の課目にしか取り組まない場合などのパターン化がみられる．

　不登校についても，まったく行かないことに決めた場合と，特定の教科について抜け出すことに決めた場合，保健室など特定の場所にしか行かない

ことに決めた場合など，特徴的なパターン化がみられる．

　いずれにしても，パターン化しているからこそ「こだわり」なのである．これは言い出せば切りのないことだが，たとえば友達関係についてもしかりで，「友達とうまくいかない」とか，「友達に嫌われている」と決めつけてしまう．こうした言動には，かなりな頻度で「こだわり」が関与している．同じようなことは，少年矯正施設でも集団場面に出ることを拒否する言動としてよく起こっているが，お気づきだろうか．

　ところが，学校でも施設でも，ときには医療機関においても，発達障害を知らない人が，これを心理的問題と見立てて受容や共感を与えることがあり，状態像をさらに悪化させてしまったケースを私は嫌というほど見てきた．また，生活指導の領域でこれを「わがまま」と見立ててしまい，指導に失敗しているケースも多いのだ．

　こだわり対応で大切なことは，「子どもの言葉をあまり真に受けない」こと，つまり指導する側が子どもの言っている事象に「こだわってしまわない」ことである．この点については，第10章で対処法を解説するが，ここではそうした「こだわり」と非行化との関係をもう少し掘り下げてみたい．

　さて，子どもが特定の自己主張にこだわってしまうこと，それも困ったものだが，もっと困ったことは，この種のこだわりは永遠不滅のものではなく，ある日急に変化することである．つまり，あれだけ特定の事象にこだわって大騒ぎしたのに，あれは何だったのかと言いたくなるほど，本人だけがケロリとすることがあるのだ．

　要するに，周囲をさんざんかき回しておいて，まだ周囲にはその余韻が十分残っているのに，当の本人はケロリとする現象で，これも発達障害のある子どもにはよくあることなのだが，逆に周囲はなかなか納得できない．そこから出てくるのが，「わがまま」という見立てである．「わがまま」「自己中心的」「自分勝手」果ては「しつけ不足」まで，あらゆる悪口雑言が周囲から浴びせられる．こうした評価のなかで子どもが歪まないわけがない．やはり，この種のこだわりは，子どもを歪ませる最強要因の一つになると思う．現に私は，非行化してしまった発達障害のある子どものなかに，かなりの頻度でこの種のこだわりを見出してきた．

　さて，ここで私が書いておきたいことはほぼ終わった．冒頭でも述べたように，発達障害のある子どもが非行化する事態を，私の経験知のなかから記

述すれば，本章での私の役割は終わると考えているからだ．ただ，最後に触れたように，発達障害のある子どもが，周囲を大騒ぎさせながら，自分だけケロリとする現象について，蛇足的な解説をしてから筆を置くことにしたい．このまま終わってしまうと，それこそ「あれは何だったのか」という疑問を読者に残してしまうからである．

実は，私は保護者や学校の教師から，あのケロリは何かという質問をずっと受けてきた．本当のことを言うと，私自身が発達障害のある子どもに聞いてみたいことでもあったのだ．しかし，せっかく「ひと山」越えているのにと思い，この質問を彼らに向けるのをずっと遠慮してきた．

あるとき，高校時代に「勉強はしない」と決めて周囲を大騒ぎさせ，その後何事もなかったかのように大学へ進学したアスペルガー症候群の青年に聞いてみたことがある．その青年は，少し困ったような顔をしたが，すぐに「先生，僕らだって成長しますよ」と答えた．実に明快な答えではないか．

それ以来，私は保護者や学校の教師から，あのケロリは何でしょうと質問されると，「ケロリとすることに決めたのと違いますか」と答えるようにしている．

ここで述べた内容には，私の論文や本からの引用が多数含まれている．もちろん，そのままの再掲ではなく，加筆・訂正し，組み立ても再構成されているが，特に事例の部分は（小栗 2007），非行化の背景の部分は（小栗 2009），全体に関する詳細は（小栗 2010）を参照していただけるとありがたい．

[文献]

小栗正幸, 2007,「発達障害のある非行少年への対応」生島浩・松村励編,『犯罪心理臨床』金剛出版, 89-102.

小栗正幸, 2009,「少年非行と二次障害――医療少年院における外在化障害への支援――」齊藤万比古編著,『発達障害が引き起こす二次障害へのケアとサポート』学研, 132-149.

小栗正幸, 2010,『発達障害児の思春期と二次障害予防のシナリオ』ぎょうせい．

（おぐり・まさゆき）

第4章　非行と発達障害の関係
実証研究を通じて

渕上康幸（八王子少年鑑別所）

はじめに ── 実証研究の誤用

　少年非行の発生には多くの要因が複雑に関連しており，十分に解明されていない部分も少なくないが，近年，学際的な取組みにより，大きく発展しつつある（小林 2008)[1]．脳科学や行動遺伝学といった新領域の進展に伴い，1980年代以降，欧米では，生物学的・生理学的要因が非行や問題行動の発現に関わっているという考えが広まっている．我が国においても，1990年代から2000年代にかけて，発達障害という視点から，非行少年を語ることが流行した．新聞やテレビでは，少年事件の報道とともに，ADHDやアスペルガー障害といった診断名が取り上げられ，当時，発達障害の子どもを抱える保護者会では，「我が子も突然，罪を犯すのではないか」との不安の声が聞かれた．こうしたなか，本来，狭義の精神障害を指していたはずの発達障害の概念は，「軽度発達障害」や「発達障害傾向」などと拡大され，「少年院在院者の○○％は発達障害の傾向を有する」といった研究も現れた．他方，法務総合研究所では，毎年，少年院や少年鑑別所における精神障害の統計を報告しているが，発達障害のみを抽出した統計はなく，「その他の精神障害」に含まれると考えたとしても，その割合は4％に満たない．にもかかわらず，あたかも非行少年には発達障害者が多いとの風説はなぜ広まったのか．その理由の一部は，アナログ（Analogue）研究と呼ばれる最近の実証的研究手法に対する誤解もあったと思われる．本稿では，幾つかの実証研究を紹介しながら，研究手法の解説や解釈上の限界について言及する．なお，意見に関する部分は著者の私見である．

1 アナログ研究と類推・連続性

　アナログ研究とは，ある精神疾患の心理的な過程を類推（アナログ）するために，非臨床サンプル（多くは大学生）に対して精神疾患の症状を測定する自己記入式尺度を用いて行う研究のことである（坂本　2009）[2]．当初，アナログ研究は抑うつの研究に用いられていた．同じようなネガティブな経験をしても，抑うつになる人とならない人がおり，抑うつの発症には個人差がある．その個人差を同定し，抑うつが生じたり持続したりする心理的過程を解明するためにアナログ研究の手法も用いられ，抑うつの予防や治療に一定の示唆がもたらされた．むろん，一般の人が「落ち込む」状態に陥ることと，感情障害（いわゆる「うつ病」）などの狭義の精神障害を有する者が示す抑うつとの間に，連続性を仮定できるか否かという点は議論となった．しかし，抑うつに関して言えば，アナログ研究が有益な知見をもたらしたことは確かであり，そもそも，精神科病院を受診していない者のなかにも，抑うつの素因を抱えている者は少なからずいるのであるから，それらの重症化を予防する意味でも，非患者を研究することには意義があるとされ，アナログ研究の手法は広く認められるようになっている．

　アナログ研究は，その後，統合失調症の幻覚体験の理解にも応用されている．幻覚の一種にパレイドリア（変像症）というものがある（南山堂医学大辞典　1990）[3]．これは，壁のしみが人の顔やいろいろな動物に見えたりするように，実際にはしみだとわかる批判力はありながら，対象が実際と違って知覚されることを言う．こうした幻覚は統合失調症に限らず，一般の健常者であっても高熱時やせん妄の際，あるいはLSDなどの薬物酩酊時に体験されるほか，幼児期に空想と結びついて現れることがある．幻覚妄想状態にある統合失調症の当事者を被験者とする研究は実施困難なため，健常者の体験をもとにしたアナログ研究から得られる知見は貴重である．

　ところで，インクのしみを見せて，それが何に見えるかを答えさせることで，精神疾患や性格を査定しようとする心理検査にロールシャッハテストがある．このテストは，精神鑑定にも利用されているが，アスペルガー障害を含む高機能広汎性発達障害と統合失調症は，ロールシャッハテスト上では，弁別が難しいことが知られている（辻井・内田　1999）[4]．逆の言い方をすれば，高機能広汎性発達障害の患者も，統合失調症の患者と区別がつかな

いほど，健常者とかけ離れた反応を示すことがある．しかし，仔細に検討すると，統合失調症と高機能広汎性発達障害の反応様式には違いがある（明翫・辻井 2007）[5]．アナログ研究は，こうした臨床上の繊細な差異の検討には向いていない．

　実証研究では，多変量解析という統計手法が用いられることが多いが，これには大量のデータが必要となる．この点，アナログ研究は，比較的コストをかけずに大量のデータが入手できるため，実証研究の成果を迅速，確実に得ることができるという利点がある．臨床現場のデータを入手困難な大学の研究者が，身近な大学生を被験者として行うアナログ研究は，理論やモデルを構築する萌芽的な段階では有用とされ，活発に行われている．ただし，患者と直に接する臨床家は，日ごろ健常者と患者との質的な違いを実感しており，また，患者の病態を見立てたり，鑑別したりすることが治療方針を決める上でも重要なだけに，アナログ研究には懐疑的な者も少なくない．

2　連続性とスペクトル

　発達障害は，アナログ研究とは違う意味で，"連続性"が議論されることがある．アスペルガー障害は，最近，マスコミにも取り上げられるようになった比較的新しい疾病概念である．ただし，疾病分類上は，自閉症を含む広汎性発達障害のなかに位置づけられており，「自閉性スペクトル仮説」と呼ばれる連続体が，自閉症とアスペルガー障害の間に想定されている．本来，広汎性発達障害は，扁桃体をはじめとする大脳辺縁系の諸組織の神経成熟停滞等の生物学的要因による障害と考えられており，その症状は低年齢において発現する生来的な疾病である．抑うつ状態などとは違い，健常に生まれた者とは質的に異なると考えられる．しかし，実際のところ，アスペルガー障害であるか否かを判別するための神経生理学的な査定方法が確立されていない現状にあっては，問診による鑑別診断が中心となる．そして，すでに大人になっている者については，幼少時の症状は回顧的な記憶に頼ることになりがちである．こうしたことを踏まえて，あえてアスペルガー障害とは診断せずに，アスペルガー症候群と診断する者もいる．すなわち，必ずしも生来的・脳器質的な障害かどうか分からないが，それと類似の状態像を示している一群である，というニュアンスがそこにあり，どちらかと言えば謙

虚な表現と言える．アスペルガー障害と類似の症状を自認する大学生やフリーターらによって，学生相談室や就労支援機関におけるカウンセラーの需要がたいへん賑わう状態となっているが，健常者と発達障害を有する者の境界は，対応する専門家それぞれの立場により，開きが生じているように思われる．

3　アナログ研究と疫学調査

　文部科学省の委託を受けた研究チームが，2002年に全国の小・中学校に在籍する41,579人を対象に，ADHDのスクリーニング質問紙を用いた大規模調査を行っている[6]が，この調査では，2.5％の者が，不注意または多動性―衝動性の問題が著しいと担任教師らにより評定されている．

　著者らは，2003年と2004年に，全国の少年鑑別所に収容中の者に対し，ADHDのスクリーニング質問紙を用いた大規模調査を行った．この調査も精神科医師の診察を経ていない点では前述の調査と同じだが，他者評価ではなく，少年自身に記載させる自己記入式尺度を用いた点で異なっている．2003年の調査[7]では1,481名中，ADHDに該当する症状を自覚する者は51名（3.4％）であり，小学生のころの状態を回顧させた場合には196名（13.2％）が該当した．また，2004年の調査[8]では，小学生のころの既往について，1,752人中，218名（12.4％）が該当した．なお，著者らは広汎性発達障害についても関心があったため，自己記入式尺度の自閉性スペクトル指数日本版（栗田ら　2003）[9]を用いた調査も併せて行った．同指数は質問項目が50問と多かったため，有効回答者数がやや減っているが，1,574名中，49名（3.1％）が陽性（現在症）に該当した．

　さて，著者らの研究報告においては，こうした調査手続について言及しているものの，他の論文や書籍に引用される際には，あたかもこれが疫学調査であるかのように扱われ，ADHDの現在症3.4％，小学生時の既往症13.2％（12.4％），自閉性スペクトル3.1％といった数字が一人歩きしていたように思われる．類似の手法を用いた調査は，その後も他の研究者によって行われているが，自己記入式尺度の質問紙調査の場合，何をもって発達障害に該当していると見なすかという点がそれぞれの研究者によって異なっており，非行少年の大部分が発達障害傾向を有する，との考察を含む論文を目にし

て驚きとともに違和感を覚えた．前述のように，アナログ研究は，本来，理論やモデルを構築する萌芽的な段階に用いる手法であり，著者らの研究の主眼も非行理論のモデル化であった．そこで，著者らの一連の研究の中身を紹介したい．理論モデルの検討は，理想を言えば，縦断的発達研究によって行われるべきだが，後述する理由によりそれは実現困難である．このため，アナログ研究の手法を含め，さまざまな手法で代用することとなるが，まず，それらの研究手法について解説する．

4 縦断的発達研究

縦断的発達研究とは，ある地域に生まれた子ども達を長期間にわたって，ある場合には，成長した後も含めて何十年間も追跡し，本人，家族，学校，交友関係などについて繰り返し心理学的調査を行う方法である（大渕 2006）[10]．後述するように，縦断的発達研究も万能ではないが，従来型の研究よりも優れている点が多い．

たとえば，従来型の研究では，一般の中学生と少年院や少年鑑別所に収容中の者に対し，同一のアンケート調査を実施し，両者の回答比率の違いから，「非行少年のほうが一般の中学生と比較して，○○だ」と論じるものが少なくない．しかし，拘禁下の非行少年の回答は，自分を実際以上によく見せようとする偏りが生じることが知られている．このため，本来，主観を排した実証研究のはずが，考察の段階で，研究者の主観が混入することがある．たとえば，研究者が，「非行少年のほうが一般の中学生と比較して，共感性が低い」との仮説を持っていたとする．仮説どおりの結果が出れば，そのまま考察するが，仮説と正反対の結果がでれば，社会的な望ましさの影響で回答に偏りが生じたと考察するような，おかしな事態が生じうる（渕上 2008）[11]．これに対し，縦断的発達研究は，被調査対象者が犯罪や非行を惹起する以前に必要な情報を同一条件下で収集しており，研究者の恣意が入りにくい．

また，従来型の研究では，「AとBは，5％水準で有意な相関がある」という表現が多用される．これは，Aという事象が起きる時，Bという事象も起きている，それは確率的に偶然に起きる範囲を超えている（100回のうち5回くらいは偶然に起こりうる）のだから，AとBは無関係ではない，といったことを表現するときに使われる言い回しである．とある調査で，喫煙や万

引き，無断外泊といった逸脱行動の自己報告回数と，家族と一緒に朝ごはんを食べる回数について調べたところ，有意な相関関係が認められたとする．すると，逸脱行動と家族と一緒に朝ごはんを食べているかどうかは強い関連があるのだから，食育が重要だ，ということになる．しかし，こうした相関研究では，因果関係までは分からない．すなわち，朝ごはんを食べないことが非行の原因なのではなく，夜遊びをしているから朝寝坊し，朝ごはんを抜いているに過ぎないという解釈も成り立つ．これに対し，縦断的発達研究は，非行を犯す前に調査をしているのであるから，その時間的な前後関係は明白である．たとえば，個々の事例はさておき，非行の結果，学業不振に陥るのではなく，学業不振の結果，非行が始まるケースが大多数であることを明らかにした縦断的発達研究もある（麦島・松本 1968)[12]，(Farrington 2003)[13]．

　しかし，縦断的発達研究にも難点はある．仮に100人の非行少年や犯罪者のデータを縦断的発達研究で得ようとすれば，将来の犯罪者や非行少年を含むと予想される何千人もの子どもに対し，追跡調査を重ねる必要があり，そのコストは膨大である．個人情報に対する考え方も変わってきており，現在，前述の麦島らのような研究を実現できる見込みは乏しい．そもそも，仮に非行の芽が認められるのであれば，早期介入すべき倫理もあり，傍観的に観察を続けることはできない．さらに，「新人類」「ニュータイプ」「ゆとり教育世代」のように，世相を反映した世代ごとの特徴（世代効果という）がある．このため，仮に30年前に子どもであった者には当てはまる理論であったとしても，今の子どもにそのまま当てはまるとは限らない．「アスペルガー障害」や「ADHD」などという言葉が一般に知られていなかったころに子ども時代を送った者と，教員のすべてがその名を知る社会で育った子どもでは，授業中，立ち歩いて，いきなり木登りをした場合，その行為に対する親や教師の反応は異なっていることが想像できる．こうした隘路に対し，縦断的発達研究の代わりに，因果関係の推論を高度な統計手法により克服しようとする試みがある．従来型の研究と対比し，第二世代とも呼ばれる研究が，構造方程式モデリング（SEM）による実証研究である．なお，構造方程式モデリング自体は多様な統計手法を包括したものであるため，その適用範囲は広く，因果推論のみに限らないが，ここでは言及しない．また，正しい因果推論には，Aという事象とBという事象の間に，時間的な前後関係を確保す

る必要があり，縦断的発達研究で得たデータを構造方程式モデリングで分析することが望ましい．しかし，前述のような理由から，これができない場合には，A→Bという因果の流れを仮定するための代替策として，Aという事象について，「小学生のころに，次のようなことがありましたか？」などと回顧を促す教示により，調査を行う方法が用いられる．後述する著者らの研究では，回顧法により，構造方程式モデリングによる因果推論を試みている．

5 破壊的行動障害（DBD）マーチの実証研究

　原田（1999）[14]，齊藤・原田（1999）[15]はADHDの子どもの攻撃性が外在化され，悪循環となった場合の経路について，アレルギー・マーチの概念にならって破壊的行動障害（DBD）マーチと名づけている．その経路とは，注意欠如・多動性障害（ADHD）→反抗挑戦性障害（ODD）→素行障害（旧称：行為障害）（CD）である．ただし，これを統計的に検討した実証研究は少ない．また，ADHD，ODD，CDの三者の重なりあい，あるいは進行は，成長変化によって変遷する「連続性」上の障害ではなく，別に独立した病型であるとの説もある（田中　2009）[16]．著者らは，DBDマーチ仮説を検証するため，前述のアナログ研究の手法により，非患者群（この場合，少年鑑別所に収容中の者）に対し，精神疾患の症状を測定する自己記入式尺度を用いた調査研究を行った．質問項目は，DSM-IV-TR（APA 2000）[17]におけるADHD，ODD，CDの診断基準項目を参考にした．ADHDとODDについては，小学生時のころを回顧させ，時間的前後関係を確保した．構造方程式モデリングにより，ADHD→ODD→CDへ至る因果の流れを想定し，モデルとデータとの適合度を検討した結果，理論モデルが統計的に成り立つことを確認した（近藤・大橋・渕上　2004）[7]．ただし，それぞれの影響関係はそれほど強いものではなく，他の要因を踏まえた理論モデルの強化が求められた．そこで新たに検討に加えたものが，非行少年の認知機能面の問題と家族の問題である．Barkley（1997）[18]やNigg（2003）[19]は，認知機能面のなかでも特に実行機能と呼ばれる概念を提唱している．実行機能とは，意図作用，計画，目標づくり，意図的活動，注意散漫に抵抗し抑制すること，発想を展開させ，選択し，監視しながら問題を解決し作戦を立てること，課題の要求に合致するように

活動に柔軟性を持たせ，目標に向かって持続性を維持する働きを言う（中根 2001）[20]．実行機能の問題は，ADHDの病因の一つと考えられている．しかし，Osterlaan, Scheres & Sergeant（2005）[21]は，ADHDの診断基準とCDの診断基準の両方を満たす群と，ADHDの診断基準は満たさないが，CDの診断基準のみは満たす群について，それぞれの実行機能を測定した結果，ADHD陰性のCD群にも，実行機能の問題が認められることを明らかにしている．そこで，構造方程式モデリングにより，ADHD→ODD→CDの継起的・連鎖的影響関係のなかに，実行機能の問題や認知の狭小化といった認知機能面の要因を加えたモデル化を行ったところ，データとモデルの適合度が向上し，理論モデルの強化が図られた（渕上 2007）[22]．また，実行機能の問題は，CDのリスク因であり，これをモデルに加えた場合，ADHDからCDに対する直接的な影響は統計上認められなくなった．一方，認知機能のうち，従来，産業心理学ではヒューマンエラーを招くネガティブな個人特性として取り上げられることが多かった認知の狭小化は，逆にCDを抑制する保護因であった．このため，非行の発現にかかわっているのは，特に実行機能の問題と考えられる．

なお，認知の狭小化とは，緊急場面の心的視野狭窄であり，不安を抱きやすい傾向や後述する罰感受性と関連がある．

6　児童虐待と非行

前述の認知機能面の問題のほか，家族の問題も重要である．児童虐待と非行については，すでに優れた縦断的発達研究がある．Widom（1995）[23]は，6歳から11歳までに児童虐待を受けた者908名と，それに対する比較対照群667名について，彼ら／彼女らが16歳から33歳になるまで長期間追跡（対照群付きのコーホート研究）し，両群の犯罪や非行の発生率に相違があるかどうかを調べており，性別，人種，年齢を統制すると，児童期に虐待された者はそうでない者に比べ，少年期で53％，成人してからでは38％，非行や犯罪で逮捕される可能性が高いことを明らかにしている．非行の先行要因として児童虐待が想定されることについては，このほかにも多くの実証研究による裏づけがある．しかし，なにが児童虐待を生じさせるのかという，児童虐待の先行要因についての知見は乏しく，非行化に結びつく児童虐待を予

期し，防止するための情報は不足している．

7　児童虐待の先行要因としての発達障害傾向

　飯田（2002）[24]は，ADHD児を持つ家庭は，家族が皆疲れていて，家庭内不和が起きていることは珍しいことではなく，ADHD児の病態が家族のストレスを生み，そのストレスがADHDの状態を悪化させているという悪循環が形成されているとし，ペアレント・トレーニングの重要性を指摘している．田中（2001）[25]は，ADHDの子どもは親から虐待を受けやすいハイリスク児であるとし，原田（2002）[26]は，ADHDに対する不適切な養育の結果として子どもの自己評価の低下，攻撃性の強まりが生じ，それに対してさらに周囲からの叱責等，不適切な対応が加えられるという悪循環の結果として，DBDマーチが生じると述べている．こうした指摘は多々あるものの，これらを統計的に裏づける実証研究はまだ乏しい．発達障害の研究ではないが，子の問題行動と母親のネガティブな養育態度を検討した縦断的発達研究として，次のものがある．菅原（1999）[27]は，1984年から86年に市立病院産婦人科で妊娠が確認された1,360人に対し，生後6ヵ月から14歳に至るまで6時点で子どもの問題行動傾向を測定し，4時点では，子どもに対する母親の否定的な愛着感（「じゃまな」「わずらわしい」といった感情）や養育態度も測定した．生後15年目に調査ができたのは約270家族であったが，子どもに対する母親の否定的感情は子どもの問題行動に促進されて深化する様相が見て取れ，「問題行動の先行要因として親の子どもに対する愛着感の欠如を仮定している従来モデルとは反対の因果関係が確認された」という．

　また，横断調査だが，渡辺・笠井・谷本（2008）[28]は，ADHDのある者は，その行動特徴が原因で注意・叱責を受けやすく，それらの不快経験が自尊感情や攻撃性にネガティブな影響を与えるとの仮説について，構造方程式モデリングを用いた研究を行っている．一般の中学生309名を対象とした自己記入式のADHDスクリーニング質問紙を用いた調査であるので，アナログ研究と位置づけられるが，ADHD傾向が高い者ほど，不快経験の頻度は高まり，不快経験が高いほど攻撃性が高まる一方，自尊感情は低下することを明らかにしている．

8 アナログ研究の手法を用いた構造方程式モデリング

　すべての発達障害者が非行に走るわけではないが，発達障害は非行のリスク因と考えられている（発達障害→非行）（本間・小野 2009）[29]．他方で，児童虐待が非行の先行要因であることは多くの研究により明らかにされているが，児童虐待の先行要因についての知見は乏しく，未然防止のための手がかりが不足している（？→児童虐待→非行）．前述の原田（2002）や田中（2001）の指摘を踏まえれば，児童虐待の先行要因として発達障害を想定することができる（発達障害＋児童虐待→非行）．むろん，すべての被虐待児が非行に走るわけではなく，不適切な養育経験にかかわらず，非行に走らない者もいる．これを説明する概念として近藤（2007）[30]による「非行抑制傾向」がある（児童虐待→非行抑制傾向≠非行）．非行抑制傾向とは，気質を基盤に環境面での影響を受けて形成される個人内要因であり，罰感受性，罰回避性，抑制性の3側面が想定されている．法務総合研究所（2003）[31]が行った被虐待経験を持つ一般人を対象とした面接調査では，犯罪に走らなかった理由を質問しているが，「自分は気が小さくて怖がりなので」「不安や恐怖からできなかったと思う」等の非行抑制傾向と似た回答が認められている．

　なお，非行を抑制する要因は，保護因と呼ばれる．さらに，矯正教育や環境調整によって変化しうるものを動的保護因と呼び，変化しがたいものを静的保護因として区別する．児童虐待などの逆境的体験をしながらも，精神病理を発症しない個人の特性を示す概念として，レジリエンス（Steiner・Karnik 2005）[32]があり，困難な状況下にあっても上手に適応し発達していく能力と定義されるが，これも広い意味では保護因である．

　著者は，これらの関連を明らかにするため，アナログ研究の手法による自己記入式尺度を用いて，全国の少年鑑別所入所者を対象とする横断調査を実施した．有効な回答を得られた1,842人（うち女子250人）について，男女別に構造方程式モデリング（SEM）による因果推論を行った結果，小学生時の反抗挑戦性障害（ODD）傾向が強いほど，家族からの暴力や放任といった不適切な養育経験を有しており，不適切養育経験は素行障害（CD）傾向を高めるリスク因であることを示す因果連鎖が認められた．また，罰感受性や罰回避性，抑制性といった個人内の非行抑制傾向は，CD傾向を低減する保護因であった．ただし，非行抑制傾向は，不適切養育経験には左右されず，生

来的な静的保護因（あるいは，気質的なレジリエンス）の可能性が示唆された．齋藤・原田（1999）[15]が提唱するDBDマーチに，不適切養育経験と非行抑制傾向という変数を加えると，ODDからCDへの因果連鎖は消失した．これにより，ODDがCDへ移行するか否かの鍵を握るのは，不適切養育経験と非行抑制傾向であり，これらに介入することで，DBDマーチが断ち切られることが示唆された（渕上 2010）[33]．

このように，DBDマーチを軸として，因果推論を行い，統計的には良好な適合指数を示すモデルが得られたが，これらは精神科医師の診断を経ていない非患者群に対し，自己記入式尺度によって，「ADHD傾向」を量的に評価したアナログ研究であり，患者群にそのまま適用するのは適当ではない．また，同一時点での横断調査において，回顧を促す教示により時間的な前後関係を確保し，構造方程式モデリングによって統計的に因果推論したものであり，縦断的な追跡調査とは根本的に異なる点にも留意する必要がある．これが解釈上の限界である．

[注]

1　小林寿一，2008，『少年非行の行動科学 ――学際的アプローチと実践への応用』北大路書房．

2　坂本真士，2009，「特集　心理学の実践研究入門」『アナログ研究　臨床心理学』第9巻第1号（通巻49号）金剛出版，39-43．

3　『南山堂医学大辞典』，1990．

4　辻井正次・内田裕之，1999，「高機能広汎性発達障害のロールシャッハ反応（1）――量的分析を中心に――」『ロールシャッハ法研究』第3巻，12-23．

5　明翫光宜・辻井正次，2007，「高機能広汎性発達障害と統合失調症におけるロールシャッハ反応の特徴 ――反応様式の質的検討――」『ロールシャッハ法研究』第11巻，1-12．

6　文部科学省，2004，「小・中学校におけるLD（学習障害），ADHD（注意欠陥／多動性障害），高機能自閉症の児童生徒への教育支援体制の整備のためのガイドライン（試案）」．

7　近藤日出夫・大橋秀夫・渕上康幸，2004，「行為障害と注意欠陥多動性障害（ADHD），反抗挑戦性障害（ODD）との関連」『矯正医学』第53巻第1号，21-27．

8　渕上康幸・近藤日出夫，2005，「注意欠陥／多動性障害と非行との関連の検討」『日立みらい財団研究報告書発達障害と非行に関する実証的研究』，45-81．

9　栗田広・長田洋和・小山智典・金井智恵子・宮本有紀・志水かおる，2003，「自閉性

スペクトル指数日本版（AQ-J）の信頼性と妥当性」『臨床精神医学』第32巻第10号, 1235-1240.
10 大渕憲一, 2006,『犯罪心理学――犯罪の原因をどこに求めるのか』培風館.
11 渕上康幸, 2008,「共感性と素行障害との関連」『犯罪心理学研究』第46巻第2号, 15-23.
12 麦島文夫・松本良夫, 1968,「1942年生まれの少年における非行発生の追跡的研究（第3報）」科警研報告防犯少年編, 第9巻第1号, 33-44.
13 Farrington, D.P., 2003, Key results from the first forty years of the Cambridge Study in delinquent development, T.P. Thornberry & M.D. Kroho (eds.), Taking stock of delinquency: An overview of findings from contemporary longitudinal studies, New York: Kluwer/Plenum, 137-183.
14 原田謙, 1999,「非行に至るルートとしてのDBDマーチ」『日本心理学会第63回大会論文集』, S31 .
15 齊藤万比古・原田謙, 1999,「反抗挑戦性障害」『精神科療法学』第4巻, 53-159.
16 田中康雄, 2009,「ADHDと破壊的行動障害」『子どもの心の診療シリーズ7　子どもの攻撃性と破壊的行動障害』, 65-81.
17 American Psychiatric Association, 2000, DSM-IV-TR: Diagnostic and statistical manual of mental disorders, 4th ed., Text revision（＝米国精神医学会　高橋三郎・大野裕・染谷俊幸（訳）, 2002,『DSM-IV-TR精神疾患の診断・統計マニュアル新訂版』医学書院）.
18 Barkley, R.A., 1997, ADHD and the Nature of Self-Control, New York: The Guilford Press.
19 Nigg, J.T., 2003, An early-onset model of the role of executive functions and intelligence in conduct disorder/ delinwuency, Lahey B.B., Moffitt T.E., & Caspi A. (eds.), Causes of conduct disorder and juvenile delinquency, The Guilford Press, New York.
20 中根晃, 2001,『ADHD臨床ハンドブック』金剛出版.
21 Osterlaan, J., Scheres, A., & Sergeant, J.A., 2005, Which Executive Functioning Deficits Are Associated with AD/HD, ODD/CD and Comorbid AD/HD+ODD/CD?, Journal of Abnormal Child Psychology, Vol.33, No.1, 69-85.
22 渕上康幸, 2007,「非行少年の失敗傾向と破壊性行動障害のマーチとの関連についての検討」『犯罪心理学研究』第45巻第2号, 47-60.
23 Widom, C.S., 1995, Victims of Childfood Sexual Abuse-Later Criminal Consequences, National Institute of Justice Research in Brief, U.S.Department of Justice.
24 飯田順三, 2002,「AD/HD児を持つ家族への援助――家族教育プログラム――」『臨床

心理学』2 (5), 605-610.
25 田中康雄, 2001, 『多動性障害と虐待 ――多動性障害と虐待の悪循環に対する危機介入 虐待と思春期』岩崎学術出版社, 43-50.
26 原田謙, 2002, 「AD/HDと反抗挑戦性障害・行為障害」『精神科治療学』第17巻第2号, 171-178.
27 菅原ますみ・北村俊則・戸田まり・島悟・佐藤達哉・向井隆代, 1999, 「子どもの問題行動の発達 ――Externalizingな問題傾向に対する生後11年間の縦断研究から ――」『発達心理学研究』第10巻第1号, 32-45.
28 渡辺晋吾・笠井達夫・谷本泰子, 2008, 「AD/HD的行動傾向が自尊感情と攻撃性に及ぼす影響」『犯罪心理学研究』第46巻（特別号), 86-87.
29 本間博彰・小野善郎, 2009, 『子どもの心の診療シリーズ7　子どもの攻撃性と破壊的行動障害』中山書店.
30 近藤日出夫, 2004, 「非行接近／抑制尺度の作成及び非行との関連の検討」『犯罪心理学研究』第42巻第1号, 1-14.
31 法務総合研究所, 2003, 『児童虐待に関する研究（第3報告)』, 1-106.
32 Steiner, H. & Karnik, N., 2005, Child or adolescent antisocial behavior, Sadock B.J. & Sadock V.A. (eds.), Kaplan & Sadock's Comprehensive Textbook of Psychiatry, 8th ed, Philadelphia: Lippincott Williams & Wilkins, 3441-3449.
33 渕上康幸, 2010, 「破壊的行動障害の連鎖と不適切養育経験及び非行抑制傾向の関連」『犯罪心理学研究』第48巻第1号.

（ふちがみ・やすゆき）

第5章 発達障害者支援の取り組みと課題

山岡 修(日本発達障害ネットワーク)

はじめに

　1990年にLD(学習障害)の親の会の全国組織(全国LD親の会)が発足し国会請願を行うなどLDに対する支援を訴えた.マスコミに取り上げられるなど社会的関心を集め,LDが国の審議会で初めてとりあげられた.その後の発達障害者支援や特別支援教育への転換へと繋がっていく起点の年となったことから,関係者の間では1990年を「LD元年」と呼んでいる.

　今年は,その「LD元年」,言い換えると,国が発達障害に対する取り組みを開始してから,ちょうど20年になる.その間,2005年に発達障害者支援法が施行され,2007年には,特別支援教育が制度としてスタートする等,国の取り組みもようやく本格化しつつある.この20年間,筆者は,親の会の活動等を通して発達障害と向き合ってきたが,そのなかで「発達障害と非行少年の処遇」というテーマは,ある時は大きな障壁として立ちはだかり,ある時は施策を前進させる目に見えない原動力となってきた.

　本稿では,我が国における発達障害に対する取り組みを振り返りつつ,「発達障害と非行少年の処遇」というテーマにも触れながら,発達障害者支援の現状と課題について述べてみたい.

1　発達障害をめぐる非行や事件発生の衝撃

　我が国で,ADHDやアスペルガー症候群といった診断名が本格的に使われ始めたのは,1990年代後半からである(詳細は後述).そして,その診断名の定着と呼応するように,これらの診断名と非行等の関係が事件発生の度

にマスコミ等に取り上げられる事例が増え，その度に当事者や親の会には衝撃が走った．ここでは，2001年頃までに発生した主な事件を挙げてみる．

　1997年に発生した「神戸連続児童殺人事件」を起こした少年（14歳）は，ADHDと診断されたことがあり，後にアスペルガー症候群と診断された．犯行の猟奇性，少年の犯罪であること等からマスコミに大きく取り上げられ，社会的にも衝撃的な事件であった．

　1998年1月，栃木県黒磯市で，中1（13歳）の男子生徒が，授業態度を注意した女性教師をバタフライナイフで刺殺した．この男子生徒がADHDと診断されていたと報道され，「キレる」という言葉が流行るきっかけともなった．その後，地元では，ADHDのある生徒は危険なので注意が必要といった趣旨の教員向けの研修が行われるなど，ADHDに対する偏見とも言える動きが表面化し，ADHDのある当事者や家族が苦しめられた．親の会のなかには，ADHDという用語を会報や活動のなかで使わないように徹底する等，過剰な反応が見られた．

　1999年7月に発生した「全日空機ハイジャック，機長殺害事件」を起こしたN（28歳）について，2002年に行われた裁判のなかで，アスペルガー症候群という鑑定結果が提出された．新聞報道等によると，Nはパイロットに憧れて航空会社を受験するがいずれも不合格となり鉄道会社に就職したが早々に離職し，自殺未遂を繰り返した．事件前に羽田空港の警備体制の欠陥を発見し，運輸省や航空会社に実名で知らせている．ハイジャック機の予約は実在するプロ野球選手と同名の偽名を使って搭乗し，フライトシミュレーターを趣味としていたが，当然ながら操縦経験がないにもかかわらず，「宙返りやダッチロールをしてみたかった」「レインボーブリッジの下をくぐってみたかった」と，ナイフを突き付けて，機長に自分に操縦させるよう要求し，「機長が言うことを聞かないので頭にきて刺した」と供述している．

　2000年5月に愛知県豊川市で発生した主婦刺殺事件を起こした少年（17歳）もアスペルガー症候群という診断結果が示された．「人を殺す経験をしようと思った」「若い未来のある人をやってはいけないと思った」等が動機として，マスコミに報道された．

　なお，この事件が発生した2000年には西鉄バスジャック事件，岡山バット母親殺害事件などの17歳の少年による重大事件が発生し，少年法の厳罰化が議論されるきっかけとなり，2000年12月に改正案が成立した．

2001年6月，兵庫県宝塚市で小4の男児が自殺し，「『多動性障害』苦に？ 9歳自殺」（毎日新聞2001年6月25日付，大阪本社版，朝刊）と報じられた．当時は，直前に医師からADHDと診断され，生涯治ることがない障害との説明を受け，それを悲観した自殺なのではないかとの噂が伝わってきた．また，当時は，ADHDという診断名が今程知られておらず，支援機関や親の会等も限られていたが，保護者は数少ない支援機関にコンタクトを取り，相談をし始めた矢先の悲劇であったらしい．なお，2007年に文部科学省が行ったいじめに関する調査において，この件はいじめが一因の自殺と発表されたケースのなかに含まれている．
　これらの事案の発生の都度，展開されるマスコミの無責任な報道は，発達障害のある当事者や家族を脅えさせ，委縮させ，発達障害に対する理解と支援を訴えてきた支援者や親の会には，都度衝撃が走り，活動に暗い影を投げかけてきた．
　特別支援教育の進展（2007年）や発達障害者支援法の施行（2005年）により，ここ数年でようやくADHD，アスペルガー症候群等の発達障害に対する社会的認知度が高まってきたが，それ以前は，発達障害に対する社会的な理解が十分ではないなかで，興味本位で偏った情報だけが一人歩きしてしまうという状況が続いていたのである．
　以上を踏まえ，発達障害に関する法律・制度や我が国における取り組みを振り返りつつ，発達障害と非行少年の処遇について述べてみたい．

2　法律上や制度上の発達障害の位置づけ

　2005年に施行された発達障害者支援法は，広汎性発達障害，ADHD，LD等を対象として定め，当事者や家族に対する支援を国や地方公共団体の責務として定めている．一方，医学用語における発達障害は，知的障害等も含んでおり，範囲が異なっていることに留意する必要がある．
　なお，本稿では，発達障害者支援法が定める障害を「発達障害」として使用している．また，発達障害には知的障害を伴う場合と伴わない場合があり，特にうたわない場合は発達障害全体を「発達障害」として使用している．

(1) 法律，手帳制度

　発達障害は，中枢神経系の機能障害に起因する障害とされており，我が国における法律上の定義や分類は，世界保健機構（WHO）による国際疾病分類（ICD-10）に基づいている．この法律上の定義や手帳制度の分類・範囲について示したのが**図1**である．ICD-10のなかで，精神疾患（精神及び行動の障害）は，F00-99に分類されている．

　1960年に制定された精神保健福祉法（精神保健及び精神障害者福祉に関する法律）は，5条において，「この法律で『精神障害者』とは，統合失調症，精神作用物質による急性中毒又はその依存症，知的障害，精神病質その他の精神疾患を有する者をいう」と定めており，ICD-10のF00-99のすべてを対象としている．すなわち，法律上，統合失調症等だけでなく，知的障害も発達障害もこの法律の対象となっている．

　このうち，知的障害については，この法律とは別に1960年に知的障害者福祉法が制定された．発達障害も同様に，2005年に発達障害者支援法が制定されている．

　手帳制度については，知的障害を対象とした「療育手帳」がまず制定された．療育手帳は，法律ではなく，1973年に厚生省が出した通知「療育手帳制度について」に基づき各都道府県知事（政令指定都市の長）が知的障害と判定した者に発行している．なお，知的障害の範囲について，法律にもこの通知にも定義がないが，各都道府県等が各々基準を定めており，IQ75以下としている場合が多い．一方，統合失調症等の精神障害については，1995年に精神保健福祉法が改正され，「精神障害者保健福祉手帳」が制定された．この際に，知的障害については，「療育手帳」が既にあったため，「知的障害者を除く」という除外規定が付されている．

　では，発達障害について，手帳制度がどうなっているかと言えば，自閉症等の知的障害を伴う発達障害は「療育手帳」の対象となっている．一方，高機能広汎性発達障害，LD，ADHD等の知的障害を伴わない発達障害については，精神保健福祉法には知的障害以外に除外規定がなく，法律上は対象と考えられるが，運用上は，統合失調症等の精神障害（F00-70）のみが対象となっており，都道府県により若干のバラツキはあるものの，単純に発達障害というだけでは手帳取得が難しいというのが，現在の状況である．

図1 精神疾患と発達障害の位置づけ

ICD-10 第5章 精神及び行動の障害（F00-F99）

	分類	法律	手帳
F00-F09	症状性を含む器質性精神障害	精神保健福祉法	精神保健福祉手帳
F10-F19	精神作用物質使用による精神及び行動の障害		
F20-F29	統合失調症，統合失調症型障害及び妄想性障害		
F30-F39	気分[感情]障害		
F40-F48	神経症性障害，ストレス関連障害及び身体表現性障害		
F50-F59	生理的障害及び身体的要因に関連した行動症候群		
F60-F69	成人の人格及び行動の障害		
F70-F79	知的障害〈精神遅滞〉	知的障害者福祉法	療育手帳
F80-F89	心理的発達の障害	精神保健福祉法 / 発達障害者支援法	精神保健福祉手帳
[政令]	F80 会話及び言語の特異的発達障害		
[法]	F81 学習能力の特異的発達障害		
[政令]	F82 運動機能の特異的発達障害		
[省令]	F83 混合性特異的発達障害		
[法]	広汎性発達障害 F84　84.0:小児自閉症　84.5:アスペルガー症候群		
[省令]	F88 その他の心理的発達障害		
[省令]	F89 詳細不明の心理的発達障害		
F90-F98	小児〈児童〉期及び青年期に通常発症する行動及び情緒の障害		
[法]	F90 多動性障害		
[省令]	F91 行為障害		
[省令]	F92 行為及び情緒の混合性障害		
[省令]	F93 小児〈児童〉期に特異的に発症する情緒障害		
[省令]	F94 小児〈児童〉期及び青年期に特異的に発症する社会的機能の障害		
[省令]	F95 チック障害		
[省令]	F98 小児〈児童〉期及び青年期に通常発症するその他の行動及び情緒の障害		

[法]＝発達障害者支援法，[政令]＝発達障害者支援法施行令，[省令]＝発達障害者支援法施行規則
出典：厚生労働省資料

(2) 発達障害者支援法における定義

　発達障害者支援法は，2004年12月3日に議員立法により成立し，2005年4月1日に施行された（制定の経緯等については後述）．

　発達障害者支援法上の発達障害は，2条1項において以下のように定めている．「この法律において『発達障害』とは，自閉症，アスペルガー症候群その他の広汎性発達障害，学習障害，注意欠陥多動性障害その他これに類する脳機能の障害であってその症状が通常低年齢において発現するものとして政令で定めるものをいう」（図1参照）．

　まず，2004年12月に成立した法律では，広汎性発達障害（F84），学習障害（LD）（F81），多動性障害（F90）の主要な3障害を対象として定めた．厚生労働省では，2005年1月に「発達障害者支援に係る検討会（座長＝栗田広）」を設置し，発達障害者支援法の施行スケジュールや発達障害の定義について検討を行うとともに，2月10日から3月9日までパブリックコメントの募集も行った．検討会では，特に発達障害の定義について熱心な議論が行われ，ICD-10を基本としつつ，従来支援の対象となっていなかった「心理的発達の障害（F80）」，「小児〈児童〉期及び青年期に通常発症する行動及び情緒の障害（F90）」を法律，政令，省令で網羅する方向性が示された．図1を見ていただくと分かるが，発達障害者支援法，発達障害者支援法施行令，発達障害者支援法施行規則の三つで，ICD-10のF80-90のすべてを網羅し，2005年4月1日に施行された．

　すなわち，精神疾患のうち，知的障害（F70）は，個別に抜き出す形で，知的障害者福祉法と療育手帳制度により，統合失調症等の精神障害（F00-60）は，精神保健福祉法のなかの「精神障害者保健福祉手帳」の規定により，障害者福祉制度の対象として明確に位置づけられている．すなわち，精神疾患のなかで，障害者福祉制度の対象として明確に位置づけられていなかったのは，発達障害（F80-90）だけだったのである．発達障害は，定義から見る限り，精神保健福祉法の対象に含まれている．また，精神保健福祉法45条の精神障害者保健福祉手帳の規定や政令から見る限り，対象外とする規定は見当たらない．しかし，実際の運用面では，発達障害（F80-90）は支援の対象として位置づけられていなかったのである．

　発達障害者支援法は，このような状況を踏まえ，発達障害者に対する支援を明確化するために作られた法律だと言える．発達障害者支援法は，具体的

な支援や事業が規定されていない理念法であり，具体的な支援や手帳制度等の課題があるが，これについては後述する．

3 我が国における発達障害者支援の取り組み

我が国における発達障害に対する取り組みをまとめたのが，**表1**である．1960年代から発達障害のある子どもの存在が指摘され始め，医学や教育の分野での取り組みがあったが，国レベルでの取り組みが始まったのは1990年代からであり，本格化したのはここ数年のことである．

世界保健機構（WHO）がアスペルガー症候群（F84.5）を診断名として採用したのは1990年の国際疾病分類（ICD-10）の改定からであり，我が国での適用は1995年からであった．また，アメリカの精神障害診断統計マニュアルがアスペルガー症候群という診断名を採用したのは，DSM-IV（1994）であり，日本版の発行は1995年であった．

ADHDについてICD-10では，多動性障害（Hyperkinetic Disorders, F90）となっている．一方，アメリカ精神医学会による「障害の分類と診断の手引（DSM）」では，1980年DSM-IIIにおいて，従来の「多動症候群」に代わり，「多動を伴う注意欠陥障害」の診断名が登場し，1994年に改訂されたDSM-IVでは現在のADHD（注意欠陥多動性障害）に変更された．

すなわち，我が国でアスペルガー症候群やADHDという診断名が一般に使われるようになったのは，1990年代の後半であり，注目され始めたのもほんの十数年前からである．

(1) 1980年代までの取り組み

「昔から発達障害のある子ども達はいたのですか？」という質問をよく受ける．「花粉症」はここ数年聞かれるようになった症状だが，そういえば子どもの頃から春先は鼻水が出たり目が充血したりしていたという話もよく聞く．一方，「鳥インフルエンザ」は昔からあったのかもしれないが，大量発生という意味では最近になって発現した例である．発達障害は恐らく「花粉症」型である．すなわち，昔から同じような症状はあったが，最近になって中枢神経系の機能障害による症候群であることが分かって，障害として新たに認識されたものと考えられる．

表1 我が国における発達障害に対する取り組み

年月	主体	事項
1968	親の会等	自閉症児・者親の会全国協議会の発足
1968	厚生省	厚生省特別研究助成「自閉症の診断と成因に関する研究班」
1969.03	文部省	「特殊教育の基本的な施策のあり方について」 特殊教育総合研究調査協力者会議（議長：辻村泰男氏）報告
1969	文部省	我が国初の情緒障害学級（堀之内学級・杉並区）開設
1990.02	親の会等	全国LD親の会，発足（当時＝全国学習障害児・者親の会連絡会）
1991	親の会等	高機能広汎性発達障害の自助会「アスペの会」発足
1993.11	国会	障害者基本法改正に「てんかん及び自閉症を有する者（中略）は，この法律の障害者の範囲に含まれる」と附帯決議が付される
1994.03	厚生省	親子のこころの諸問題に関する研究／高機能広汎性発達障害と学習障害の関連に関する研究，栗田広，厚生省心身障害研究，厚生省
1997.10	親の会等	日本自閉症協会愛知県支部に，高機能自閉部会発足
1998.11	親の会等	えじそんくらぶ（ADHDの当事者団体），活動開始
1999.07	文部省	文部省協力者会議，最終報告「学習障害児に対する指導について」発表［LDの定義公表］
2001.01	文部科学省	文部科学省・協力者会議，「21世紀の特殊教育の在り方について」，最終報告公表
2001.11	厚生労働省	障害者雇用問題研究会報告──LD，高機能自閉症等を含め障害者雇用の範囲の見直しを提言
2002.04	厚生労働省	厚生労働省，自閉症・発達障害支援センター運営事業，開始
2002.10	文部科学省	文部科学省，LD，ADHD，高機能自閉症等の全国実態調査の結果公表．学習面や行動面で著しい困難を示す生徒＝6.3％
2002.12	内閣府	障害者基本計画，LD，ADHD，高機能自閉症等に対する教育的支援に言及
2003.03	文部科学省	文部科学省・協力者会議，「今後の特別支援教育の在り方について（最終報告）」，公表
2003.04	文部科学省	文部科学省，特別支援教育推進体制モデル事業を47都道府県で実施
2004.01	文部科学省	文部科学省「小・中学校におけるLD，ADHD，高機能自閉症の児童生徒への教育支援体制の整備のためのガイドライン（試案）」，公表
2004.02	厚生労働省	厚生労働省，発達障害支援の勉強会，発足
2004.03	中教審	中教審に特別支援教育・特別委員会設置
2004.05	国会	「発達障害者の支援を考える議員連盟（会長：橋本龍太郎氏）」設立総会
2004.05	国会	障害者基本法改正に「てんかん及び自閉症その他の発達障害等は，この法律の障害者の範囲に含まれる」と附帯決議が付される
2005.03	文部科学省	国立特殊教育総合研究所，「LD，ADHD，高機能自閉症指導者養成研修」開催
2004.10	厚生労働省	障害者雇用ガイドブック（厚生労働省職業安定局　監修）──軽度発達障害（P.299-P.311）の項目新設
2004.12	国会	「発達障害者支援法」，参議院本会議で可決・成立
2005.03	厚生労働省	「発達障害を理解するために～支援者のためのQ&A～」　障害者職業総合センター　実践報告書No14
2005.03	文部科学省	「発達障害のある学生支援ガイドブック」　国立特殊教育総合研究所
2005.04	国	「発達障害者支援法」施行
2005.04	厚生労働省・文部科学省	「発達障害者支援法」施行通知　各都道府県知事宛，文部科学事務次官と厚生労働事務次官の連名
2005.12	親の会等	日本発達障害ネットワーク（JDDネット），発足
2005.12	文部科学省	中教審，「特別支援教育を推進するための制度の在り方について（答申）」
2006.04	文部科学省	LD，ADHDが通級の対象に加わる（学校教育法施行規則の改定）
2006.06	国会	「学校教育法」衆議院本会議で成立．2007年度から特別支援教育へ

第5章　発達障害者支援の取り組みと課題

2006.06	厚生労働省・文部科学省	発達障害対策戦略推進本部, 設置. 事務次官を本部長とした部局横断的な組織
2007.04	文部科学省	「学校教育法」改正施行. 特別支援教育が制度としてスタート
2008.04	国連	世界自閉症啓発デー（毎年4月2日）制定
2008.12	厚生労働省	「障害者自立支援法施行後3年の見直しについて（社会保障審議会・答申）」公表。発達障害を対象として明確化する事などを提言
2009.04	文部科学省	「自閉症・情緒障害特別支援学級」に名称変更
2009.12	政府	障がい者制度改革推進本部, 設置

　発達障害のうち, LD, ADHD, アスペルガー症候群等の知的障害を伴わない発達障害は, 1986年の日本小児科学会等で取り上げられ, 一時盛んに使われたMBD（微細脳機能障害）とほぼ重なっている症状と考えられる. MBDは「診断名のゴミ箱」,「脳に損傷がある以上微細ということはない」等の批判もあったが, 1980年代までは診断名として盛んに使われていた. 当時のMBDは, 読み書き障害, 言語障害, 計算障害, 不器用, 多動, 注意集中困難等, 今でいうLDやADHDに該当していたのではないか思われる.
　一方, 知的障害を伴う自閉症については, 我が国でも1950年代に初の症例が報告され, 1968年に, 現在の日本自閉症協会の前身である「自閉症児・者親の会全国協議会」の発足をきっかけに行政も情緒障害学級や自閉症児療育事業等の対応を開始している. 1980年代に入って, 知的障害を伴わない, 自閉症に類似するアスペルガー症候群等のグループが存在することが次第に明らかとなってきたが, 当時は行政による取り組みはほとんどない状況であった.

(2)　1990年代の取り組み

　我が国では1990年代に入り, 全国LD親の会の発足等を一つのきっかけとして, 教育分野を中心にLDに対する国の取り組みが始まった. 1995年3月に文部省協力者会議から出された「学習障害児等に対する指導について（中間報告）」で, LDの定義が示されたが, その後段で「また, 行動の自己調整, 対人関係などにおける問題が学習障害に伴う形で現れることもある」とされている. 当時の教育用語としてのLDは, サブ・タイプとして非言語性LDを置いており, 今で言うADHDやアスペルガー症候群等も含んだ知的障害を伴わない発達障害を総称する幅広いものであった.
　1990年代後半になって, アスペルガー症候群やADHDが診断名として広

まったこと等から，アスペルガー症候群やADHDに対する社会的認知が急速に広まっていく．1997年に日本自閉症協会の愛知県支部に高機能自閉部会が発足するなど，各地でアスペルガー症候群等を対象とした親の会等が発足していった．一方，1998年11月にADHDの当事者団体である「えじそんくらぶ」が，ホームページを立ち上げ，活動を開始した．

このように1990年代は，文部省，厚生省でアスペルガー症候群やADHDが初めて認識され，行政による基礎研究が始まった段階であった．

(3) 2000年以降の取り組み

21世紀に入って，1990年代から始まったLDに対する文部省の取り組みが，ADHD，アスペルガー症候群等（高機能自閉症）を含めた発達障害全体への支援に繋がっていく．

2001年1月に公表された「21世紀の特殊教育の在り方について」（文部科学省・協力者会議の報告）では，LD，ADHD，高機能自閉症等を「特別な教育的ニーズを持つ児童生徒」として取り上げ，これらの児童生徒も含め支援していくことが必要と提言された．

さらに，2003年3月の「今後の特別支援教育の在り方について」（文部科学省・協力者会議の報告）では，LD・ADHD・高機能自閉症等も含めた特別支援教育への転換が提言され，全国的実態調査により，LD・ADHD・高機能自閉症等の学習面や行動面で著しい困難を示す生徒が，全体の6.3％程度在籍するという推計値も示された．2005年12月には中教審から「特別支援教育を推進するための制度の在り方について」が答申され，2006年の通常国会で学校教育法等の改正案が可決・成立し，2007年度からは，アスペルガー症候群やADHDも含めた発達障害の子ども達も対象に加えた教育的支援が，特別支援教育の名のもとで制度としてスタートした．

一方，厚生労働省はこれらの動きとはまったく異なる問題，すなわち本稿のテーマである発達障害のある人の非行をきっかけに，アスペルガー症候群への取り組みが始まった．1997年7月の全日空のジャンボ機がハイジャックされ機長が刺殺された事件，2000年5月に豊川市で主婦が高校生に刺殺された事件，2000年5月の少年による西鉄バスジャック事件，この犯人が相次いでアスペルガー症候群と診断されたのである．犯行動機の異様性が注目され，マスコミに興味本位で取り上げられることもあった．

こうした社会問題を受け，厚生労働省は，2002年から「自閉症及び自閉症の周辺領域にある発達障害については，社会的事件を通じて社会的な関心が高まっており，自閉症等への対応は喫緊の課題となっている（事前事業評価書，厚生労働省）」ことを理由に，自閉症およびその周辺領域にある発達障害に対する支援を行う「自閉症・発達障害支援センター」の設置を開始したのである．なお，「自閉症・発達障害支援センター」の名称にある「発達障害」は，知的障害を伴わない自閉症（いわゆる高機能自閉症）やアスペルガー症候群を指しており，LDやADHDは当時は対象とはされていなかった．

(4) 発達障害者支援法の成立，施行

　従来，知的障害を伴う自閉症は知的障害として支援の対象になっていたものの，自閉症の特性に合わせた適切な支援は用意されていなかった．LD，ADHD，高機能自閉症等の知的障害を伴わない発達障害は，従来制度の谷間に置かれ支援の対象となっていなかった．これらを「発達障害」と総称して，教育，福祉，医療，労働等の分野で，乳幼児期から生涯にわたる本人および家族に対する支援の必要性を定めたのが発達障害者支援法である．
　2004年2月から厚生労働省で専門家を招いた勉強会がもたれ，2004年5月には「発達障害者の支援を考える議員連盟（会長：橋本龍太郎氏）」が発足し，2004年12月3日議員立法による発達障害者支援法が成立した．

(5) 発達障害者支援法成立以降の行政等の取り組み

　発達障害者支援法は理念法であり，絵に描いた餅にすぎないという声もあったが，法律に発達障害がうたわれ，発達障害者に対する支援を国および地方公共団体の責務として定めたことの意義は極めて大きかった．2005年4月1日の発達障害者支援法の施行日に，文部科学省事務次官と厚生労働省事務次官の連名という異例な形で，各都道府県知事・各指定都市市長宛の施行通知が出され，地方自治体において発達障害に対する対応が大きく変わった．

　(a) JDDネットの発足と発達障害者の支援を考える議員連盟
　2005年12月には，全国LD親の会，日本自閉症協会等当事者団体5団体が発起団体となり，学会や職能団体も加わった日本発達障害ネットワーク（JDDネット，http://jddnet.jp/）が発足し，全国団体17，地方団体46が参加するネットワークとなった（2009年12月現在）．発達障害の関係団体の大同団

結として注目を集め，厚生労働省，文部科学省，内閣府等の中央省庁の各種委員会への委員輩出，調査研究や加盟団体の要望書を取りまとめて中央省庁に提出する等，活発に活動を展開し，我が国における発達障害を代表する団体として認知されるようになってきている．

　また，発達障害者支援法を議員立法として成立させる原動力となった，超党派の「発達障害者の支援を考える議員連盟」は，法律成立後も活動しており，発達障害支援施策の充実に取り組んでいただいている．2006年4月には，前厚生労働大臣の尾辻秀久氏が会長に就任，2009年8月の総選挙で当時の与党議員の落選があり，一時より人数が減少したものの，発達障害に対して関心をもつ約90名の議員が参加し，各種施策の拡充に取り組んでいる．

　このように，発達障害に関する法律が施行されたことに加えて，当事者団体・関係団体のネットワークや議連の活動の成果もあり，2005年度以来，国の発達障害に対する支援施策が続々と打ち出される原動力になっている．

(b) 文部科学省の取り組み

　文部科学省は，2003年度から取り組んでいた「特別支援教育推進体制モデル事業」を継続的に拡充実施しており，厚生労働省が推進する「発達障害者支援推進事業」と連携を取る形で進められている．

　2006年4月には，学校教育法施行規則を改正し，LD・ADHDを通級の対象に加えるとともに，従来は情緒障害に含められていたアスペルガー症候群等の自閉症を一つの障害種として独立させた．さらに2009年4月には，特別支援学級についても，従来の「情緒障害特別支援学級」を「自閉症・情緒障害特別支援学級」と名称変更し，自閉症の位置づけを明確化した．

　また，2007年度には，学校教育法の改正により特別支援教育が制度として正式にスタートした．なお，学校教育法の改正で，従来特殊学級を規定していた81条1項に，通常の小中学校において，教育上特別の支援を必要とする児童，生徒に対し，障害による学習上または生活上の困難を克服するための教育を行うことが初めてうたわれた．LD，ADHD，高機能自閉症等の知的障害を伴わない発達障害の子ども達の大半が在籍する通常の学校，通常の学級における支援体制の整備が本格化することが期待されている．

　文部科学省では，2007年以降も特別支援教育体制推進事業に加え，発達障害早期総合支援モデル事業，高等学校における発達障害支援モデル事業，LD・ADHDを対象とした通級指導教室の増設，特別支援教育支援員の配置

等の発達障害者支援も念頭に置き，特別支援教育体制の整備に取り組んでいる．また，2008年8月には，国立特別支援教育総合研究所内に「発達障害教育情報センター」を設置し，発達障害に関する特別支援教育の情報の収集や提供に取り組んでいる．

(c) 厚生労働省の取り組み

厚生労働省では，従来は自閉症スペクトラムのみを対象としていた「自閉症・発達障害センター」について，発達障害者支援法が施行となった2005年に，「発達障害者支援センター」と名称を変え，対象についてもLD，ADHD等も加え，設置数と機能の拡充に取り組み，2009年度中には，ほぼすべての都道府県，政令指定都市に設置を完了した．また，文部科学省とも連携して，発達障害者支援体制整備事業，研修・普及事業等による地域支援体制の整備に取り組んでいる．

雇用分野でも2006度には新規事業として，就労支援者育成事業，職業リハビリテーション支援技法の開発，職業訓練のあり方に関する調査研究などに取り組んでおり，アスペルガー症候群も含め障害者手帳をもたない発達障害者に対する就労支援に取り組んでいる．

また，2007年度には，発達障害者への有効な支援手法の開発を目的とする「発達障害者支援開発事業」，発達障害に関するナショナルセンターとしての「発達障害対策情報センターの創設」等に取り組んでいる．雇用分野でも，従来の事業の拡充に加え，ハローワークに心理職等の専門的な支援要員を配置する「若年コミュニケーション能力要支援者就職プログラム」，一般の能力開発校において発達障害者に対する職業訓練をモデル的に実施する等，発達障害支援に関して各分野での事業に取り組んでいる．

2007年12月の国連総会において，毎年4月2日を「世界自閉症啓発デー」（World Autism Awareness Day）とすることが決議された．これを受け，日本では，4月2日からの1週間（4月2日〜8日）を，「発達障害啓発週間」とし，厚生労働省，日本自閉症協会，JDDネットを中心に発達障害に関する理解啓発等のイベントが実施されている．

(d) 障害者自立支援法，発達障害者支援法見直し等の検討

2008年度は，障害者自立支援法，発達障害者支援法見直しの時期にあたったこともあり，厚生労働省に審議会・検討会が設置され検討が行われた．障害者自立支援法のうち障害児支援に関する部分は，「①障害児の支援の見直

しに関する検討会」，発達障害者支援法については，「②発達障害者支援施策検討会」でそれぞれ検討され，それらを受けて，「③社会保障審議会障害者部会」で検討され，各々報告書として取りまとめられた．なお，①②③の審議会とも，筆者は委員として参加した．

① 障害児の支援の見直しに関する検討会

(http://www.mhlw.go.jp/shingi/2008/07/s0722-5.html)

障害者自立支援法で積み残しとなっていた課題について計11回の検討会を開催し，2008年7月に報告書として取りまとめた．早期発見・早期対応については，「気になる」段階から，極力「身近」で「敷居の低い場所」で支援すること，就学前の支援策では，保育所等での障害児の受け入れの促進や専門機関スタッフが出向いて支援すること等が提言された．また，今回の報告書では「家族支援」の視点が取り入れられ，家族の養育等の支援やレスパイト等の支援の必要性が提言された．また，法律的な位置づけは，障害者自立支援法ではなく，児童福祉法を基本とすべきことが提言された．

② 発達障害者支援施策検討会

(http://www.mhlw.go.jp/shingi/2008/08/s0829-7.html)

発達障害者支援法見直しのために2008年8月に2回の検討会を開催し，報告書として取りまとめた．

検討会では，これまでの発達障害支援の取り組みを評価し，今後の支援施策の方向性について検討がされた．具体的には，支援体制の整備，支援手法の開発・調査・研究，人材の育成，情報提供・普及啓発等について具体的施策の方向性が示された．

③ 社会保障審議会障害者部会

(http://www.mhlw.go.jp/shingi/2008/12/s1216-5.html)

障害者自立支援法の見直しを検討するために2008年4月から19回の審議を重ね，2008年12月に報告書が取りまとめられた．

障害者自立支援法は2006年に施行されたが，当事者団体や事業者から，不満の声が上がり，政府は緊急対策等の暫定措置を講じてきた．2007年12月には与党PTによる報告書が出され，課題や改正の方向性が示された．本審議会は，これらを受け，①利用者負担のあり方，②事業者の経営基盤の強化，③障害者の範囲，④障害程度区分認定の見直し等について検討した．

発達障害はもともと精神疾患の一種として，現行の精神保健福祉法の範

囲に含まれているというのが厚労省の解釈であり，審議会のなかで，発達障害は精神保健福祉法の範囲に含まれていることを根拠として，障害者自立支援法の対象であることを明確化することが提言された．発達障害が精神障害（精神疾患）の一種であるという考え方は，当事者団体のなかに抵抗感もあったが，JDDネットは発達障害を代表する団体としてこれを受け入れる意見表明を，筆者が審議会のなかで行い，報告書では，発達障害を障害者自立支援法のなかで位置づけることが提言された．

　これらの審議会の報告を受け，障害者自立支援法の改正案が，2009年3月に通常国会に上程されたが，政局が不安定であったことや，当時野党第一党であった民主党が障害者自立支援法の廃止を求めていたこともあり，さほど審議が行われないうちに会期末を迎え，この障害者自立支援法改正案は廃案となった．

　その後，2009年8月の総選挙により民主党政権となり，障害者自立支援法の廃止（全面見直し）や，障害の種別による谷間のない「障がい者総合福祉法」の制定が方針として示された．

　2009年12月には，障害者基本法や障害者自立支援法等の見直し，障害者権利条約の締結に必要な国内法の整備を始めとする我が国の障害者制度の集中的な改革を検討するため，内閣総理大臣を本部長とし，すべての国務大臣を構成員とする「障がい者制度改革推進本部」が設置された．また，この本部の下に，障害者や障害者団体の構成員を中心とした，「障がい者制度改革推進会議」を設置することが決定された．そして，「障がい者制度改革推進会議」を担当する内閣府参与には，国連障害者権利条約を検討した国連特別委員会の政府代表団顧問を務め，車椅子を使用する東俊裕弁護士が就任した．

　政権が交代したこともあり，障害者の範囲に谷間や，無駄や歪みがあり，極めて複雑な我が国の障害者福祉制度を根本的に見直す絶好の機会と捉える声が高い．一方で，財源の確保や既得権等のネックも指摘されており，今後の動向が注目される所である．

4　発達障害支援施策の今後の課題

　これまで見てきたように，我が国における発達障害者支援の取り組みは，2000年代に入り急速に高まり，数年前とは比較にならないほど，拡充され

てきた．しかし，各種の施策はモデル事業的なものが中心であり，発達障害のある人や家族から見ると，個々に支援が届いているとは言えない状況である．また，発達障害は，障害のカテゴリーとして新たに認知されるようになってきたものの，既存の3障害のように障害施策の中心的な位置を占めるようになった訳ではない．たとえば，障害者基本法や障害者自立支援法において，発達障害は明確に位置づけられていない．また，発達障害というだけでは，障害福祉制度の対象として認知されていないというのが現状である．

　これからの課題としては，①早期発見・早期療育施策，②教育的支援施策，③就労支援施策，④地域における相談・支援体制の整備，⑤専門家の育成と専門的な医療機関の確保，⑥発達障害に関する調査研究，⑦理解啓発の促進等が挙げられる．

　発達障害のなかでも知的障害を伴わない場合は，一見普通に見えることから誤解も受けやすく，見えにくい障害である．障害としては，軽度と見られがちだが，社会適応面，就労面，自立面において本人や家族が抱える困難は深刻であり，そのニーズは決して軽くない．さらに実体的な法令や施策が整備され，国や自治体による支援事業が具体化されることが必要である．

5　発達障害と非行少年の処遇について

　最後に，本研究のテーマである発達障害と非行少年の処遇について，当事者団体の立場から述べておきたい．

(1)　事件発生が与えた影響

　1990年代の後半になって，ADHD，アスペルガー症候群，広汎性発達障害という診断名が一般化されるにつれて，各地に親の会や当事者の集まりが発足していった．それらの会は，地域のなかで同じ悩みをもつ者同士が集まってできた小さな組織であり，相談先や支援がなく，社会的理解が不十分ななかで苦労して活動を模索している所が大半であった．

　そのような時期に，冒頭に紹介したような重大な事件が相次いで発生した．少年が起こした重大な事件であり，マスコミに大きく取り上げられた．事件の猟奇性，不可解な動機とともに，新聞の見出しに診断名が大きく掲載されたが，当時は犯罪の原因を発達障害に求めるような誤解に基づく記事

が多かった．このような事件が発生し，マスコミに取り上げられる度に，発達障害関係の親の会には衝撃が走った．「うちの子もあのようになってしまうのではないか」と不安に陥る保護者が多かった．心ない教員から「あの犯人と同じ障害」と言われたり，今まで親しくしてくれていた友達が急によそよそしくなってしまったりするという，深刻な影響が見られた．しかし，各地に発足したばかりの小さな親の会には，マスコミ等に反論する術もなく，障害名を会の名称から外す等の動きも見られた．

　一方，発達障害のある少年の事件の発生が一つのきっかけとなり，厚生労働省は 2002 年に「自閉症・発達障害支援センター」の設置を決めた．親の会等は，「発達障害に対する支援体制の整備を」と要請し続けてきたが，このような事件がきっかけになったことは，少し拍子抜けするような感じがあったものの，結果として発達障害に対する支援体制の整備が進められていくことに繋がった．

(2) 発達障害のある少年の非行を防ぐために

　発達障害のある少年の事件がマスコミにセンセーショナルに取り上げられる度に，親の会のなかでは違和感を覚える人が多かった．親の会に参加している子どものなかには，いじめにあったり，被害者になったりする例は多いが，加害者になる例はごく稀である．発達障害があるというだけで，非行に繋がることはないが，発達障害のある子ども達は周囲からの理解が得られにくく，生きにくさ，自己有能感を育てられず，ストレスを溜め込んでいる例が多い．周囲に誰かサポートしてくれる人がいたり，居場所があったりすると良いが，そうではない場合には，爪かみやチックから始まり，ひどい場合は，不登校やひきこもり等の二次的障害に陥る不幸な例もある．

　昨今，発達障害という言葉が一般化するにつれ，親の会等には青年期以降の相談が増えている．大学を卒業したものの就職がうまく行かず離転職を繰り返している，30 歳近くになっても仕事もせずひきこもっている，家庭内暴力や金銭の持ち出しで困っている等々で，「ひょっとしたら発達障害ではないか」と困り果てた保護者が相談をしてくるのである．就労・自立が出来ない，ひきこもりや家庭内暴力，非行を繰り返す等の問題行動を起こした結果，初めて発達障害が疑われるようなケースが増えているが，このような場合二次的な障害を起こしている場合が多く，予後も悪い場合が多い．

発達障害のある子どもは精神面で壊れやすい素地をもっている．また，発達障害は中枢神経系の機能障害により，認知の困難や特異な感覚があり，現在の医学では完全に治療することは難しい．特異な個性と付き合いながら，困難を一部克服しつつ，こなし方を身につけていくことが大切である．発達障害のある子どもを早期に発見し，個々の特性に合わせて適切な支援を行い，自己理解を促し，社会生活能力や自己有能感を育てていくことや，生涯を通じ心のケアができる相談支援体制を整備してくことができれば，かなり非行を防ぐことができると考えられる．
　発達障害のある人は，早期から適切な支援を行えば就労・自立し，税金を納める側になれる人が多いと考えられる．しかし，精神症状等の二次的な障害を起こしたり，非行を起こしたりしてしまった場合は，更生には専門的かつ個別的な介入が必要であり，莫大な費用と時間が必要となってしまう．納税者になるように育てるか，放置して莫大な費用を投入するのかを考えると，発達障害のある子どもに対する支援体制を整備することは，国民経済的にも意味のあることという見方も出来るのである．

(3) マスコミの報道について

　最近少なくなってきたとはいえ，発達障害のある少年の非行事件が発生した際のマスコミ報道には，発達障害が事件を引き起こした直接の原因であるような取り上げ方をする問題がある事例が後を絶たない．それまでは当事者団体側からあまりマスコミに注文をつけることは少なかったが，2000年5月に愛知県豊川市で発生した主婦刺殺事件では，マスコミ報道の過熱もあり，名古屋市を本拠として活動するアスペ・エルデの会の辻井正次氏（中京大学教授）等がマスコミに抗議するとともに，記者へのレクチャーを行った．2005年に発達障害者支援法が施行され，新聞できちんと取材した上で特集記事等を掲載する例も増えてきており，発達障害について勉強している記者も多くなってきたが，同じ新聞社であってもセクションが違うせいか，社会面に載る記事には正確性を欠くものがいまだに目に付く．
　2008年3月に発生した岡山駅ホーム突き落とし事件では，同年4月24日の新聞各紙が，「付添人の弁護士により，少年が簡易鑑定の結果，広汎性発達障害の一種であるアスペルガー症候群と診断されていたことを明らかにされた」という内容を掲載した．大半の新聞は，この障害が，「犯罪などの反

社会的行動に直接結びつくことはない」,「犯罪傾向とは無関係とされる」と付記していたが,いずれの記事も「事件を起こした少年には,アスペルガー症候群という診断がついていた」ということだけが強調され,障害が単純に事件に結びついているかのように誤解されかねない形で報道された.この報道では,付添人の弁護士が,事件の原因を発達障害に結びつけるかのように,しかも簡易鑑定の段階で,診断名をマスコミに公表したことにも問題があったと考えられることから,JDDネットでは,この件について,報道各社および,日本弁護士連合会に対して善処を求め要請文を送付した.

(4) 警察や裁判について

アスペルガー症候群のある人は,表面的に会話に不自由がないように見えるが,相手の気持ちを読み取ることが苦手で,状況に応じた会話や相互のやり取りが苦手な場合が多く,一方的な会話になりやすい.心の理論課題として研究もされているが,言葉に含まれる比喩や皮肉,行間を読むことも苦手な場合が多い.たとえば,家庭内の会話で,「雨が降ってきたので,ベランダを見てきて」と言われると,ベランダを見に行き,洗濯物が雨に濡れていても,そのまま帰ってきてしまうような例がある.発達障害のある子どもに対しては,「雨が降ってきたので,ベランダに行き,洗濯物が濡れないように,取りこんできて下さい」というように,抽象的な指示は避け,具体的に細分化して指示することが必要とされている.

親の会の会員のお子さんが,一時停止をせずに突っ込んできた車と接触事故を起こしたケースがあったが,警察で事情を聞かれた際に,あいまいな説明しかできなかったことや,相手方の主張を警察が鵜呑みにし,誘導的に作られた筋書きを本人がはっきり否定しなかったこともあり,当方側の過失割合が高いと判断されそうになったケースがあった.幸い,この件は,父親が本人から事情を聞き,警察に掛け合って修正することができたが,発達障害のある人の場合,コミュニケーションの困難から状況等を説明することが苦手なこともあり,誘導尋問に引っ掛かってしまうことが多い.

発達障害のある人は,言葉の背景,状況判断,相手の気持ち等を理解することが苦手なことがあり,言葉の表面の意味だけに反応している場合がある,表現がストレートである,興味の範囲が狭くこだわりが強い場合がある等の特徴があり,発達障害のある人が発する言葉についても,留意する必要

がある．中年の女性に対して「おばさん太っているね」と言ってしまう，職場でおみやげにお饅頭をもらった時に「甘いものは嫌いだから」と受け取らない，話題に入っていけないまま突拍子もなく無関係な事を話しだすというような特徴をもっていることがある．

また，触感や認知に特性があり，「高速エレベーターはG（重力）が掛かるから乗れない」，「雨が当たると痛いので嫌い」，「20年前の幼児期に母に怒られた時の場面，におい，しがみついていた椅子の感触を鮮明に覚えている」等，相当昔の事でも写真を撮ったように鮮明に記憶している場合や，音・におい・重力（G）・触感等に過敏な場合もある．また，過去の辛い経験をした場面が突然浮かび（フラッシュバック），パニックに陥ったりする場合もある．

このように発達障害のある人の行動や発言は，一般には理解しにくいことがあり，誤解を招くことも多い．当然，警察での取り調べや裁判における尋問においても，このような発達障害のある人の特性を理解していないと，判断を誤りかねない．

発達障害のある人が起こした重大事件において，不可解な動機が取り上げられることが多いが，警察での尋問が発達障害のある人の特性を踏まえていない結果，表面的な不可解な動機だけが，外に出てくる面が否めない．2000年5月に愛知県豊川市で発生した主婦刺殺事件では，老女を狙った理由として「若い人は将来があるから」と供述したと報道された．発達障害に詳しい人間なら，以前に少年が「私は年を取っているし先がないけど，若い人は将来があるから」と言われたことを真に受けていたことと，尋問のなかで聞かれたから，表面的に少年が答えただけではないかとある程度想像がつくのだが，その表面的な発言がセンセーショナルに報道されてしまう．ある事件では，「相手の痛みが分かるか」と尋問され，「被害者ではないので分からない」と，これもその部分だけ取り出せば表面的にはある意味正しい答えをしたと言えるが，犯人の異常性を示すものとして報道された．

このように，発達障害のある人に対しては，通常の取り調べの手法や筋立てが通用しない場合があり，警察や裁判での判断についても，発達障害に詳しい専門家の助言を求める等の措置を励行すべきである．

(5) 発達障害のある非行少年の処遇

少年が非行事件を起こした場合，①非行にかかわる問題性を矯正し，②社

会不適応の原因を除去し，③社会生活に適応する能力を付与するために少年院等において矯正教育が行われる．しかし，少年に発達障害がある場合は，従来の矯正教育では，少年の更生や再犯防止に不十分な面がある．

　発達障害と非行の関係については，古くから数多く論じられているが（たとえば，清水康夫・太田昌孝他，1982，「行動障害──微細脳障害症候群と少年非行」臨床精神医学 11, 385-395），矯正教育との関係が注目を集めたのは 1990 年代後半からであった．発達障害のある子どもをもち法務技官でもある小栗正幸氏は，早くからこの問題に取り組み，1999 年の日本 LD 学会大会といういわば教育心理系の一般学会で発達障害と非行の問題を取り上げ，2001 年の大会では少年院での新たな実践の紹介も含め，発達障害のある非行少年に合わせた矯正教育のあり方を提言し，大会で開催したシンポジウムは立ち見が出る程の満席で関心を集めた．

　一時期，少年院において発達障害のある非行少年に対する矯正教育で成果を挙げている事例に注目が集まった．素人考えだが，発達障害のある非行少年が必要としている矯正教育は，個別処遇が必要である点も含め恐らく従来の矯正教育で培われてきた伝統的な手法とは根本から違っているように思える．矯正教育の伝統的な手法や経済合理性から見ると発達障害のある非行少年が必要とする処遇方法は，一見相容れない部分があるかもしれない．一方，教育の分野では，通常の学級において「個に応じた指導」の視点を取り入れた結果，発達障害のない子どもも含め，分かりやすい授業，過ごしやすい学級運営になった結果，学級全体の学力向上や不登校の減少が見られたという事例が数多く紹介されている．矯正教育の分野でも，「個に応じた指導」は，発達障害のある少年だけでなく，発達障害のない非行少年にも効果があるのではないかと思われる．

　本稿では発達障害のある子どもの特性について色々と紹介してきたが，個々の子どもがもつ特性はさまざまである．発達障害のある子どもの場合，聴覚認知，視覚認知，記憶，数概念，空間認知等に困難をもつ場合が多いがこれも個々の子どもにより多様である．不注意，注意持続，衝動性，多動，こだわり，社会性，コミュニケーション，想像力等に困難をもつ場合もあるが，これも個々さまざまである．発達障害のある子どもがもつこのような特性は，学習面や行動面の困難として表面化するが，発達障害が背景にあることを見抜くことがなかなか難しい．表面的な困難だけ見ると，「しつけが悪

い」「やる気がない」「我慢が足りない」と見られがちで,「自分勝手」「変わっている」「空気が読めない」という人物評になりがちである.

　発達障害のある子どもに対しては，教育分野でも個々の特性をアセスメントし，個々のニーズに合わせて，個別の教育支援計画を立て，個に応じた支援を行うことが必要とされている．矯正教育においても，従来の標準化された一斉指導的なプログラムでは，発達障害のある子どもへの効果は期待できない．矯正教育においても，個々の少年がもつ特性をきちんと鑑別・診断し，各々に合わせた個別のプログラムが必要と思われる．付言すれば，ここでいう個別のプログラムとは，一対一の個別指導が必要という意味ではなく，一人ひとりがもつ特性に合わせた，いわば「個別の矯正計画」を指している．

　もう1点，発達障害のある非行少年には，自己有能感の欠如，自己理解・他者理解の不足，両親特に母親との関係の切断が見られる事例が多い．発達障害のある非行少年の矯正教育には，このような観点をぜひ導入していただきたい．特に両親との関係切断は，親子の同質性や育てにくさから，虐待が疑われるケースもあり，注意を要する．発達障害のある人の場合，周囲から孤立し，内側にストレスを溜め込んでいる場合が多く，身近に心を許せる人，心の支えになってくれる人を必要とする場合が多い．矯正教育のなかでも，自己有能感をつけさせ，自己の存在価値を認められるようにした上で，自己解決する能力（パニックを起こしそうになったら，自分で別の場所に行きクールダウンする等）をつけさせるとともに，何か困った時は相談したり支援を求めたりする習慣を身につけさせることが大切である．

おわりに

　最近親の会には，非行に陥ったり，問題行動を起こしたりしたお子さんに関する相談が増えつつあるが，その多くは問題が深刻になるまで，発達障害が背景にあることが気づかれていないケースである．しかし，昨今，特別支援教育や発達障害者支援が浸透し，幼児期や小学校期に発達障害があることを気づくケースが増えてきている．やや過剰に，何でも発達障害にしてしまう傾向も見られるが，早期発見の体制は整いつつあると言ってよい．しかしながら，発達障害があると分かった後の，相談・支援体制は不十分な状況

にあり，学校教育だけでなく，乳幼児期の相談・支援体制，就労・自立に関する支援体制，生涯を通じた相談・支援体制の構築が望まれるところである．

　今まで述べてきたように，発達障害のある少年の非行に対する処遇の問題は，従来警察・検察，裁判所，少年院等で培われてきた手法が通用しないことが懸念される．根本的に見直す必要があり，関係者の方々のご理解と対応をお願いしたい．

　一方で，保護者，当事者団体の立場からすると，非行が起こってからの対策より，非行が起こらないようにしていくことのほうが，より大切であるが，発達障害者支援の取り組みは緒についたばかりであり，まだまだ多くの課題が残されている．

　発達障害者支援に関する法令・制度・施策の整備，国や自治体による支援事業の具体化，社会的な理解の向上等が図られ，発達障害のある人やその家族が，生きがいをもち自立した社会生活を送れるようになる日が1日も早く実現することを願っている．

[文献]

厚生労働省・検討会, 2008,「障害児支援の見直しに関する検討会報告書」．
厚生労働省・検討会, 2008,「発達障害者支援の推進にかかる検討会報告書」．
厚生労働省・社会保障審議会, 2008,「障害者自立支援法施行後3年の見直しについて（社会保障審議会障害者部会報告書）」．
文部科学省・協力者会議, 1995,「学習障害児等に対する指導について（中間報告）」．
文部科学省・協力者会議, 2001,「21世紀の特殊教育の在り方について」．
文部科学省・協力者会議, 2003,「今後の特別支援教育の在り方について」．
辻井正次, 山岡修他, 2005,『発達障害者支援法ガイドブック』河出書房新社．
山岡修他, 2006,『LD, ADHD, 高機能自閉症とは？』, 全国LD親の会．
山岡修, 2002,「LD研究の発展と日本LD学会」LD研究 11-3, 255-259, 日本LD学会．
山岡修, 2006,「アスペルガー症候群（障害）への行政による支援」『現代のエスプリ』465, 140-147.

（やまおか・しゅう）

第2部
発達障害と裁判

第6章 刑事裁判と発達障害

古田　茂（弁護士・第二東京弁護士会）

はじめに

　近年，精神医学等の分野で発達障害の特性に関する研究・理解が進む一方で，特異な経過をたどって発生した刑事・少年事件と発達障害との関係性が議論されている．もとより，発達障害と刑事・少年事件との一般的な親和性は低いとされているから，個別の事実経過に応じて，関係性を慎重に検討していくべきことはいうまでもない．

　本稿では，広汎性発達障害と診断された少年の付添人・弁護人を担当した事件[1]（以下，本件という）の経験も踏まえつつ，広汎性発達障害（以下，特に区別する必要がない限り，発達障害という）を有する少年が刑事裁判を受ける場合に直面する問題点について述べる．なお，本件は少年が被告人となった事件であるから，事案の紹介については本稿のテーマに必要な限りにおいてポイントを述べるに留めさせていただきたい．

　本件は，かねてから被害者の言動が理解できないことにこだわりをもっていた少年がその理由を尋ねようとして被害者方を訪ねたところ，被害者のある言動をきっかけにパニックに陥り，被害者に対して加害してしまったという事案である．この事案の特色は，発達障害を有する少年が，被害者の言動に対してうまく対処することができず，発達障害特有のパニックに陥って犯行に至ったと考えられる点（パニック型事例）にある[2]．本件では，家庭裁判所において刑事処分が相当として検察官に送致する決定（逆送決定）がなされ，逆送決定から一審判決までに約1年5月，一審判決から控訴審判決までに約1年7月を要することとなった．刑事公判では，犯罪結果に対する故意，責任能力の有無等のほか，少年法55条に基づく家庭裁判所への移送

の当否が争点となったが，裁判所の判断は，発達障害が事件に影響したことを認めつつも責任能力に影響を及ぼすものではないとし，かつ少年院における発達障害に適合的な処遇の必要性を重視せず，少年法55条に基づく家庭裁判所への移送も否定するものであった．なお，本件は，裁判員裁判法（裁判員の参加する刑事裁判に関する法律）施行前の事案であり，公判前整理手続にも付されていない．

1　発達障害の諸特徴と刑事裁判

　広汎性発達障害の特徴として，いわゆる3つ組みの症状（①対人的相互反応における質的な障害，②コミュニケーションの質的な障害，③行動，興味，および活動の限定された反復的で常同的な様式）の全部または一部がみられるとされる[3]．また，その臨床的特徴として，感覚刺激への偏った反応，周囲の雰囲気が読めず，明確に言葉や視覚で伝えないと誤った解釈をしたり，被害的に捉えたりするといった認知の偏り，思考・行動様式へのこだわり，困難に直面した際に適切な対処ができずに極端な行動に出たりするといった実行機能の障害が挙げられるとされる[4]．

　このような特徴をもつ広汎性発達障害を有する少年が被告人として刑事裁判に臨む場合，二つの大きなハンディキャップがある．第1は，少年であること自体によるハンディキャップである．刑事裁判は，公開の法廷で，厳格なルールに従って進行される手続であるため，主体性を保った防御活動を行うためには正確な制度理解が不可欠であり，また法廷のコミュニケーションを円滑に行うには一定の社会性が必要である．しかし，少年の場合，一般に刑事手続の法的な理解が乏しく社会性も未熟であるから，被告人として刑事裁判に臨むには本来的なハンディキャップがある．この点，刑事訴訟規則277条は，「少年事件の審理については，懇切を旨とし……」と審理のあり方について十分な配慮を求めている．近時，少年が被告人となっている刑事裁判では，たとえば，入退廷にあたって傍聴席との間に衝立を置いて相互に見えないようにすること，公判中は少年が傍聴席を背にする位置に座ることができるようにすること，廊下側の覗き窓の遮蔽などの措置，あるいは少年の匿名性（少年法61条参照）に鑑みた人定質問や起訴状朗読のやり方，庁舎内の事件掲示版の記載方法，訴訟関係者の少年の呼び方の工夫などの

形式面での配慮は広くなされるようになりつつあるが，他方で，実際の証拠調べ手続などの公判審理においては，成人の刑事裁判と大きな相違なく運用されており，いまだ少年が正確に手続を理解し，十分なコミュニケーションが図れるような十分な工夫がなされているとは言いがたい．加えて，広汎性発達障害をもつ少年の場合には，第2に，障害の特徴（障害特性ともいう）ゆえのハンディキャップが加わる．そもそも障害の特徴であるコミュニケーションの質的な障害は刑事手続全般を通じて少年の防御能力に大きな影響を与えるところとなる．とりわけ公開の法廷における直接主義・口頭主義を基本原則とする刑事裁判では，弁論，証拠調べの手続を通じて，法廷での言葉によるコミュニケーションが極めて重要である．また，詳しくは後述するとおり，刑事裁判で証拠調べ請求される供述調書や審判調書，鑑定書等の供述証拠も，少年とのコミュニケーションで得られた成果を前提としている．しかし，広汎性発達障害をもつ少年の場合，前述のとおり，コミュニケーションの質的な障害があるため，障害特性を理解して相当な配慮を行わなければ，適切なコミュニケーションを図ることは難しい．

　また，広汎性発達障害が犯行に影響したと考えられる事案の場合，刑事裁判では，責任能力の有無・程度，犯行の動機・原因，犯行に至る経緯の理解，さらには情状評価，処遇選択や量刑といった局面において，障害の有無や程度，犯行への影響の有無や程度，矯正可能性等が審理されることになるが[5]，発達障害が比較的最近になって認識されるようになった障害であること，刑事司法事例は豊富とは言えないこと，妄想に支配された統合失調症例などと異なり非行に障害が作用した機序の理解が容易ではないことからその立証については格別の考慮を要することとなる．

　さらに，刑事裁判手続は刑罰権発動の前提となる事実の存否を確定する手続であるが，重大事件では少年の身体拘束が継続されることがほとんどであるから，事件発生の結果，当該少年の発達障害の存在およびそれによる不適応状態が亢進していることが判明したとしても，刑事裁判期間中は不適応状態への迅速な対処が妨げられ，障害に取り組むための貴重な時間が費やされることになる．このことも刑事裁判における問題点として指摘しておく必要がある．

　そこで，本稿においては，2において，発達障害を有する者の防御能力およびこれを前提とした手続上の問題点について述べる．次いで，3におい

て，刑事裁判における発達障害に関連する事実の立証活動および審理上の問題点について述べる．また，4において，発達障害を有する者に対して必要な支援と刑事手続との関係について述べる．さらに，刑事裁判が公開の法廷で行われることから，事案に対する社会の正しい理解のためにはマスコミ対策も必要となる．そこで，5において，マスコミ対策上の問題点についても，若干述べることとする．

2 発達障害を有する者の防御能力およびこれを前提とした手続上の問題点

(1) 発達障害を有する者の防御の困難性

刑事手続は，①取調官と被疑者とのやりとりである取調べ，②弁護人と被疑者・被告人とのやりとりである接見，③公判廷における被告人質問など，いずれも言語的コミュニケーションを前提としており，被疑者・被告人に事実を正しく認識し，説明できる能力があることが大前提となっている．

ところが，発達障害を有する者の場合，既に述べたとおり，①周囲の雰囲気が読めず，明確に言葉や視覚で伝えないと誤った解釈をしたり，被害的に捉えたりするといった認知の偏り，②思考・行動様式へのこだわり，③困難に直面した際に適切な対処ができずに極端な行動に出たりするといった実行機能の障害といった臨床的特徴を有するとされるところ，これらの諸特徴は，事実を正しく認識し，説明する能力を大きく妨げるとともに，状況に対して不適切と思われるような発言を生み出す原因ともなる．その結果，発達障害の存在を認識せず，またはその適切な理解を欠いたまま刑事手続が進められた場合には，被疑者・被告人において正しい供述をなすことができず，または被疑者・被告人の供述が正しく理解されないといった事態が生じることとなり，ひいては事実認定を大きく誤らせたり，被疑者・被告人の供述態度が実際とは異なる悪印象を招くおそれがある．

以下，私たちが担当した事案における経験も交えて，発達障害を有する者の防御の困難性について述べる．

(a) 捜査段階の防御の困難性（供述の任意性の確保の困難性）

本稿は，刑事裁判と発達障害をテーマとするが，これまで刑事裁判においては捜査段階の自白調書が重要な証拠として利用される反面，その任意性

立証が審理における大きな部分を占めてきたことから，まず捜査段階における防御の困難性について述べる．

　供述調書が作成される過程は，取調官の発問をきっかけとして，被疑者がその発問を理解し，知覚・記憶された過去の事実を表現し，これを取調官が理解し，叙述する過程である．供述調書が正確に作成されるためには，この過程のすべてが正確になされることが大前提となるが，我が国における取調べは完全な密室で行われており，そうである限り，取調室においてどのようなやりとりがなされたかを客観的に明らかにする手段はない．のみならず，供述調書の内容は，取調官と被疑者のやりとりを一問一答で再現するものではなく（一問一答形式が用いられる場合もあるが，実際の問い答えを記録するものではなく，捜査機関が不自然と考えた供述部分を強調するために用いられる手法に過ぎない），取調官によって編集された一人称独白型の供述調書となっており，供述調書自体からも取調べのやりとりをうかがい知ることはできない．現在，供述調書の正確性は，作成された供述内容を被疑者が確認し，署名・押印することのみによって担保されているが，被疑者が実際に供述調書の内容を正しく確認できたかどうか，誤りを訂正できたかどうかということは一切担保されていないのである．

　さらに，被疑者が少年の場合には，大人である取調官（通常は2名である）との力関係の格差，未成熟であるがゆえの認識・表現能力の制約，社会的経験や法的知識の乏しさ，被暗示性・迎合性の強さから，畏怖・不安・迎合・諦念・自棄などの特有の心理状態に陥り易く，記憶に忠実ではない供述をなしたり，取調官の押し付けや誘導に抵抗できず，虚偽の供述を受け入れてしまいやすい．このことは，過去の多くの少年のえん罪事件において指摘されているところである．

　ここに発達障害によるコミュニケーション能力の障害が加わるとどうなるか，ということは容易に予想のつくところである．障害に由来する傾向として，たとえば以下のような傾向が指摘される場合がある．

　① 質問が長くなればなるほど，質問の内容を理解できなくなる傾向がある．
　② 会話中の言葉の主客に混乱を来しやすい（能動態，受動態の表現も混乱しやすい）．
　③ 心情，行動の理由について供述することが困難である．

④　時制の表現に関する混乱が見られる．
⑤　否定型の疑問文の理解が困難である．
⑥　比喩的な表現を，字句通りの意味において理解し，また用いる傾向がある．
⑦　文脈のとらえ方が独特であり，疎通に欠ける会話となることがある．

　この①，⑤，⑥の困難性は，取調官の発問を正しく理解すること，録取された供述調書の内容を正しく確認，理解することの困難性と結びつく．また，②，③，④，⑥，⑦の困難性は，知覚した過去の事実を正確に表現することの困難性と結びつく．取調官がこうした障害の特徴があることを理解しないままに取調べを行えば，信用性のある供述調書は到底作成できない．

　さらに，否認事件における実際の取調べは，被疑者の供述をそのまま供述調書に記録するものではなく，取調官の期待する供述調書の作成に応じるまで執拗に発問を続け，供述を誘導する場合が多いため，被疑者の知覚，記憶，表現した事実が正確に記録されない可能性が高い．そのため，録取された供述内容の確認が十分になされない場合には，容易に虚偽の内容の供述調書が作成されることになる．たまたま，本件においては，控訴審において膨大な取調べメモが開示されたことから取調べの実態をある程度うかがい知ることができることとなったが（ただし，取調べメモは，取調官の一定の意図に基づいた手控えであるから，本来，すべてのコミュニケーション過程が正確に保存されている性質のものではなく，特に，広汎性発達障害をもつ供述者の場合には，メモ作成者の恣意や障害特性の理解不足によって，正確なコミュニケーション過程や微妙なニュアンスが記述されにくいから，信用性の評価は極めて慎重になされるべきである），その内容は，被疑者が覚えていない旨供述したり，黙秘すると，執拗に（ある取調べでは約3時間にわたって），供述を求め続けたり，取調官の求める供述を強要するものであった．また，供述調書作成前の取調べの内容と，その直後に作成された供述調書の内容がまったく違うものも含まれていた（この供述調書は，控訴審において証拠能力を否定された）．

　このように，もともと供述調書の正確性の担保は極めて心もとないことに加えて，発達障害がある場合には，事実に即した正確な供述内容の録取および，読み聞けによる正確性の担保が特に困難であるから，任意性の判断には厳格であるべきであり，取調べの全過程録画が強く求められており，かつ

容易になしうる現在においては，取調べの全過程が録画されない限り，原則として供述の任意性を否定すべきである．

(b)　接見におけるコミュニケーションの困難性

発達障害に特徴的なコミュニケーションの困難性は，弁護活動の要である接見にも影響を及ぼすこととなる．

発達障害をもつ少年の場合，短時間の接見という限られた手段では，そもそも信頼関係を構築することの難しさがある．

また，事実関係の把握における困難がある．たとえば，内心や動機といった主観面に関する供述は，故意や計画性の有無，正当防衛の成否等にも関わる重要な供述となるだけではなく，行為態様など客観面に関する供述に具体性を付与する重要な供述であるが，発達障害を有する少年は，こうした主観面に関する供述が困難であるため，主観面の把握が非常に困難である．さらに，独自の言語表現や時制に関する混乱のために供述把握に困難がある場合がある．たとえば，ある時点における認識の有無を問われているにもかかわらず，現在の認識を前提に供述してしまうといった場合であり，一見，正確に見える応答がなされているにもかかわらず，その供述の趣旨をさまざまな角度から確認しなければならないということがある．

したがって，当然のことであるが，信頼関係を構築するとともに，供述傾向を把握し，事実を正確に聴取するためには，通常事件よりも多数回の充実した接見が必須となる．

(c)　公判における防御の困難性

発達障害を有する被告人の場合，発問の内容や，発問の仕方によって供述できたりできなかったりすることがある．私たちの経験したところでは，おそらくは文脈を読むことの困難性ゆえにか，オープンな質問に対して答えることには困難がありながら，「はい」，「いいえ」で答えられる質問に対しては比較的容易に答えられるということがあった．しかし，誘導されれば答えられるがオープンな質問には答えられないのは事実を述べていないからではないか，といった誤解を招きやすい．

また，心情や行動の理由に関する質問にも答えることが困難な場合がある．心情や行動の理由といったものは，客観的に存在する事実ではなく，抽象的な感情であるから，確かに捉えどころのないものではあるが，通常私たちには自然と身についた共通認識のようなものがあり，これを表現する上

で格別の困難は感じない．しかしながら，障害がある者の場合には，こうした心情や行動の理由といった内面を表現することには特に困難があるようである．しかし，心情や動機についてスムーズに答えることができないと，本人の供述には具体性がなく信用できない，といった誤解を招くおそれがある．

　また，刑事裁判においては，被告人本人の反省状況が，矯正可能性や再犯危険性などの要素として，少年法55条移送や量刑の判断に反映される．また，被害者関係者の処罰感情を和らげる場合もある．しかし，発達障害を有する者の場合，私たちが普通に考える「反省」というものが理解できないところがあり，反省や謝罪の言葉を表現することが困難ということにもつながっている．また，法廷で反省の言葉や謝罪を表現しようとしても，心情を表現するのが不得意なので，深みがないという印象を与えかねない．反省するためには，他者の心情なり感情なりを忖度して，それに自分の感情を合わせていったり，自分の感情をその方法で統制していくという作業が必要とされるが，発達障害には他者の心情や感情を理解することが非常に困難，不得意という障害特性があり，障害をもつ少年にとっては，自分の感情を自分なりに理解したり表現したりということが難しいからである．すなわち，発達障害をもつ少年は，反省をする能力に関しては，非常に制限されている．

　また，発達障害のために想像力に困難がある場合，複雑な嘘をつくことができないということが指摘されているが，反面，正直すぎるために，私たちであれば思ったとしても場の空気を読んで言わないであろうことを何の躊躇もなく言ってしまうことがあり，これも周囲の者に悪印象を抱かせるおそれがある．この点に関して，発達障害の専門家は，「広汎性発達障害をもつケースでは，事件発覚後の態度や行動において，自分の置かれた状況が分かっていないような振る舞いが目立ちやすい．さらに事実関係についての正確さ・正直さが災いして，反省の意識に乏しい，冷淡と誤解されることもある．そのため，鑑定においては，それらの点も含めて関係者に分かるように説明する必要がある」[6]と指摘している．

　以上述べた困難性は，弁護側にとっては被告人質問の難しさとして現れるから，被告人質問を実施するまでに法廷にいる全当事者が発達障害について十分に理解していることが必要となる．事実認定者に対しては，少年は，障害ゆえに，他者の心情や感情が分かっていないために，反省ができに

くい状態にあるのだから，それが分かっているけれども反省できない一般の非行少年の場合とは状況が異なるという理解を求めることが不可欠である．この点は，審理の進め方において特に注意を要するところである．

(2) 被害者参加制度と発達障害

　被害者参加制度により，被害者ないしその遺族が被害者参加人として訴訟活動に参加することなった場合，裁判官や裁判員が事案の重大性や被害者の処罰感情に目を奪われがちとなり，責任主義の観点からの冷静な審理がなされないおそれがある．

　加えて，発達障害がある者が被告人である事件の場合，被害者参加人による被告人質問が可能となり，かつその範囲について特段の制限も設けられていないことから，前述の障害特性のため，かみ合わない応答が繰り返されたり，被告人が空気を読めない供述をしてしまうおそれがあり，結果的に被害者関係者や法廷に悪印象を残して終わることが容易に予想される．

　本件は，2000年の刑事訴訟法改正により被害者の意見陳述や記録の閲覧・謄写請求は認められた後の事件ではあったが，被害者参加制度は開始前であった．それでも，逆送後は公開法廷において常に被害者関係者が存在しており，被害者等の意見陳述も予定されていたことから，公判廷でも被害者関係者への配慮を意識することとなった．家庭裁判所における審判の際には，障害特性と結びついた事案の真相を明らかにするために，発達障害を有する少年の，ともすれば正直すぎるがゆえに誤解を生む発言をしたりもする，ありのままの姿を裁判官に見てもらうことが可能であった．しかし，刑事裁判においてはそういうことは困難であり，通常の弁護活動とは別の視点からの特別な配慮が必要となり，困難な弁護活動を余儀なくされた．

(3) 裁判員裁判

　少年法20条ただし書の原則逆送要件を満たす事件は，原則として裁判員裁判対象事件の要件をも満たすことから，今後は，事案の重大性から逆送となる事件はほぼすべて裁判員裁判対象事件になるものと思われる．

　裁判員裁判では，口頭審理を徹底するとともに裁判員の負担に配慮して短期間に集中的に審理が行われることになるが，そのため，前述した広汎性発達障害をもつ少年の二つの大きなハンディキャップがさらに顕著なもの

として現れる．そういった悪条件の中で，はたして発達障害の特性を裁判官，裁判員に十分に理解してもらった上で，さらに適切なコミュニケーションが成立した適正な公判審理ができるのか，極めて疑問である．

　本件では，私達自身，発達障害を理解するために，多くの専門家の意見を聞き，文献を調べ，少年との面接を通じて障害の特徴を確認するといったことに多大な時間を費やした．それを精神障害や発達障害に関してまったくの予備知識もない裁判員が，資料が限定された短期間の公判審理を通じて適切に理解することは，そもそも相当に困難なことである．しかし，障害特性に関する理解が十分できなければ，事件発生に至る経過や障害の影響も適切に認定できないし，少年の公判廷における供述の正しい評価もできないから，事実認定者として，到底事件の真相には近づくことはできない．

　また，私たちは，法廷においても相当の時間を費やした．それは，責任能力判断の前提としてだけではなく，防御能力・供述傾向に関する理解の前提として，また処遇に関する判断の前提として，事実認定者に，障害に対する理解を十分にもってもらう必要があったからである．障害に関する理解は，自分とは異なるものをもっている者に対する理解であるから，事実に関する認識とは異なり，法廷で見てすぐに獲得されるものではない．障害について知り，議論し，障害がある者の立場に立って思考をめぐらすことによってやっと理解に達するものであり，裁判員裁判における連日開廷でそのような理解に達する余裕があるのか疑問である．

3　刑事裁判における発達障害に関する立証活動および審理上の問題点

(1)　立証課題

　本件では少年の日常生活や事件直前の行動と事件との間にあまりに大きな落差があり，なぜこのような事件が発生したのか，捜査弁護の段階においては大きな謎であった．弁護人としては，連日の接見を通じて，少年が何らかの精神疾患をもつこと，およびその疾患と事件発生に関連性があることの疑いを強めてはいたものの（他方，捜査機関は何ら疑いをもっておらず，そのことが不適切な捜査活動につながった），少年に特定不能の広汎性発達障害があること，およびその障害が事件発生に影響していることを障害特

性の理解を通じて確信したのは，家庭裁判所送致後に実施された精神鑑定によってであった．発達障害の専門家ではない私たちの目からみると，一応の日常生活を送ることができているがゆえの分かりにくさがあり，それが発達障害に関する立証上の課題にも繋がっていった．特に，発達障害という障害が医学的にも比較的最近になって認知されるようになった障害であること，発達障害が影響した刑事事件の例がそれほど多くないこと，そして，発達障害があることが認識されていないケースほどいったん周囲との不適応を生じると重大な結果に結びつきやすいという通常とは逆の相関関係があることから，障害が事件に及ぼした影響およびその程度を立証する作業は容易ではなかった．

　障害に関する私たちの立証課題は大きく分けて三つあった．一つには，責任能力に関する立証，すなわち，発達障害とはどのような障害なのか，発達障害がどのように事件に影響したのかということを明らかにする必要があった．二つには，少年の供述を理解し，また，供述調書を評価する前提として，少年のコミュニケーション能力，供述特性を明らかにする必要があった．そして三つには，保護処分（少年法55条に基づく移送）を求めていく前提として，発達障害を有する少年に対して必要な処遇を明らかにする必要があった．

　そのため，私たちは，家庭裁判所における鑑定結果を踏まえつつ，鑑定人に対する反対尋問，専門家証人による私的鑑定，文献によって立証を進めていくこととなった．

(2)　立証活動[7]

(a)　発達障害に関する立証活動
ア　発達障害に関する基本的理解の必要性

　立証活動以前の問題であるが，動機が明らかではない事件や日常生活と非行の間に著しい落差がある事件を担当することとなった場合，弁護人としては，検討する可能性の一つとして少年が発達障害を有する可能性を含める必要があると思われる．そのためには発達障害についての基本的理解をもっておくことが望ましい．妄想を伴う統合失調症などとは違い，基本的理解がないと障害があることを見落としやすいからである．

　発達障害に関する基本的理解があれば，捜査段階の早い段階で専門家の

意見を求めたり，取調べや勾留に対して適切に対応したり，鑑定結果に対して必要な疑問を抱くことが可能となる．

イ　鑑定の前提事実の検討の重要性

　発達障害に限ったことではないが，障害の非行に対する影響を評価する上で，事実すなわち事件当時何があったのかということを明らかにする作業は必要不可欠である．いかに精密な鑑定であっても，前提事実を誤れば，結果は異なってくるからである．したがって，まず，鑑定人との面接や証人尋問を通じて鑑定人がいかなる事実や鑑定資料（本件では，家庭裁判所が実施した鑑定であったこともあり，弁護人の反対にもかかわらず，証拠能力の審査を経ない供述調書も鑑定資料として用いられた）を前提に意見を述べているのかを正確に把握し，鑑定結果の射程距離を明らかにする必要がある．他方で，証拠からいかなる事実が認定できるかを十分に検討し，証拠から認定できる事実を前提とした場合に，この鑑定意見が正しいかどうかを明らかにする必要がある．本件においては，少年が行為時の記憶を失っていたことから，現場状況や被害者の受傷状況といった客観的事実から行為態様および当時の精神状態を明らかにしていく作業が極めて重要であり，これを前提に鑑定結果を弾劾していくこととなった．

　ところで，本件の鑑定において作成された鑑定書は，短期間の鑑定期間にもかかわらず，42字×34行用紙で90頁を超える比較的大部なものであった．家族歴，本人歴，現在証，非行前後の精神状態について綿密な調査がなされた結果が詳細かつ具体的に記載されており，その後の私的鑑定の基礎資料としても極めて有益であった．昨今，裁判員裁判を意識して鑑定書を簡略化する動きがあるが，法廷でどこまで出すかはともかくとして，訴訟当事者において鑑定の信用性を十分に検討するためには，鑑定の前提となった事実が詳細かつ具体的に記載されていることは必要不可欠である．鑑定書を簡略化する昨今の動きには大きな危惧を感じるところである．

ウ　再鑑定，私的鑑定

　鑑定の信用性を疑うべき事情がある場合には，再鑑定や私的鑑定によって鑑定結果を弾劾する必要がある．

　裁判所の正式鑑定には十分な時間をかけて十分な調査をなしうるなどのメリットがあるが，再鑑定となると必要性が認められないとしてなかなか採用されないのが実情である．そこで，私たちは，家庭裁判所段階において

は児童青年精神医学の専門家と司法精神医学の専門家の意見を仰ぎ，一審においては司法精神医学の専門家（家裁段階と同じ医師）と児童青年精神医学の専門家に少年との面接を含む調査を実施してもらい，意見をいただくとともに法廷での証言を得た．また，控訴審においては，発達障害を特に専門とする児童青年精神医学の専門家に少年との面接を含む調査を実施してもらい，意見をいただくとともに法廷での証言を得た．さらに，再犯を防止するために発達障害のある者に適切な処遇を立証するため，矯正に関する専門家証人の意見および証言を得た．

　私的鑑定における最大の問題点は，勾留されている限り，鑑定人による少年の問診を一般接見の方法で行うよりほかなく，その結果，問診場所，問診時間が制限される上，透明のアクリル遮蔽板を挟んだ面会で，拘置所職員による立会いが付くなど極めて悪条件下での問診となることである．そして，公判では，そのこと自体を理由に安易に私的鑑定の信用性が否定されがちであることである．鑑定人による問診が刑事裁判における立証上の必要から行われることからすれば，問診についてこのような制限が加えられることに何らの合理性も認められない．一般接見の範囲については刑事収容施設法（刑事収容施設及び被収容者等の処遇に関する法律）に委ねられているため，現状では結果として拘置所長の裁量に委ねられることとなっているが，未決勾留の目的があくまで公判のための出頭確保にあることからすれば，少なくとも裁判所の判断によって接見の拡張が認められるべきであって（なお，刑事収容施設法116条1項ただし書は，罪証隠滅のおそれがない場合に職員の立会いをさせないことができるとしているが，少なくともこの規定は柔軟に活用されるべきである），解釈ないし立法によって解決されるべき問題である．

　　エ　文献，非行・犯罪事例の収集

　発達障害に関する主張，立証や鑑定人に対する尋問に当たっては，弁護人が発達障害を十分に理解していることが大前提となる．特に発達障害が障害として認識されたのは比較的最近であること，発達障害が非行，犯罪に影響した事例はそれほど紹介されていないこと，障害が非行・犯罪に影響する事例にはさまざまな類型があることから，文献や非行・犯罪事例の収集は重要である．

　本件では，発達障害と非行・犯罪に関する文献については発見できる限

り収集・検討し，証拠調べを請求した．

　なお，本件では，文献の証拠請求に対して検察官が不同意意見を述べた．結果的に刑訴法323条3号の特信書面として採用されたものの，障害に関する理解を助けるはずの文献を安易に不同意とする検察官の姿勢には疑問を感じざるをえない．

(b) 処遇に関する立証活動

　発達障害の影響した事件の場合，障害ゆえの社会生活への不適応や障害のために状況にうまく対処できなかったことが原因となっていることが考えられ，この場合，本人に対する責任非難は困難であるから，本来，障害をもちながらも周囲と適応することのできる能力を身につけることが期待できる保護処分になじむというべきである．

　そこで，本件においても，処遇に関する立証課題を少年法55条に基づく家庭裁判所への移送の必要性に置き，発達障害に対して必要な処遇の立証と，現在の刑務所の実情・少年院の実情の立証に力点を置いた[8]．具体的には，家庭裁判所調査官による調査報告書のほか，前者については，もっぱら児童精神医学者などの医師による意見，証言によって立証し，後者については，矯正に関する専門家の意見，証言によって立証した．裁判所は，移送の相当性や量刑について判断するにもかかわらず，矯正施設の実情については何も知らないに等しいから，こうした立証の必要性は高い．結論を見る限り十分に理解されたとは思えないものの，矯正の専門家による意見，証言は，刑務所の処遇と少年院の処遇の本質的な違いや，発達障害のある者が処遇された場合に予想されることについて，非常に分かりやすいものであった．

(3) **審理**

　少年法50条は，あえて，少年の刑事裁判の審理にあたっては，「少年，保護者又は関係人の行状，経歴，素質，環境等について，医学，心理学，教育学，社会学その他の専門的智識特に少年鑑別所の鑑別の結果を活用」することを定める同法9条の趣旨に従うことを求めている．これは，少年事件の審理にあたっては，少年の健全育成（同法1条）を目的とし，成人事件の場合以上に事件の背景に焦点をあて，専門的知見を活用することを求めるものである．

　発達障害を有する者の少年事件においては，特にこの原則に立ち返る必

要があるし，成人事件であったとしても，発達障害の影響した事件が社会適応能力を獲得する上での未熟さに由来する事件である以上，これに準じて審理を行うべきである．

したがって，審理にあたっては，鑑定や再鑑定，専門家証人の意見，学術論文については，一般事件以上に必要性が認められるべきであるし，また証拠採用するだけではなく，その証拠調べの結果を判決に十分に反映させるべきである．

4　発達障害を有する者に対する必要な支援と刑事手続との関係

発達障害そのものに対しては薬物療法を中心とした治療のみで改善できるところは多くはなく，認知障害に焦点を当てた長期間にわたる個人精神療法等の個別的なかかわりや集団療法であれば効果を挙げることができるとされている[9]．ただし，若年のうちはこうした取り組みによる改善が可能であるが，成人後の取り組みは困難であることも指摘されているところであり，早期の取り組みが必要である．

この点，少年法は，家庭裁判所における審理期間に，厳格な時間制限をおいているが，いったん逆送決定がなされた後はそうした時間制限は一切なくなってしまう．少年法1条の目的は少年の刑事裁判においても適用されるべきものであることからすれば，この点に何らの手当もなされていないことには重大な疑問がある．

また，勾留の目的は公判のための出頭確保であるから，一般論から言えば，未決勾留中は何らの矯正処遇もなすべきではないということになろうが，他方で，被告人にも教育を受ける権利や傷病があれば治療を受ける権利があること，発達障害による不適応に対する支援的取り組みは若年のうちにすることが効果的であることからすれば，何らの支援を受ける機会も与えられないということには疑問がある．本件では，逆送後の捜査段階では，勾留場所を警察署留置施設とする裁判所の同意に対する弁護人の準抗告が認められ，勾留場所は家裁段階に引き続き少年鑑別所となったが，その後，起訴後に拘置所に移監されたため，これに対する準抗告および特別抗告を行ったが，いずれも認められなかった．しかし，少なくとも，発達障害をも

つ少年の場合，少年鑑別所を勾留場所とし，権利として，発達障害に関する支援の取り組みを受ける機会を与えることが，発達障害者の支援・教育における国の責務を定めた発達障害者支援法の趣旨からしても，必要不可欠ではないかと思われる．

5　マスコミ対策上の問題点

　刑事裁判となると公開の法廷で裁判が開かれるため，審理のすべてがマスコミによる報道の対象となる．

　本来，少年事件の場合，保護主義の観点から家庭裁判所における審判は非公開とされているが，逆送された場合には，成人の場合とまったく同様に公開の法廷で裁かれることになる．

　この点，前述したとおり，少年法61条が刑事裁判であっても少年の実名報道を禁止していることもあって，衝立を立てる，拘置所職員を本人の背後に座らせるなどの方法により，少年の顔が傍聴席から見えないようにするための一定の配慮がなされることが一般的ではあるが，これらは裁判所の裁量に委ねられている上，極めて不十分であり，制度的な改善が必要である．

　以上は，少年事件一般に言えることであるが，発達障害がある少年の事件の場合，マスコミ対策にはさらに一層の配慮を要することとなる．特に，日常生活と事件との間に大きな落差のある事件の場合，実態とあまりに乖離したセンセーショナルな報道がなされがちであるが，事件の背景に障害があることが正しく理解される必要がある．また，もう一つの問題点として，発達障害と犯罪を結びつける報道への批判に敏感になるためか，発達障害と事件を結びつける報道をなすことに対して抑制的な傾向が見られるように思われる．しかしながら，発達障害と刑事・少年事件との一般的な親和性は低いという前提を踏まえつつも，周囲から障害に対する適切な配慮を受けられなかったために不適応に陥ったり，状況に対する不適切な対応をしてしまったという機序を正確に報道することは可能であり，またそうすることが発達障害に対する取り組みに有益である場合もあろう．

　捜査段階においては，事実関係も証拠関係も明らかではないことから弁護人からのマスコミに対する情報提供は原則としてなすべきではないが，

公開の法廷において審理される公判段階においては，上記の観点から，誤った報道を防ぐという限度においてマスコミ対策をなす必要がある場合があると思われる．

なお，本件においては，刑事裁判となってからは，弁護団として，障害特性と障害の事件への結びつきに関する適切な理解を得るため，少年や関係者のプライバシーに配慮しながら，公判後に何度か公判のポイントを説明する記者向けの短時間のレクチャーを実施した．

おわりに

発達障害を有する少年の弁護活動を担当し，もっとも感じたことは，次の2点であった．

1点目は，2000年の少年法改正によりいわゆる原則逆送規定が設けられた結果，少年が刑事裁判を受ける割合が増加しているが，逆送後の手続については，少年事件であることに対する法的な手当がほとんどまったくなされていないことである．

たとえば，家庭裁判所の段階であれば，観護措置の期間について，原則4週間，最長8週間という厳格な制限があるにもかかわらず，逆送後はこうした時間制限がまったくなくなってしまう．また，家庭裁判所の段階であれば少年の身体拘束場所は鑑別所であるにもかかわらず，逆送後は，実務では成人と同じ拘置所が選択され，少年被疑者であることに配慮した支援がほとんど行われていない．さらに，少年の刑事事件については少年法61条が及ぶにもかかわらず，法廷での措置に関しては何ら法的な手当がない．これらの点については，いずれも手当を要するところである．

2点目は，発達障害がまさに「障害」であって本人の自由にならないものであるにもかかわらず，また，生じた結果も偶発的である場合が多いにもかかわらず，裁判では，結果の重大性のみに目を覆われる傾向があることである．責任主義の観点に立てば，結果の重大性だけでなく，本人に対してどれだけの責任非難ができるのかという観点から事案にあたるべきであり，そうすると，障害が影響した事案については，少年法20条2項ただし書にあたる場合が多いというべきであり，また，同法55条に基づく移送をもっと積極的に活用すべきである．そして，少年の適切な予後，あるいは少年の更生

による社会の安全確保という観点を踏まえて，重大事案においても，少年院における処遇が十分に検討されるべきである．

　いずれにせよ，逆送されている重大事件の中には何らかの障害を有する少年による事件が存在することを前提とすれば，事案の個別性にも責任の程度にも配慮することなく安易に保護主義を放棄する原則逆送規定の硬直的な適用については見直すべきときが来ていると言うべきである．

［注］

1　本件では，第二東京弁護士会所属の額田みさ子，岩崎政孝，松浦信平，角田雄彦，鈴木郁子および六波羅久代ならびに東京弁護士会所属の掛川亜季，松原拓郎および片岡智子の各弁護士とともに弁護団を構成した．本稿の執筆にあたっても，有益な意見を受けている．

2　広汎性発達障害特有のパニック症状に関しては，十一元三，2009,「広汎性発達障害と精神鑑定」『こころの臨床エトセトラ』28巻3号，489頁以下が詳しい．

3　『DSM-IV-TR精神疾患の診断・統計マニュアル新訂版』(2007), 82-96頁．

4　本件の鑑定書による．なお，十一元三は，広汎性発達障害の臨床診断の目安として，①「対人相互的反応性の障害」，②「強迫的で限局された精神活動や行動様式」のほかに，③「早期関連症状」，④「独特の興味・関心と認知特性」を挙げ，早期関連症状の例として，緊張や情動制御の困難（パニックなど），注意や多動性の問題，感覚・知覚・運動発達の問題を挙げる（十一元三，2006,「司法領域における広汎性発達障害の問題」『家庭裁判月報』58巻12号，12頁）．

5　少年事件における発達障害一般の弁護活動における留意点に関しては，第二東京弁護士会子どもの権利に関する委員会編，2009,『新・少年事件実務ガイド（第二版）』現代人文社，66頁以下を参照．

6　十一元三，2006,「司法領域における広汎性発達障害の問題」『家庭裁判月報』58巻12号，37-38頁．

7　刑事訴訟において立証責任を負うのは検察官であるが，実際には，弁護人による積極的な立証活動により，検察官の立証を弾劾していく必要があるため，立証責任にかかわらず，以下，立証活動という．

8　発達障害のある少年に対する適切な処遇方法や少年刑務所・少年院の実情について，たとえば，浜井浩一，2007,「少年司法厳罰化の現実と矛盾」佐藤幹夫＝山本譲司編『少年犯罪厳罰化私はこう考える』洋泉社，99頁以下を参照．

9 中島直, 2008,『犯罪と司法精神医学』批評社, 43頁.

(ふるた・しげる)

第7章 刑事責任能力と発達障害

浅田和茂（立命館大学教授）

はじめに

「責任なければ刑罰なし」という標語で示される責任主義（ないし責任原理）は，罪刑法定主義と並ぶ近代刑法の基本原則であって，そこから結果責任の排除（責任能力および故意・過失のない行為は罰しないという要求）・団体責任の排除（個人責任の要求）と，刑罰は責任の程度を超えてはならないという要請とが導かれてきた．これは，国家刑罰権の制約原理であって（刑法の立法・解釈をも制約する）憲法上の要請と解すべきである[1]．責任能力を有しない者の行為を罰せず，責任能力が限定している者の刑を減軽することは，責任主義の要請であり，現行刑法39条・41条は，そのことを示している．このように刑事責任能力の制度はもっぱら犯罪と刑罰に関するものであって，国家および国民が，精神の障害を有する者に対してノーマライゼーションの立場から治療や支援を行うべきこととは次元を異にすることに留意すべきであろう．

近時，少年の非行や重大な触法行為において広汎性発達障害ないしアスペルガー症候群の影響が問題とされるようになってきたが，その数は僅少である（杉山 1998: 108-9，安藤 2006: 260）．もともと精神障害者の触法行為は[2]，そうでない者の犯罪行為に比べて少なく，殺傷を伴う事件の多くは近親者に対するものであって，精神障害者に対する公的および私的な外部からの支援が不十分であることを反映していると言えよう．奈良県での現住建造物等放火・殺人等が問題になった少年の保護事件につき，広汎性発達障害と診断した鑑定人がジャーナリストに供述調書等を閲覧させた行為が，秘密漏示罪に問われ，有罪とされた事件（控訴中）も，自宅放火の事件であっ

た（判時2048号135頁参照）.

　発達障害者支援法（2004年）2条1項は，この法律において発達障害とは「自閉症，アスペルガー症候群その他の広汎性発達障害，学習障害，注意欠陥多動性障害その他これに類する脳機能の障害であってその症状が通常低年齢において発現するものとして政令で定めるものをいう」と定義し，同3条は発達障害者を支援する国および地方公共団体の責務，同4条は同じくその国民の責務を規定している．

　ところで，14歳以上の少年が触法行為を行い，逆送（少年法20条）によって刑事事件として扱われる場合には（同55条による家裁への移送が行われないかぎり），その責任能力の有無および程度が問題になりうる．

　以下では，刑事責任能力とその判断についての概略を説明したうえで，発達障害のうち広汎性発達障害（特に，アスペルガー症候群）が問題になった若干の裁判例について検討することにしたい．

1　刑事責任能力とその判断

(1)　混合的方法

　現行刑法39条は「心神喪失者の行為は，罰しない」「心神耗弱者の行為は，その刑を減軽する」と規定しており，心神喪失・心神耗弱は法的概念であって，前者は責任無能力，後者は限定責任能力を意味する．いずれにしてもその具体的内容は明らかではないが，判例・通説は，これをいわゆる混合的方法で解釈し，運用してきた[3]．現在の判例・通説を条文化したとされる1974年の改正刑法草案16条は，「①精神の障害により，行為の是非を弁別し又はその弁別に従って行動する能力がない者の行為は，これを罰しない．②精神の障害により，前項に規定する能力が著しく低い者の行為は，その刑を減軽する」と規定している．そのうち「精神の障害」を生物学的要件，行為の是非を弁別する能力（弁識能力という）とその弁別に従って行動する能力（制御能力という）とを合わせて心理学的要件と呼ぶ．

　生物学的，心理学的という呼称は必ずしも正確ではないが，単に呼称の問題であれば，明確に定義しておけば足りる．問題は，心理学的要件，特に制御能力について精神科医は判断できないとする不可知論（agnosticism）の主張，そこから生物学的要件は精神科医が判断すべきであり心理学的要件は

裁判官が判断すべきである，といった主張がなされてきたことにある（後述のKonventionをめぐる議論もこれに関係する）．

生物学的要件（精神の障害）については，ドイツ刑法20条が「病的な心神の障害，根深い意識障害，精神薄弱またはその他の重大な心神の変性」として具体的に規定しているのが参考になる．そのうち病的な心神の障害は精神病を意味するが，それに限られているわけではないことに注意を要する．心神の変性はいわゆる精神病質を意味し，それが責任無能力に導くこともありうると解されている[4]．

心理学的要件（弁識能力・制御能力）については，草案16条の「能力がない」という表現は「実質的能力（substantial capacity）がない」という意味に解すべきである．重篤な精神障害者であってもそれらの能力がまったくない場合は稀だからである（まったくなければ日常生活も送れないであろう）．そうすると，限定責任能力の「著しく低い」という要件も必ずしも極端に低い場合のみを指しているわけではないと言えよう．

(2) 責任能力の判断

ドイツ精神医学の影響を強く受けた日本の精神医学では，責任能力の鑑定についても，ドイツの議論の影響のもとに，真の精神病とりわけ精神分裂病（統合失調症）の場合は「原則として無条件に責任無能力とすべきである」という慣例（Konvention）を確立すべきであるという主張が有力であり，刑法学者や実務家にも賛成意見が見られた（中田 1972: 67-, 74-, 仲宗根 1981: 250, 村松・植村 1975: 44, 309, 324, 平野 1975: 290など．浅田 1999: 281-参照）．「無条件に」とは，個別事件においてさらに心理学的要件の存否の検討を要しないという意味であり，「原則として」とは，病気の初期・寛解（治癒）後・特に軽症の場合（またはそのいずれかの場合）には例外的に責任能力が認められうるという意味である．その背景には，心理学的要件とりわけ制御能力について精神科医には判断できないという不可知論の主張があった（浅田 1983: 231-）．

判例では，最決昭33・2・11刑集12巻2号168頁が，殺人事件につき心神喪失を示す二つの鑑定に従わず心神耗弱を認めた事案について，「第一審判決が所論精神鑑定の結論の部分を採用せず鑑定書全体の記載内容とその他判決挙示の証拠を綜合して心神耗弱の事実を肯定しても経験則に反するとい

うに足らず」としたように，鑑定結果に拘束力を認めないものが主流であるが（阿部 1971: 128 など），下級審には，名古屋高判昭31・4・23高刑裁特報3巻9号434頁が，専門家の医学的判断が「資料となった客観的諸事実について誤りなく，且つ首肯し得る合理的な方法で診断がなされている限りは，右医学的判断の結果を正当とするの外はない」として，心因精神病による心神耗弱を認めたのに見られるように，鑑定結果の拘束力を肯定するものもあった[5]．

他方，慣例の主張に対しては，その基礎にある不可知論に対する批判のほか，「分裂病不治論」を固定化させることになるという批判があった．筆者は，当初，裁判官の自由心証主義に対する合理的コントロールという観点から，この慣例の主張を好意的に紹介・検討したが，その後，特に後者の批判を顧慮して，「生物学的要件が存在すれば心理学的要件の存在もある程度推定される（ゆるやかな事実上の推定）という関係にある」と解すべきであると主張してきた（浅田 1994: 22-, 浅田 1999: 195）．

(3) 判例の動向

最判昭58・9・13判時1100号156頁は，覚せい剤使用歴のある被告人の空き巣窃盗事件につき，控訴審段階で，幻聴の存在を肯定して心神喪失とする鑑定および心神耗弱とする鑑定が出されたにもかかわらず，幻聴に襲われこれに支配されて犯行に出たとは認め難いとした原判決を肯定して，「被告人の精神状態が刑法39条にいう心神喪失又は心神耗弱に該当するかどうかは法律判断であって専ら裁判所にゆだねられるべき問題であることはもとより，その前提となる生物学的，心理学的要素についても，上記法律判断との関係で究極的には裁判所の評価にゆだねられるべき問題である」と述べた．

これに先立ち，最判昭53・3・24刑集32巻2号408頁は，結婚の申込みを断られた元自衛隊員が，相手方の家族など5人を殺害し2人に重傷を負わせたという事件につき，第一審で死刑判決，控訴棄却の後，破棄差戻しをするにあたり，「被告人の病歴，犯行態様にみられる奇異な行動及び犯行以後の病状などを総合考察すると，被告人は本件犯行時に精神分裂病の影響により，行為の是非善悪を弁識する能力又はその弁識に従って行動する能力が著しく減退していたとの疑いを抱かざるをえない」と述べた．

これを受けた差戻審で心神耗弱として無期懲役とされ，第二次上告審として，最決昭59・7・3刑集38巻8号2783頁は，「被告人の精神状態が刑法39条にいう心神喪失又は心神耗弱に該当するかどうかは法律判断であるから専ら裁判官に委ねられている」としたうえ，「被告人が犯行当時統合失調症にり患していたからといって，そのことだけで直ちに被告人が心神喪失の状態にあったとされるものではなく，その責任能力の有無・程度は，被告人の犯行当時の病状，犯行前の生活状態，犯行の動機・態様等を総合して判定すべきである」と述べて，被告人の上告を棄却した．そこでは，原判決が，精神鑑定書の結論部分に被告人が心神喪失の情況にあった旨の記載があるのにそれを採用せず心神耗弱としたことが，総合判断のもとに肯定された．総合考察・総合判断のもとに，53年決定では原審が完全責任能力としたのを否定し，59年決定では原審が心神耗弱としたのを肯定したのである．

　58年決定，59年決定により，慣例（Konvention）の主張は否定されたと言え，これに伴って実務は，可知論に基づく刑罰化の方向に加速してきたと評されている[6]．しかし，だからといって鑑定の結果を無視した判断が許されるわけではない．事実認定は証拠に基づいて行われなければならないのであり，そのことと責任能力の判断が「法律判断」であることとが混同されてはならない．刑法39条を混合的方法で解釈するのは法律判断であり，被告人の精神状態をその基準に当てはめて責任能力の判定を行うのも法律判断であるが，行為時における被告人の精神状態そのものは，事実認定の問題である．その際，鑑定の資料が適切か，鑑定人が信頼できるか，鑑定に論理的な誤りないし一般経験則上の誤りはないかについて判定することは，裁判官の仕事である．しかし，それらの点で問題がないかぎり，鑑定人の特殊な専門知識による事実認定および評価について，それを被告人に不利益な方向で覆すには，それを覆すに足りる別の鑑定を要するものと解するべきである．たとえば，外見上冷静に行為していたとか，犯行後に隠蔽行為をしたとか，公判での態度が異常でないといったことから，裁判官が素人考えで鑑定結果を排除し，完全責任能力を認めるようなことがあってはならない．

　可知論，刑罰化の傾向が続くなかで，最判平20・4・25刑集62巻5号1559頁は，被告人（47歳）が，被害者N（62歳）に対し，その顔面および頭部を手拳で数回殴打する暴行を加え，その頭部を同店内備品および路面等に打ち付けさせ，よって6日後に外傷性くも膜下出血により死亡させたという事件

第7章　刑事責任能力と発達障害　　133

につき，第一審が，被告人は，統合失調症の激しい幻覚妄想状態にあり，直接その影響下にあって本件行為に及んだもので心神喪失状態にあったとする鑑定に基づき無罪としたのに対し，第二審が，心神喪失とする鑑定を否定して心神耗弱を認め，有罪とした事案につき，「生物学的要素である精神障害の有無及び程度並びにこれが心理学的要素に与えた影響の有無及び程度については，その診断が臨床精神医学の本分であることにかんがみれば，専門家たる精神医学者の意見が鑑定等として証拠となっている場合には，鑑定人の公正さや能力に疑いが生じたり，鑑定の前提条件に問題があったりするなど，これを採用し得ない合理的な事情が認められるのでない限り，その意見を十分に尊重して認定すべきものというべきである」として，破棄・差戻しの判決を下した．

本判決は，裁判員裁判を目前に控え，責任能力の判断について専門家の意見を尊重すべきであるとすることにより安定した判断を促す意味で，58年決定・59年決定の軌道修正を図ったものと言えよう（浅田 2002: 132, 後藤ほか 2008: 39）．本判決についての評釈も，例外なく裁判員裁判に触れている[7]．本判決は，鑑定人の適性，鑑定の資料・経過に問題がなく，論理則・一般的経験則に反しないかぎり，鑑定の結果に従うべきであるという筆者の年来の主張に近いものであり，大いに歓迎すべきものである．

ところが，差戻審（東京高判平21・5・25判時2049号150頁）は，差戻しの理由につき再度検討したうえ，改めて有罪判決を下した．そこでは，責任能力の判定をめぐっては可知論と不可知論が対立し，現在の精神医学では可知論が支配的で，DSM-IV-TRやICD-10といった操作的診断基準が一般的であり，昭和59年最高裁決定は可知論を採用すべきことを明言したと捉えられているのに対し，心神喪失とした両鑑定の立場は不可知論ないしこれに近い立場であって，司法精神医学の一般的立場ではない，ということが強調されている（以上につき，浅田2009 参照）．

筆者は，当初，DSM-IVやICD-10の症状記述的な操作的診断に伴い，精神の障害と弁識能力・制御能力との間の「緩やかな事実上の推定」の関係が認められやすくなり，心神喪失・心神耗弱を認める方向に進むのではないかと期待したが（浅田ほか 1997: 176），事態はむしろ逆の方向に向かっているようである．

2　広汎性発達障害，特にアスペルガー障害と責任能力

(1)　広汎性発達障害の診断

　岡田尊司氏によれば，アスペルガー症候群を含む広汎性発達障害は，スペクトラム（連続体）として理解される．すなわち，症状がいくつも揃いかつ重度なものから，症状の種類も程度も軽いものまで，さまざまな段階があり，大きな山に例えれば，その頂の部分に自閉症，裾野にアスペルガー症候群や特定不能の広汎性発達障害（PDDNOS）が広がり，さらに健康なレベルの人にも見られる傾向へと連続的に続いていると説明されている（岡田 2009: 93-，安藤 2006: 259）．

　DSM-IV-TRを基にした診断基準によれば，(A)対人的相互反応の質的障害として，①非言語的な表現が乏しい，②友達ができにくい，③喜びや関心を他者と分かち合おうとしない，④他人に無関心で反応が乏しい，(B)コミュニケーションの障害として，①言語の発達の遅れ，②他人と会話を始め継続するのが困難，③不自然で過度に形式的・反復的な言葉遣い，④その年齢の発達段階の遊びができない，(C)反復的な言動・限定的な興味として，①狭く深い興味，②同一の慣れたパターンへの固執，③同じ動きを繰り返す，④物への特有のこだわり，というチェックリストにおいて，(A)の2項目以上，(B)(C)の1項目以上，かつ合わせて6項目以上に該当する場合は自閉症と診断され，アスペルガー症候群と診断されるためには，(A)で2項目以上，(C)で1項目以上に該当し，かつ，(D)臨床的に著しい言語の遅れがない（高機能自閉症との違い），(E)認知の発達，年齢に相応した自己管理能力，（対人関係以外の）適応行動，小児期における環境への好奇心について臨床的に明らかな遅れがない，(F)他の特定の広汎性発達障害または統合失調症の基準を満たさない，という要件を充足しなければならない（さらに社会生活で問題が生じているという要件が加わる）．(A)で1項目以上，(B)(C)で1項目以上に該当する場合は特定不能の広汎性発達障害と診断される．アスペルガー症候群の診断基準を満たす人は人口の0.5％程度であるが，PDDNOSはかなりの割合に達するとされている（岡田 2009: 94-）．

　問題は，以上のような症状が刑事責任に及ぼす影響である．(A)④のチェックリストにある「他人を意識しない，他の人の存在を『忘れる』」，(C)②にある「決まった手順どおりに行動しようとする」「決まったとおりに物事が行

われないと極度に不安になったり落ち着かない」といった症状が強度になると，たとえば殺意の存否，違法性の意識の存否，さらに弁識能力とりわけ制御能力の存否・程度に影響を及ぼすことがありうるように思われる．

(2) 裁判例

　これまで広汎性発達障害ないしアスペルガー症候群が問題になった刑事裁判は必ずしも多くはなく，その扱いも統一的ではない．

　(a) アスペルガー症候群を肯定しつつ完全責任能力を認めた事例

　① 東京高判平13・8・30（LEX/DB28085499＝高等裁判所刑事裁判速報集（平13）139頁）は，いらいらした気分をすっきりさせるために駐車中の車両のタイヤに千枚通しや錐などで穴を開けパンクさせたとして器物損壊罪で懲役1年2月執行猶予3年の判決を受けた被告人が，同様の行為で起訴され，原審で有罪判決を受けた事案につき，アスペルガー症候群により心神耗弱の状態であったから完全責任能力を認めた原判決には事実誤認があるという弁護人の控訴に対し，被告人は幼小児期から対人関係に障害があり，不器用さが目立ち，自己中心的で，集団不適応を起こしてきており，適切な診断・対応がなされないまま，いじめや体罰を受け，強い人間不信および被害的傾向を形成してきたもので，アスペルガー症候群に該当するというA医師の診断には信用性があるとしたうえ，被告人の強い被害的傾向は妄想ではないが支配観念的強さがあり，いやな体験を想起したときに生ずる攻撃的行動は本人の意思では抑制できないアスペルガー症候群による病的現象と思われるという同医師の主張を挙げつつ，前回の判決後約半年は犯行を自制していたこと，知的能力に障害は認められず，攻撃的行動を自分で抑制する能力がないわけではなく，攻撃的行動の際にその対象を理性的に選択していることからすると，完全責任能力が認められるとして，控訴を棄却した．

　被告人は1999（平成11）年5月ころからこのような行為を繰り返し，2000（平成12）年3月に有罪判決を受け，同年12月から翌年1月にも4回同様の行為を繰り返しているとされているところからすると，少なくとも自分の意思で抑制することが著しく困難であったように思われ，本判決には若干の疑問を覚える．

　② 富山地判平17・9・6（LEX/DB28105426）は，被告人（男性）が，実父Aの冷たい態度に絶望して自暴自棄となり，木造2階建ての自宅に放火してA

を殺害するとともに自殺しようと決意し，ガソリン・潤滑油の混合油を用いて放火し，2階寝室で寝ていたAに全身火傷を負わせ病院で焼死させたとして，現住建造物放火，殺人で起訴された事件につき，医師D作成の簡易精神鑑定書によれば，被告人の犯行時の精神状態は「アスペルガー症候群かつ一過性の抑うつ状態であり，是非弁別能力は不十分で行動制御能力にも欠損が認められるが，一般的な精神病水準の状態ではない」というものであり，犯行動機は一応了解可能であり，犯行時およびその前後を通じ合理的に行動していたこと，記憶も概ねよく保たれていることからすると，弁識能力・制御能力いずれも若干低下していたものの著しく減退してはおらず，完全責任能力を有していたとした．懲役9年（求刑・懲役13年）．

　本判決は，被告人に不利な量刑事情として「短絡的かつ自己中心的な動機に酌むべき点はない」と述べているが，その動機形成にアスペルガー症候群の影響が強く認められるように思われ，疑問を覚える．もっとも，弁識能力・制御能力の低下を量刑上有利な事情とし，求刑に対して7割弱の刑を科していることに注目すべきであろう．

　(b) 広汎性発達障害を肯定しつつ完全責任能力を認めた事例
　③ 大阪地判平18・10・19（LEX/DB28135059）は，特定不能型広汎性発達障害を有する被告人（17歳，男性）が，午後3時ころ出身の小学校に侵入し，刺身包丁で，一階廊下において教諭C（52歳）を刺して死亡させ，2階職員室において栄養士D（45歳）さらに教諭E（57歳）を刺したが死亡させるに至らなかったとして殺人・殺人未遂等で起訴された事案につき，加害空想のなかで「包丁」「刺す」といったイメージが想起され，うつろな気分（今までの価値観，解釈が崩れるような空虚な気分）を背景に，広汎性発達障害の強迫的な固執性もあって犯行に及んだものであり，犯行に至った機序は広汎性発達障害抜きには説明困難であるが，犯行前にある程度反規範的な行為を避けようとする意図が働いていたこと，F医師・G医師・H医師いずれも完全責任能力と鑑定していることなどから，行動統御能力がある程度減退していたとは言えるが弁別能力も制御能力も著しく減退した状態には達していなかったとして，完全責任能力を認めた．懲役12年（求刑・無期懲役）．

　本件では，被告人の特定不能型広汎性発達障害は軽度と診断されているが，本判決は，量刑において行動統御能力がある程度損なわれていたことを顧慮し，「被告人に心からの謝罪の念が生じないのも，被告人の広汎性発達障

害による共感性の貧困さの影響が大きい」と指摘しており，広汎性発達障害についての的確な理解が示されていると言えよう．処遇に関する意見として，処遇プログラムのノウハウを持っている法務教官を配置したうえで個別処遇計画を策定・実施すべきことなどを具体的に指示している点も注目される．

④　東京地判平19・7・31（LEX/DB28145219）は，被告人（16歳，男性）が，同級生のC（15歳，女性）に対し，包丁で頸部を切り裂き，頭部・顔面等を多数回突き刺して失血死させ，殺人罪で起訴された事案につき，DSM-IV-TRによれば被告人は特定不能の広汎性発達障害に該当し，犯行当時，不眠と抑うつ状態に陥っていて，犯行着手直後から意識野は多少とも狭搾した状況にあったもので，弁識能力・制御能力は多少障害されていたが，その障害が著しい程度に達していたとは言えないとするK鑑定に従い，パニック状態にあったという弁護人の主張を否定して，完全責任能力としたが，被告人の年齢および広汎性発達障害の影響も顧慮して，無期懲役刑を選択のうえ酌量減軽して懲役11年とした（求刑・懲役15年）．

本判決では，「広汎性発達障害は，いわゆる精神病ではないことから，これがあるからといって直ちに精神の障害があるものとは認められないが，広汎性発達障害の症状の具体的な現れ方によっては，その症状が精神の障害に当たる可能性も否定できないと解される」とされているが，責任能力の生物学的要件である「精神の障害」は精神病に限られるものではなく（意識障害や知的障害も含まれる），広汎性発達障害は本人の責に帰すことができない「精神の障害」に当たると解すべきであろう．そのうえで症状の具体的な現れ方から弁識能力・制御能力の有無・程度を判断すべきである．本件では，弁識能力・制御能力の障害が「著しい程度に達していたとはいえない」として完全責任能力とされたが，「著しい」とはどの程度を意味するのか必ずしも明らかではない．それが心神喪失に近い程度に設定されているとすれば疑問である．

(c)　犯行の一部につきアスペルガー障害に解離性障害が加わったとして心神喪失を認めた事例

⑤　東京地判平20・5・27（LEX/DB25420977）は，被告人（21歳）が，その妹（20歳）の首を絞め浴槽内に顔をうずめて窒息死させたうえ，死体を左右対称に15に解体し，殺人・死体損壊で起訴された事案につき，C鑑定人が，被告人は生来的にアスペルガー障害に罹患し，中学生ころから強迫性障害

が加わり，本件の1ヵ月以上前からそれを基盤とする解離性障害に罹患していたとし，被告人のアスペルガー障害は軽度の発達障害というべき病態で責任能力に影響を及ぼすものではなく，殺害時も是非弁識能力を有していたが，被害者からの挑発的な言動により怒りの感情を抱き，このような感情を抑制する機能が弱体化していたため，内奥にある激しい攻撃性が突出し殺害に及んだとしたうえ，この殺害が衝撃となって解離性同一性障害による解離状態が生じ，死体損壊の際には本来の人格と異なる獰猛な人格状態になっていた可能性が非常に高いとしたのを是認して，殺人につき完全責任能力，死体損壊につき心神喪失とした．懲役7年（求刑・懲役17年）．

本判決は，解離性同一性障害による心神喪失を正面から認めた稀有な判決であるが（浅田 1999: 320-参照），アスペルガー障害自体は責任能力に影響はないとされた．しかし，鑑定によれば，アスペルガー障害を基盤として激しい攻撃性を秘めながらそれを意識しないという特有の人格構造を有し，攻撃性の衝動を制御する機能が弱い状態にあった（解離性障害が加わりさらに弱体化していた）というのであるから，制御能力が著しく限定していたとみる余地もあったように思われる．もっとも懲役7年の刑は，それに近い判断であったとも言える．

(d) アスペルガー症候群を否定しつつ心神耗弱を認めた事例

⑥ 東京地判平17・3・23（判タ1182号129頁＝LEX/DB28105301）は，羽田空港の出発ロビーと到着ロビーが完全に分離されておらず預託手荷物を使って航空機内に凶器を持ち込むことが可能であることに気づいた被告人が，その旨を同空港関係者に手紙を出すなどしたが，対応がなされなかったため，自らそれを行って航空機をハイジャックしたうえ自分で操縦し，その後に自殺しようと考え，実際にそのようにして持ち込んだ洋包丁を用いて，機長を殺害し自ら操縦したとして，航空機強取等処罰法違反，殺人等で起訴された事件につき，中程度のうつ状態にある中で躁転傾向のある抗うつ剤などの影響により，躁状態とうつ状態の混ざった混合状態に陥っていたとするH鑑定を採用して心神耗弱を認めたが，アスペルガー症候群の状態にあり，この障害のために社会適応に困難を来たして自殺を決意し，自らにもっともふさわしい自殺方法として本件犯行に及んだとするY鑑定を否定した．死刑選択のうえ減軽して無期懲役．

本判決では，DSM-IVの診断基準（A~F）によりアスペルガー症候群の存

第7章 刑事責任能力と発達障害 139

否を逐一検討している点が特徴的である．もっともY鑑定は，刑罰に代えて適切な治療を提供できる施設がない等として責任能力について明言しておらず，抗うつ剤の影響も否定しており，これによれば心神耗弱が否定される可能性もあった．しかし，治療可能性がないことが責任能力を肯定する理由になるわけではないであろう．

　(e)　広汎性発達障害を否定しつつ心神耗弱を認めた事例

　⑦　大阪地判平20・12・10（LEX/DB25440245）は，軽度の知的障害を有し授産施設に通所していた被告人が，A駅前歩道橋上において同施設の活動の一環として菓子の販売をしていた際，たまたま同所を通行していた3歳のBを背後から抱え上げ，約6.4メートル下のアスファルト道路上に投げ落とし，加療2ヵ月を要する傷害を負わせたとして，殺人未遂で起訴された事件につき，知的障害以外に特定不能性広汎性発達障害があるという弁護人の主張に対し，鑑定人が「人恋しく，俗世間への興味も旺盛で，細やかに気を使い相手の顔色を窺うという被告人の対人的能力を分析した上，それらのことは広汎性発達障害の特徴と相反する」としていることから，それを否定しつつ，施設との関係を断つために殺人を犯すことは目的と手段の均衡を失しており，その発想および行動は成人の健常者にはみられない極めて短絡的かつ幼稚なもので了解可能とは言えず，知的障害（鑑定時IQ56）およびこれに起因する激しい心理的葛藤状態の強い影響によるものであった可能性は十分にありうるとして，心神耗弱を認めた．懲役5年6月（求刑・懲役12年）．

　本件では，被告人に広汎性発達障害があることは否定されたが，それが責任能力に影響を及ぼしうる精神の障害に当たることは，検討の前提とされている．

　(f)　アスペルガー症候群を否定して完全責任能力を認めた事例

　⑧　大阪地判平18・12・13（LEX/DB28135101）は，17歳のときに金属バットで母親を撲殺し少年院送致処分を受け3年で仮退院の後，パチンコのゴト師集団に加わっていた被告人が，マンションに侵入し女性を姦淫し殺害して金員を強取しようと企て，某日午前2時過ぎころ，A女（27歳）方居室に玄関から侵入し，ナイフでAの胸部・顔面等を突き刺し，その間に姦淫し，失血死させ，A方に同居していたB女（19歳）に対しても胸部・顔面等を突き刺し，その間に姦淫し，失血死させ，A所有の現金500円入りの財布，B所有の5,000円を強取したうえ，犯跡隠蔽のため放火して居室床面・壁面を焼

損したとして，強盗殺人，非現住建造物放火等で起訴された事件につき，アスペルガー症候群等の広汎性発達障害の影響により制御能力の著しい減退が生じており，心神耗弱状態であったという弁護人の主張に対し，それを否定して完全責任能力を認め．被告人については，少年院入所時にI医師がアスペルガー症候群とする診断を行っていたが，鑑定人Gによれば，被告人に社会的・対人相互関係の障害は認められず，相手の意図・心・雰囲気を読むことができるので，アスペルガー症候群ではなく，ICD-10の統合失調症質人格障害（分裂病質人格障害）・非社会性人格障害に該当し，さらに殺人そのものに快楽を感じる性的サディズム（快楽殺人）に当たり，弁識能力・制御能力は十分に保たれていたとし，犯行の計画性，犯行態様および犯行後の行動，犯行動機の了解可能性，犯行時の記憶，犯行前の行動等を挙げたうえ，23歳と若年であるとは言えその特異な犯罪傾向が改善される見込みは乏しいなどとし，強盗殺人・強盗強姦等として死刑を言い渡した．

本件は，アスペルガー症候群の診断が非常に難しいことを示しているとともに（I医師も一般的な診断基準に当てはめるとアスペルガー症候群には該当しないと証言している），それが否定された場合，アスペルガー症候群の特徴でもありうる「憐憫や同情心のなさ，後悔や良心のなさ，道徳心や規範意識のなさ，共感性のなさなど，情性が欠如している」といった点が刑罰加重的に作用することを示している．

おわりに

広汎性発達障害，特にアスペルガー症候群が，行為者の弁識能力・制御能力に影響を及ぼすこと自体は，裁判例においても徐々に認められるようになってきているが，それのみを理由に心神喪失を認めたものは見当たらない．広汎性発達障害自体がスペクトラムであることからすると，その症状・程度に応じて完全責任能力とされる場合があることは当然とも言える．問題は，弁識能力・制御能力が限定していたが「著しくはない」として心神耗弱を否定する事例が目立つことである．これは，統合失調症についても言えることであり，前述した可知論・刑罰化の流れに沿うものであって疑問を覚える．

たしかに広汎性発達障害の場合，平生から社会的訓練によって反社会的行動を抑制するように学習させることは可能でありかつ必要であるが，そ

のような学習を経験しないままに犯行に至ってしまった行為者に対して不可能を強いることは，責任主義の観点から疑問がある．これらの行為者の場合，とりわけ犯行動機の形成の点で，広汎性発達障害ないしアスペルガー症候群の影響が顕著であり，その意味で，完全責任能力としつつそのことを量刑において刑罰軽減的に顧慮している裁判例には合理性が認められる．筆者としては，今後の裁判員裁判において心神耗弱を認めるような裁判例が登場することを期待している．

[注]

1 憲法13条，39条も根拠になりうるが，31条（罪刑法定主義）の要求する実体的適正の原則に責任主義も含まれていると解すべきであろう（浅田 2002: 10）．

2 触法精神障害者という用語は，少年法の分野で刑罰法令に触れる行為をした14歳未満の少年を「触法少年」と呼ぶことに倣ったものであるが（少年法3条1項），心神喪失者だけでなく心神耗弱者も含めて，（若干広義に）構成要件に該当する違法な行為を行った精神障害者という意味で用いている（浅田 1982: 50）．

3 混合的方法は，大判昭6・12・3集10巻12号682頁が採用し，同じく1931（昭和6）年3月に脱稿（1940〔昭和15〕年に公表）した改正刑法仮案14条が規定したもので，当時のドイツ刑法の諸草案を参照したものと言える（浅田 1999: 87-）．

4 立法過程で心神の変性（精神病質）は限定責任能力にのみ入れるという提案（分離的ないし区別的解決）があったが，わずかながらそれが責任無能力に導く場合も認められるという意見を容れて，責任無能力の規定に入れ，共通の要件とした（調和的ないし統一的解決）．浅田 1983: 196, 同 1999: 99参照．

5 村松・植村 1975: 352- に，鑑定書を含めて詳細な解説がある．

6 岡江 2008: 20 は，「1970年代から過去20年30年をかけて，刑事裁判では重大な犯罪をおかした精神障害者には精神科医療よりも刑罰を与えるという流れがずっと続いてきています」「鑑定人達は，不可知論から可知論へとその軸足を移してきました．それに昭和59年の最高裁決定が，可知論，刑罰化への方向を決定的に加速させたものと思います」と指摘している．

7 笹倉 2008: 136, 金 2008: 5, 上田 2008: 30, 前田 2008: 117, 安田 2009: 95など．なお，裁判員裁判との関係につき，岡田 2008: 105- 参照．

[文献]

浅田和茂，1982，「触法精神障害者に関する手続と精神鑑定の役割」『ジュリスト』772，50-68.
─────，1983，『刑事責任能力の研究・上巻』成文堂.
─────，1994，『科学捜査と刑事鑑定』有斐閣.
─────，1999，『刑事責任能力の研究・下巻』成文堂.
─────，2002，「刑事法における責任主義」『法律時報』74（2），10-16.
─────，2009，「判例批評」『判例評論』610＝『判例時報』2054，185-190.
浅田和茂ほか，1997，『刑法総論〔改訂版〕』青林書院，174-191.
阿部純二，1971，「鑑定の採否」『刑事訴訟法判例百選（新版）』，128-9.
安藤久美子，2006，「発達障害と犯罪」松下正明総編集『司法精神医学3　犯罪と犯罪者の精神医学』中山書店，253-263.
上田正和，2008，「裁判所による責任能力の判断と精神医学者の鑑定意見」『法学教室判例セレクト刑法』4，30.
岡江晃，2008，「司法精神医学講演会記録・刑事責任能力判断の新たな動向」日本精神神経科診療所協会医療観察法等検討委員会，1-25.
岡田幸之，2008，「精神鑑定と裁判員裁判」中谷陽二ほか編『精神科医療と法』弘文堂，105-121.
岡田尊司，2009，『アスペルガー症候群』幻冬舎新書.
金尚均，2008，「判例批評」『速報判例解説─TKCローライブラリー刑法No.23』，1-6.
後藤昭ほか，2008，「座談会・裁判員制度によって刑法理論はどう変わるのか」『季刊刑事弁護』56，24-42.
笹倉香奈，2008，「責任能力の判断と鑑定」『法学セミナー』644，136.
杉山登志郎，1998，「自閉症（青年期，成人期）」松下正明総編集『臨床精神医学講座11巻児童青年期精神障害』中山書店，87-114.
仲宗根玄吉，1981，『精神医学と刑事法学の交錯』弘文堂.
中田修，1972，『犯罪精神医学』金剛出版.
平野龍一，1975，『刑法総論II』有斐閣.
前田巖，2008，「時の判例」『ジュリスト』1367，114-8.
村松常雄・植村秀三，1975，『精神鑑定と裁判判断』金原出版.
安田拓人，2009，「責任能力の法的判断」『刑事法ジャーナル』14，93-98.

（あさだ・かずしげ）

第8章 発達障害をもつ人の記憶と面接

仲 真紀子（北海道大学教授）

はじめに

　発達障害はスペクトラムを成しており，言語能力の障害が顕著である自閉症から，表面的には言語能力の障害が認められない高機能自閉症，アスペルガー症候群まで，その障害の種類と程度の幅は大きい．また，同じカテゴリに属する人であっても個人差が大きいことが知られている．そのため「発達障害」と一括りにしてその特徴を論じることには制約があるが，ここでは主に自閉症および高機能自閉症，アスペルガー症候群（以下，autism spectrum disorder（ASD）とまとめて呼ぶこともある）をもつ人々の認知機能，主に記憶に関する知見をもとに，面接や尋問において配慮すべきことがらについて述べる．

　事情聴取や取り調べを目的とした面接でも，法廷での尋問でも，その主たる目的は被面接者が体験した出来事を聞き出すことにある．出来事の報告に関わる認知機能は，記憶していることを報告してもらうことであり，そこには記銘，保持，検索（想起）などの記憶に関わるプロセスとコミュニケーションのプロセスが関わっている．以下，記銘に関わると考えられる短期的な記憶処理，記憶の保持・検索に関わる長期的な記憶について述べる．その上で，面接や尋問に関わると考えられるコミュニケーションや面接法の問題について考察する．

1 記銘と学習

(1) テストバテリーによる研究

　Minshew & Goldstein（2001）はASD児・者の記憶研究をレビュウし，1970年代においては，再生と再認に障害があること，想起手がかりがあれば記憶は改善することなどの共通点から，ASDの記憶障害とコルサコフ症候群は類似していると考えられていたと述べている．しかしコルサコフ症候群の記憶障害は重篤であり，新しい事柄を学ぶことができない．これに対しASDでは新しい事柄を学ぶことができる．また，1970年代以降の30年間で，定型，ASD，その他の知的障害において成績に差が出る課題，差が出ない課題が明らかにされ，現在ではASD児・者は，他とは異なる独特の記憶パターンを示すという認識がなされるようになったとしている．

　たとえばBennetto, Pennington & Rogers（1996）らは，種々の記憶課題を，高機能自閉症児・者19人と，性別，年齢，言語性IQをマッチさせた対照群19人に行った．用いられた課題は，文や単語の自由再生，手がかり再生，再認，ソースモニタリング（情報源の認識），系列位置の記憶，短期記憶（数唱），文のスパン（文において欠けている単語を回答し，その単語を後で再生する）等である．その結果，ASDでは自由再生，文のスパン，ソースモニタリングなど，前頭葉が司ると考えられている「実行機能」に関わる記憶の成績が，対照群に比べ低かった．しかし，再認や手がかり再生については差がなかった．

　ここで，これらの課題の意味を説明しておくならば，自由再生では記憶を自発的に検索し，思い出すことが必要であり，文のスパンは，記憶すべきことがらを記銘しつつ，そうでない事柄を抑制するなど，複数のことがらを一度に行うことが必要である．また，ソースモニタリングや系列位置課題では，記銘すべきことがらとそれが提示された文脈，位置を組み合わせて記銘する必要がある．このような認知的活動は，特に複雑な材料の処理，記銘において重要だとされ，「実行機能」と呼ばれる．これらのことから，上記の結果を踏まえ，Bennettoら（1996）は，自閉症における記憶障害は記憶力そのものというよりも，実行機能の働きの障害によるものだとしている．

　一方，前掲のMinshewら（2001）は，学習材料が複雑であり，意味的な処理，あるいは体制化が求められる課題では，ASD児・者の記憶は阻害されや

すいとしている．彼らは高機能自閉症児・者（12〜40歳）52人，定型40人に対し，複雑さの異なるさまざまな課題を実施した．ここで用いられた課題は，文字や単語の短期記憶，対連合学習（単語と単語をペアにして記憶し，一方の語を手がかりとして他方を思い出す課題），CVLT（語の再生や語を学習するときの方略を測定する課題を含む），物語の記憶，複雑さの異なる迷路課題などであった．その結果，単純な短期記憶や対連合学習では障害群と定型群の成績は変わらなかったが，方略の使用が必要な課題や物語の記憶，複雑な迷路課題では障害群の成績が低かった．Minshewらはこれらのことから，自閉症における記憶障害は実行機能の障害というよりも，意味的な処理や複雑な処理が関わる記憶の障害として捉えたほうが良いとしている．

　実行機能障害説と複雑な情報処理障害説は排他的ではない．いずれにせよ，自閉症においては複雑な処理や意味的体制化が困難であり，そのために意味や文脈に基づく効果的な記銘が行われない，という問題があると考えられる．

(2) 出来事の記憶

　しかし目撃者，被害者，被疑者の供述において用いられる記憶を，単語や文，迷路の記憶から推定することにはギャップがある．自閉症をもつ人が体験や出来事をどのように記憶するかという検討が必要であるだろう．研究の数は少なく，それも子どもを対象とした研究が中心であり，得られている知見には限りがあるが，以下のような研究を挙げることができる．

　Boucher（1981）は10〜16歳の自閉症児，知的障害児，定型児各10人に，実験室で対連合学習，鍵のかかる貯金箱で遊ぶ，顔の再認，フットボールごっこ（紙をテーブルの前で吹き飛ばし，ゴールに入れる），古いボックスカメラで遊ぶ，絵を描くなどの活動をさせた後，「実験室で何をしたか」の想起を求めた．その結果，ほとんどの活動について，自閉症児は定型および知的障害の子どもよりも成績が低く，言語能力を統制してもその結果は変わらなかった．

　Boucherは，自閉症児においては何にどれだけ注意を払えば良いのか，文脈のなかのどの刺激が重要なのかといった判断が困難であり，また，情報を体制化するための方略がうまく使えないために，意味に基づく効果的な記銘が行われない可能性がある，としている．日本の研究を見ると，北山（2008）

が高機能自閉症児17人（平均13.5歳）と定型児（平均17.1歳）に5秒ずつ人物の表情（喜び，驚き，嫌悪等）を提示し，彼らが人物の表情のどこを見ているかを調べるという研究を行った．定型児はどの表情においても右目または左目をもっともよく注視していたのに対し，自閉症児は鼻または口への注視が長かった．北山は，自閉症児は顔を，いわば「物」のように見ている，としている．出来事の記憶においては，時間とともに進行する出来事の要素（いつ，誰が，どこで，何を，どのように，どうした）を適切にサンプリングし，文脈と結びつけ，意味を抽出しながら記銘することが必要だが，自閉症ではこういった効率的な処理が不充分であり，記銘される情報が少ないのかもしれない．

　Russellらも一連の研究において出来事（活動）の記憶を検討している．彼らは特に，「自分」が活動したのか，「他者」が活動したのかという行為者に焦点を当て，ソースモニタリング（ある活動をしたのがどちらの人物かという情報源の認識）を調べた．その一つであるRussell & Jarrold（1999）では，自閉症児と定型児を対象に，ます目にカードを置いていくという課題を実施した．条件は，①子ども（自分）が置く条件，②実験者（他者）が置く条件，③両者が順番に行う条件であった．その結果，どちらか一人がカードを置く①②の課題であれば自閉症児の成績は定型児と変わらないが，③で自分と他者のどちらがカードを置いたかを当てさせると，自閉症児には記憶に混乱が見られた．

　続くHill & Russell（2002）では，自閉症児，知的障害児，定型児を対象に，より日常的な課題による追試が行われている．この実験では二つの事物を用いての活動，たとえばストローと歯ブラシで十字を作る活動が求められた．その後，対となった事物の再認やどのような活動を誰が行ったかの想起を求めたところ，全体としては自閉症児と定型児に差は見られなかったが，成績下位群の知的障害児と自閉症児では，定型に比べ，自他の区別に小さいが有意な差が見られた．

　一般に，自閉症児においては心の理論の獲得が遅れるとされる．心の理論が獲得されていない状態とは，他者の心の状態を推論できないだけでなく，自己の心の状態も適切に認識できない状態を意味する．意味の抽出や体制化に加え，自閉症児・者は自己を自己として，他者を他者として認識する力が弱く，そのために自他の混同が生じやすいということがあるのかもしれ

ない.

　以上は「記銘」に関わる問題であるが，想起手がかりがうまく機能しないという可能性もある．上記のBoucher (1981) は，自閉症児は，①自発的に話さず，②質問されても自分が行った活動について説明することがなく，③会話を維持できない（言われたことに反応するだけ）が，このような問題は，適切な情報検索ができず，「言うべきことが心のなかに思い浮かばない」ためかもしれない，と考察している．以下，保持と再生について検討する．

2　保持と再生

(1)　出来事の想起

　上記の実験においては，参加者は学習直後に出来事の想起を求められた．しかし司法場面では，目撃者，被害者，あるいは被疑者は，一定時間後に記憶を求められることが多い．また，出来事の報告にあたっては，さまざまな質問が行われることも一般的である．こういった証言事態と重なる研究を見てみよう．

　Bruck は広く目撃記憶や被暗示性（誘導や暗示にかかりやすい傾向性）に関する研究をしているが，Bruck, London, Landa & Goodman (2007) では，ASD児を対象とした研究を行っている．対象者は5～10歳のASD児38人と同年齢の定型児30人であった．①生活にかかわるさまざまな事実（親の職業等），②過去の出来事（昨年のハロウィン等），③小さい頃の出来事（飛行機に乗った等），および④実際にはなかった三つの体験（公園で逃げ出したペットのサルを捕まえてあげた等）などについて尋ね，これらの質問に対する応答の正誤を親に確認した．その結果，全体として，定型児のほうがより正確であり，ASD児では「覚えていない」という回答が多かった．また，実際にあった出来事における記憶の誤りは，定型児もASD児も同程度であったが，実際にはなかった三つの出来事（④）については，ASD児は平均して一つは「あった」と回答し，この率は定型児よりも高かった．

　この実験では，さらに子どもたちにマジックショーを示し，8日後にその内容についての面接を行っている．その結果，マジックショーのなかで実際にあった事柄については，定型児のほうがASDよりも正確であったが，実際にはなかったことについての質問（実際にはハグはなかったにもかかわ

らず「魔法使いがあなたにハグしたって聞いたけれど，それは始まる前，終わった後？」と尋ねる等）に対する反応は，ASDと定型で差はなかった．ただしASDでは本題と関連のないことに逸れる発話が多かった．

　McCrory, Henry & Happé（2007）も同様の実験を行っている．対象児は，アスペルガー症候群と診断された11-14歳の子ども24人とIQをマッチさせた27人の定型児であった．ジョン，メラニーという二人の人物がクラスに来て自己紹介し，写真プロジェクトのための写真をとりたいと言う．しかし三脚が壊れており，直そうとするが直らない．また，ジョンがメジャーを使おうとするが，誤って指を怪我し，二人の間にいざこざが生じる．これらの出来事のうち，三脚が壊れた話は中立的なシーン，怪我に関するやりとりは社会的なシーンとして設定されている．

　1日後，初対面の面接者が，英国の司法面接ガイドライン（英国内務省・保健省 2007）に基づきグラウンドルール（4を参照のこと）を示した後，面接を行った．面接では①自由再生（「彼らが来た時に何があったか話してほしい」），②一般質問（「男の人は何をしましたか？」等），③言葉，気持ち，事物に関する個別質問（「三脚に問題があったとき，女の人は何と言いましたか？」等），および④誤った前提に基づく誘導質問を行った（実際にはスカーフはなかったにもかかわらず「男の人のスカーフは何色？」と尋ねる等）．その結果，想起された要旨，自由再生項目数は定型児のほうがASD児よりも多かったが，想起された項目についての正確さは両群とも97％で差はなかった．一般質問，個別質問，誘導質問では定型児とASD児に差はなく，誘導質問では両群とも約4割の項目について誤った回答をした（実際にはなかったことがらについて答えてしまった）．なお，両群とも全体として社会的シーンのほうが中立シーンよりも回答が多かったが，ASD児では社会的シーンに対する応答が相対的に少なかった．

　これらの研究とは少し異なる観点から，ASDの長期にわたる記憶を調べた研究もある．個人の人生の出来事に関わる記憶，思い出を自伝的記憶という．Conway & Pleydell-Pearce（2000）らによれば，自伝的記憶はヒエラルキカルな構造を成しており，「人生における時期（lifetime period）（高校時代）」，「出来事に関する一般的知識（general event knowledge: GEK）（運動に打ち込んだ）」，「個別の出来事に関する知識（event-specific knowledge: ESK）（県代表を決めたサッカーの一試合）」などの層が含まれる（レビュウとして佐藤・

第8章　発達障害をもつ人の記憶と面接　　149

越智・下島 2008など).

　Moberly & MacLeod（2006）は定型の人を対象とした実験で，個人のもつ目標が自伝的記憶の検索を促すことを示している．たとえば「学業を極めたい」という目標をもっている人は学校関連の出来事を想起しやすく，「健康でありたい」という目標をもっている人は健康に関する出来事を想起しやすい．Crane, Goddard & Pring（2009）はASDにおいても人生の目標は想起手がかりとなるのかどうかを検討した．

　まずASDをもつ成人28人と定型の成人28人に人生の目標を挙げてもらい，目標が達成できそうか，自分は目標を達成するためのスキルをもっているか等の質問に答えてもらう．その結果，産出された目標数は定型とASDで差はなかったが，ASDのほうが目標の達成を困難だと感じていた．

　その1週間後，個々人ごとに設定した課題，すなわち目標を含むさまざまな項目（運動，健康，恋愛等）を順次示しGEK，ESKを思い出してもらうという課題を行った．後に第三の評定者が，思い出された記憶が（1週間前に参加者が挙げた）目標に合致するか，しないか，あるいは関連ないかを判断した．上述のようにGEKは一般的な知識であり，たとえば「運動」という項目に対しては，運動に関する思い出が「思い出せそうだ」と感じられれば「はい」と答える．一方，ESKは個別の思い出である．たとえば，「運動」に対しては，「県代表を決めたサッカーの一試合」が思い出せたら「はい」と答える．これらの課題において回答できるまでの反応時間を測定した．

　その結果，GEKもESKも，ASDのほうが定型よりも思い出すのに時間がかかった．また，定型ではGEK，ESKとも，目標に合致する記憶がより速く想起された．つまり，目標は自伝的記憶の想起を促すと言える．これに対しASDでは，GEKについては目標に合致する記憶が速く想起されたが，ESKについてはそのような差は見られなかった．これらのことからCraneらは，ASDは「自己」を個別的な自伝的記憶（ESK）の想起手がかりとしてうまく用いることができないとしている．先述のRussellらは，ASD児が自己／他者の再認がうまくできないことを示したが，「自己」の利用について，Craneらの結果も同一の方向を示していると言えるだろう．

3　特異な記憶

　以上は，実験室における記憶研究であるが，栃本・長谷川・蔵田（2008）は，精神科の救急事案における「記憶想起現象」（杉山の言うところの「タイムスリップ現象」）を分析している．これらは1998（平成10）～2006（平成18）年までの8年間の精神科救急外来3,523人において，PDDと診断された12人中4人に見られた現象である．たとえば近隣の住人の声や姿により，その住人が以前家の前にごみを捨てた情景がよみがえり，攻撃的な態度をとって外来に運び込まれるなど，「些細なことを契機として，過去の外傷体験が繰り返し，迫真的に映像と激情を伴って出現して，行動化に至る」（1372頁）ことがその特徴だとされている．

　この4人の「記憶内容」とその記憶に基づく「行動化内容」は以下のようなものであった．

- 「中学でのいじめ体験」と「いじめた相手への報復行為」（10代後半男性，アスペルガー障害）
- 「高校でのいじめ体験」と「想起により繰り返される家庭内暴力」（20代前半女性，アスペルガー障害）
- 「店員の不誠実な対応」と「想起により繰り返される家庭内暴力」（20代後半男性，特定不能の広汎性発達障害）
- 「近隣住民からの迷惑行為」と「想起により繰り返される近隣住民への暴言，家庭内暴力」（20代後半男性，特定不能の広汎性発達障害）

また，4人に共通する特徴として以下のものが挙げられている（1372頁）．

- 自我違和感が強く，侵入的である．
- 想起する内容は視覚的で常に一定であり，過去の体験が現在あたかも体験されているかのように生々しく出現する．
- 内容の歪曲は認められない．
- 時々の対象関係に左右されて想起内容が変化することはない．
- 怒りの感情が再体験され，対象となる人物や家族に対し怒りをぶつけるが，それは本人にも明らかに苦痛であり正当化されない．
- 苦痛を緩和する脅迫行為や儀式的行為は伴わない．
- 内省は不能で，衝動をコントロールすることもできず，行動化に至る．

- 回避行動を伴わず，想起の際に自律神経症状が自覚されない．

　栃本らはこの現象を統合失調症の妄想や，PTSDのフラッシュバックと比較している．そして，記憶想起現象では「事実がありのままに」想起されるが，統合失調症では事実の歪曲や妄想による意味付けを伴うこと，PTSDでは想起を回避する行動が見られるのに対し，上記の4例ではそれが見られないことを指摘し，記憶想起現象を独特のものだと考察している．こういった記憶の病理は，定型とは異なる仕方でサンプリングされた出来事が，文脈やストーリーのなかに体制化されることなく保持され，自己のコントロールなしに想起される，ということの延長線上にあるのかもしれない．

4　ASDへの面接

(1)　コミュニケーションの問題

　記憶の側面だけを見れば，ASDも相応の体験や出来事の記憶を保持しており，実際にあったことに関する誤記憶も定型より特に多いということはない，と言えるだろう．しかし，面接場面においては，上記の研究からも示唆されるように，「自発的に報告してもらえない」「再生量が少ない」「手がかりが機能しない（たとえば「自己」や目標など）」「記憶が統合されておらず，断片的になりがちである」「話が無関係なことに逸れる」などの困難が生じることが予想される．今ひとつ文脈にそぐわない，あるいは自己の体験が反映されているようには聞こえない報告がなされる，ということもあるかもしれない．

　これらに加え，ASDではコミュニケーションの障害，たとえば文脈にふさわしい発話の産出や発話理解ができない（言葉を字義どおりに取りがちである，意図が理解できない）や，相手への注意喚起なしに発話を行う，相手から話しかけられても自分に話しかけられていると思わない，相手の言葉をエコーイングする等の問題があるとされる（大井2001，高橋2005等）．高橋（2005）は小学校2年生から中学校1年生の高機能自閉症児10人を対象とするコミュニケーション訓練を行い，そのなかで見られた要求の産出，理解過程の問題を分析し，報告している．たとえば，ASD間では要求が伝わりにくいが，それは要求が理不尽だからではなく，発話者が誰に依頼／要求しているのかを伝えられず，また要求された側にも「自分が要求されているのか

分からない」という問題があるからだとしている.

　このコミュニケーション訓練のなかで起きた例を挙げる. 連凧を作っていたA児は「(道具を)ちょっとこれ借りるで」と依頼したが, 他のASD児からの応答がない. 援助者の支援を受け「○○君, これ借りますよ」と相手の名前を呼び, 応答を得た. 別の事例ではK児が「これ, 2番に入れたいんやけど」と(連凧を入れる順序について)依頼するが, 誰からも返事がない.「あの, すいません, 2番にしていい？　これ」などと尋ねるが, それでも応答がない. K児は要求を受け入れてもらうために「語気を強める」「呼びかける」「顔や身体を相手に向ける」などの工夫をしたが, うまくいかず,「見せる」「肩をたたく」などのノンバーバル行動を取ることや「ダイレクトに名前を呼ぶ」ことなどが必要であることを学んだ. 司法面接においても, 記憶を最大限引き出すためには, 明確な指示が必要であろう.

(2) 面接法

　事実をより正確に聴取しようとする司法面接では, 一般に, ①グラウンドルール(「本当のことを話してください」「質問が分からない場合は分からないと言ってください」「知らないことは知らないと言ってください」「私(面接者)が間違っていたら, 間違いを正してください」などの面接での約束事を伝える), ②自由報告(「どうしてここ(面接室)に来ましたか」などの一般的な問いかけにより自発的な報告を促す), ③質問(オープン質問, WH質問を主とする質問), ④クロージング(感謝し, 中立の話題に戻して終了する)といった手続が取られる(アルドリッジ・ウッド 2004, 英国内務省・保健省 2007, 仲 2009). 前述のASDに関して**1～3**で見てきたことを, こういった司法面接の流れに適用するならば, 以下のような工夫が必要だろう.

　①　グラウンドルールは口頭で説明するだけでは伝わらない可能性がある. 文字で示すなどしてゆっくり説明する必要がある. また, 何のために事情聴取を行うのか, 目的をより明確にしておく必要がある.

　②　自由報告を求めるための一般的な質問,「どうしてここ(面接室)に来ましたか」はASD児・者には抽象的過ぎるかもしれない.「○○さん, 何があったか話してください」,「(傷があれば)○○さん, この傷ができた時のことを話してください」,「(被疑者として逮捕されたならば)○○さん, 警察に捕まった時のことを／捕まる前に何があったか話してください」など,

第8章　発達障害をもつ人の記憶と面接　　153

明確に情報要求をする必要があるだろう．

　質問は，一般にオープン質問（お話しして，それから，そして），WH質問（いつ，どこで，誰が，何を），クローズ質問（はい，いいえで答える質問，選択肢型の質問等）に分けられる．一般的には，オープン質問は誘導がかからず，得られる情報量も多いとされる．しかし，上で見たとおり，ASDにおいては十分な情報を期待することはできず，より直接的な質問が必要かもしれない．McCroryら（2007）は，彼らの言うところの一般質問（「その人たちは何を着ていた？」「何を持っていた？」「男の人は何をしたか？」「女の人は何をしたか？」「彼らは何と言ったか？」等）が有効だとしている．ただし，はい，いいえで尋ねる質問や選択肢型の質問は，特定の事柄について直接尋ねるという意味で具体的ではあるが，不適切である．McCroyらも指摘するとおり，質問に含まれる情報が被面接者の記憶を汚染する可能性があるからである（事後情報効果）．なお，幼児や児童においてもそうであるが，ASDにおいても気持ち，意図，動機に関する質問は困難であろう．その時どう思ったか，被害者はどう思っているか，反省はないのか等の質問に対しては，Boucher（1981）が述べているように，「言うべきことが心に思い浮かばない」事態が生じるかもしれない．RussellやCraneらが指摘するように「自己」が記銘，想起の手がかりにならないとすれば，なおさらである．

　英国の自閉症協会（NAS）は目撃者，被疑者，あるいは被害者となった自閉症者への接触の仕方，面接の仕方について具体的な注意則を挙げている（**表1**を参照のこと）．まず，事件に巻き込まれたときのために，ASDには「自分は自閉症である」というIDカードを持たせたり，自分の障害を他者に知らせるトレーニングをしておくのが良いとしている．また，面接場面では，有能でコミュニケーション能力がありそうに見えるASDであっても，「応答が曖昧」「話題が変わる」「アイコンタクトがとれない」「字義的な受け答えや誤った応答をする」「機嫌が悪くなる」等の問題があること，特にASDが被疑者である場合，面接者は有罪を推定しがちであること，実際，ASDは虚偽自白をしがちであることを指摘している．このようなことから目撃者，被疑者，被害者の別によらず，司法場面における面接においては，自閉症に関するスペシャリスト（臨床心理学者，精神科医）に連絡をとることが必要だとしている．

表1：国立自閉症学会：司法制度と自閉症より作成

警察が接触する場面において
- パトカーのサイレンやライトは消す．
- 静かに接近する．
- 驚かさないように近づく．接触する人の表情，動作は最小限に保つ．
- パーソナルスペース（個人が快適と感じる距離）の個人差を考慮する．接近しすぎる人も，接近されると不快に感じる人もいることに注意する．
- 対象者の名前が分かる場合は，名前を入れて話しかける．そうすれば，誰に話しかけているのかが伝わりやすい．
- ASDは字義どおりの解釈をしがちである．よって明確で直接的な指示をゆっくりと与える（「ジャックさん，車から出なさい」など）．
- ASDは字義どおりの解釈をしがちである．よって皮肉，メタファ，あてこすりなどの言葉は使わない．
- 理解には時間がかかることがある．すぐに返事が得られるとは期待しないこと．
- 大きな声で話さない．
- 何が起きているかをはっきりと説明する．移動が必要な場合は，移動先を明確に伝えれば，不安は緩和されるだろう．
- 話し言葉ではなく，視覚的に提示するほうが分かりやすい場合もある．文字が読める人であれば，何が起きているのかを紙に書いて視覚的に示すと助けになる．
- 身体にはできるだけ触れない．
- 手をひらひらさせる動作や常同的な行動は，気持ちを落ち着かせるための方略である場合があるので止めさせないこと．本人が状況を理解すれば，こういった動作は自然と止む．
- できるだけ非侵襲的に（最小限の接触で），傷等の有無を調べる．ASDは痛みがあっても伝えられないでいるかもしれない．

面接において
- 明確，簡潔，単純な言葉を用いる．
- 短い文を用いる．
- 発話では被面接者の名前を入れる．そうすることで，ASD児・者は自分が話しかけられているのだと分かるだろう．
- 曖昧さをさけ，具体的に尋ねる．
- ASDは尋ねられた質問を繰り返す（エコーイングする）場合があることに配慮する．
- 選択肢型の質問[注]においては，ASDは，最初または後の単語を言うことがある．いくつかダミーの質問を行い，ASDの人の癖を理解した上で本当の質問を行うのが良いという示唆もある．
- 被面接者が情報を処理するための時間を十分に取る．
- 面接者の表情，手の動き（ジェスチャー）は最小限にする．
- 視覚的に示すのも有効である．
- 頻繁に休憩をとる必要があるかもしれない．何分休憩をとるか，その後どうするのかを予め知らせること．発話の繰り返し，手をひらひらさせる等の常同的な行動，自傷行為（手をかむ等），叫ぶ，その他の身体的行動は，不安や休憩が必要だというサインである．

注：本文では「はい，いいえ質問」と書かれている．

第8章　発達障害をもつ人の記憶と面接

(3) 信念の問題

　最後に，一般人がもつ信念についても指摘しておきたい．ASDの特性やASDから得られる情報の特性については，裁判官，裁判員にも十分に周知する必要がある．私達はASDを含め障害のことをよく知らないばかりでなく，独自の障害者像を形成している可能性がある．たとえば，Baladerian（2009）は，人は外国人など，言葉を理解しない人には「大きな声で話す」「繰り返す」といった方略をとりがちであり，同様のことを知的障害者，ASDに対しても行いがちだという．しかし，感覚過敏をもつASDには，大声で繰り返される発話を聞くことは苦痛であり，間をおかずに繰り返される質問は耳のなかで重なりエコーするのだという．また，健常者には何の問題もない蛍光灯が，ASDにとってはチカチカして不快である可能性があるとしている．

　Stobbs & Kebbell（2003）は，陪審員となりうる一般人が知的障害をもつ証人に対してどのような見方をしているかを，専門家証人がいる場合といない場合とで比較した．60人の参加者が，目撃証言が問題となる事件（ガスメータの検針員を装った犯人が窃盗を行う）の法廷速記録を読み，目撃証人の信用性について評定した．目撃者が健常者として提示された場合と，軽度の知的障害だとされた場合では，後者において，その目撃者の信用性は低く評定された（ただし，専門家証人が知的障害者の証言の特性に証言した場合には，その判断はいくらか是正された）．Peled, Larocci & Connolly（2004）は，子どもの証人について，証人が15歳だが10歳の精神年齢（知能）をもっていると教示された場合と，証人は10歳の健常児だと教示された場合を比較している．その結果，参加者は証人の信用性を低く評定した（ただし，具体的な証言内容を読んで判断した場合は，両者の差はなかった）．

　ASDについてはこのような調査は見あたらないが，ASDをもつ人々に対して適切な面接を行い，その結果を適切に評価するには，私たちがASDに対しどのような信念をもっているかも重要である．今後検討すべき課題であるだろう．

［文献］

アルドリッジ, M., ウッド, J., 仲真紀子（編訳），2004,『子どもの面接法：司法における子どものケア・ガイド』北大路書房.

Baladerian, N., 2009, Interviewing abuse victims with cognitive and/or communicative difficulties,

San Diego International Conference on Child and Family Maltreatment, Town & Country Resort & Convention Center, San Diego, U.S. Jan 26-30, B5.

Bennetto, L., Pennington, B.F., & Rogers, S.J., 1996, Intact and impaired memory functions in autism, Child Development, 67, 1816–1835.

Boucher, J., 1981, Memory for recent events in autistic children, Journal of Autism and Developmental Disorders, 11, 293-301.

Bruck, M., London, K., Landa, R., & Goodman, J., 2007, Autobiographical memory and suggestibility in children with autism spectrum disorder, Development and Psychopathology, 19, 73-95.

Conway, M. A., & Pleydell-Pearce, C. W., 2000, The construction of autobiographical memories in the self-memory system, Psychological Review, 107, 261-288.

Crane, L., Goddard, L., & Pring, L., 2009, Specific and general autobiographical knowledge in adults with autism spectrum disorders: The role of personal goals, Memory, 17, 557-576.

英国内務省・保健省（編）, 仲真紀子・田中周子（訳）, 2007,『子どもの司法面接：ビデオ録画面接ガイドライン』誠信書房.

Hill, E. L., & Russell, J., 2002, Action memory and self-monitoring in children with autism: Self versus other, Infant and Child Development, 11, 159-170.

北山淳, 2008,「特別支援教育における発達障害の理解――自閉症児の表情認識について――」『四條畷学園大学 リハビリテーション学部紀要』第4号, 29-34.

Moberly, N. J., & MacLeod, A. K., 2006, Goal pursuit, goal self-concordance, and the accessibility of autobiographical knowledge, Memory, 14, 901-915.

McCrory, E., Henry, L. A., & Happé, F., 2007, Eye-witness memory and suggestibility in children with Asperger syndrome, Journal of Child Psychology and Psychiatry, 48, 482-489.

Minshew, N.J., & Goldstein, G., 2001, The pattern of intact and impaired memory functions in autism, Journal of Child Psychology and Psychiatry, 42, 1095–1101.

仲真紀子, 2009,「司法面接：事実に焦点を当てた面接法の概要と背景」『ケース研究』, 3-34.

大井学, 2001,「高機能自閉症とアスペルガー症候群」西村弁作（編）『言葉の障害入門』大修館書店, 53-78.

Peled, M., Larocci, G., & Connolly, D. A., 2004, Eyewitness testimony and perceived credibility of youth with mild intellectual disability, Journal of Intellectual Disability Research, 48, 699-703.

Russell J. & Jarrold, C., 1999, Memory for actions in children with autism: Self versus other,

Cognitive Neuropsychiatry, 4, 303–331.

佐藤浩一・越智啓太・下島裕美（編著），2008,『自伝的記憶の心理学』北大路書房.

Stobbs, G., & Kebbell, M. R., 2003, Jurors' perception of witnesses with intellectual disabilities and the influence of expert evidence, Journal of Applied Research in Intellectual Disabilities, 16, 107-114.

高橋和子, 2005,「高機能広汎性発達障害児集団でのコミュニケーション・ソーシャルスキル支援の試み──語用論的視点からのアプローチ──」『教育心理学年報』44, 147-155.

The National Autistic Society ---- Criminal justice system and ASDs
〈http://www.nas.org.uk/nas/jsp/polopoly.jsp?d=1064&a=6296〉（2009年12月1日アクセス）.

栃本真一・長谷川充・蔵田孝一, 2008,「記憶想起現象により精神科救急を受賞した広汎性発達障害の臨床像について」『臨床精神医学』37（10）, 1369-1375.

（なか・まきこ）

第3部
発達障害をもつ非行少年の処遇

第9章 発達障害をもつ非行少年の処遇
事例研究を通じて

阪本哲也（大阪拘置所）

はじめに

　少年たちの資質が変化してきていると言われているが，その質的変化が，少年院の教育活動や処遇に変化をもたらしている．少年院の教官は，非行少年の質的変化によって処遇が難しくなった，指導力・監護能力に問題がある保護者が増えたと感じている．

　処遇困難な少年が増えたことについて，関係者からはその要因を「少年の資質」「親の指導力不足」「家族関係」「規範意識の欠落」「学校・職場・地域社会」「交友関係」等と指摘している．少年院の教官の実感として，「人に対する思いやりや人の痛みに対する理解力・想像力に欠ける」「自分の感情をうまくコントロールできない」「忍耐力がなく，我慢ができない」等の資質面の変化を問題として捉えているが，特に，他人に対する共感性や感情統制の面において問題が多いことに処遇上の困難を感じている．

　ここで紹介する事例では，事件の軽重や特殊性に関係なく，従来には見られなかった処遇困難なタイプの少年に対する処遇事例であって，発達障害の概念を意識した事例である．

　ところで，発達障害という概念は，新しい疾病概念だけに，見慣れないタイプの少年の出現に少年院の教官は戸惑い，適切な理解をもって受け止めることができない状況が見られた．学習障害（LD）や注意欠陥多動性障害（ADHD），アスペルガー症候群あるいは高機能自閉症，広汎性発達障害といった診断を受けた少年やその周辺域にあると疑われる少年が送致されてくることが珍しくなくなってきているだけに，少年院の職員（医師および教官）だけの対応には限界があり，少年鑑別所の担当鑑別技官や保護者，さら

に保護観察官との協力体制が不可欠なものになってくると思われる．

1　事例紹介

(1)　少年のプロフィールおよび家族関係

　ア　家族構成は，義父・実母・異父妹との4人家族である．保護者の職業は会社員．自宅は2階建てアパートで京阪神の住宅密集地にある．生計は普通程度．両親の養育態度は，放任．少年の最終学歴は高校中退，成績は下．交友関係は地域不良集団．本件非行の動機は，「お金や物が欲しくて」というものである．非行初発年齢は14歳．保護処分歴等はない．

　イ　実父母は，実母が少年を妊娠しているときから不仲で，少年を出産後に離婚している．現在の義父は，少年が小学校4年の頃に再婚して，家に来るようになった．少年には厳しい人であったが，実母と異父妹には優しく接していた．ただ，家ではほとんど喋らない人で，家族間で話をすることがない状況であった．そんななかで，少年は多弁で多動，落ち着きがないことから，実母から厳しく叱られることが度々であった．実母は，几帳面で神経質，感情の起伏が大きい人である．異父妹ができてからは，少年を両親が生活する2階の寝室などには入れない時期があったようで，ときには暴力を振い，「死んでしまえ」と暴言を浴びせていたようである．

　ウ　同じ頃に，少年の言動に違和感をもっていた母親は，少年を児童相談所に連れて行き，多動と高機能自閉症の疑いがあるということで医療センターでの受診を勧められているが，少年が拒絶し，受診しないままになっている．

(2)　生活史

　ア　小学校時代の成績は中程度．社会が好きであったが，計算がまったくできなかった．教科書は開いたことがなく，授業中は机にじっと座っていられない．怪我も多く，担任の手を煩わせていた．また，同級生からは嫌われ，親しい友人はほとんどいない．

　イ　中学校時代は，登校するが授業途中で抜け出し，一人で遊んでいることが多かった．社会は好きだが，数学と英語はまったく勉強をしなかった．それゆえにさらに理解できない状況になっていった．部活は体操部に入る

が，すぐに辞めた．

　中1の頃に，母が異父妹を妊娠し，自分に対する扱いが一変した．1階台所以外の部屋に立ち入ることを禁止されていた．「お前はゴミだ」等と言われ，母親を強く恨むようになっている．この頃から家出し，学校をさぼって一人でゲームセンターなどで遊ぶことが多かった．ただ，なぜか学校の教科では歴史に興味があり，特に将軍などの軍人に憧れをもっていた．そのことを友人に話すと，「お前はおかしい」と言われ，皆からは浮いていた．少年は，自分の周りには理解者はいないと感じていた．中3の頃の成績は学年最下位までになり，数学，英語がまったく理解できず，少年は「何で敵国の言葉を勉強しなければいけないのか」と少年なりの理屈を正当化していた．

　ウ　中学校卒業後，職業訓練校に入学するが，当初から成績は下位であり，少年は相変わらず普通にしているつもりであったが，場違いな雰囲気を醸し出すところから，授業妨害をしていると見られていた．それから約半年後に退学となっている．

　エ　また，原付免許を取得し，郵便配達のアルバイトをするが，交差点で交通事故を起こし，アルバイトを辞めさせられている．その頃から，夜間徘徊，バイク遊び，部品窃盗などが頻回となる．数少ない遊び仲間の一人と深夜営業のコンビニに行き，店員がレジを離れた隙に，金品等を窃取する行為に及んだ（本件非行）．これにより，警察に捕まり，鑑別所に入所している．

　オ　少年鑑別所に入所した際に「どうして鑑別所に入れられたのか？」という質問に，「分からない」と答えている．「この国の法律などはどうでもいい．警察も要らない．希望のない国だから．事件としては，強姦以外は何でもたいしたことではない」と反省の言葉など見られない．

　入所時の落ち着きのなさや違和感を醸し出す言動から，集団室での生活は無理であると考えられ，単独室での生活が指定されている．室内運動では決められた種目以外の運動をし，学習にはまったく取り組まず，自由気ままな生活態度であった．職員から注意を受けると，返事や表情は明るく返すが，その場限りで，何度同じ注意指導を受けても，改めようとする構えに極めて乏しい面や，職員に気軽に話し掛け，「周囲の者を見渡し，貧乏ゆすりがやむことがない」と行動観察されている．

　課題作文に使用されている漢字量や語彙は普通程度である．課題作文のタイトル「自分の性格」について，「自分のことが分かっていないので，この

作文は書けません」と1行だけで作文を結んでいる.

　将来の夢は,「音楽の世界でトップになること」と悲壮感などまったく感じさせない. 全般に「ふざけているだけ」という印象を与えている.

　入所後間もなく, 母親の面会があったが, マンガ本の差入れを多く要求し, たしなめられている.「今度同じことをして捕まるようなことがあれば, 家庭が崩壊する」と言われ, そうなると,「妹がかわいそうである」として,「妹が不幸になるようなことはやめる」と簡単に決意を口にしている.

(3) 鑑別結果
　ア　判定：収容保護（中等少年院）——長期処遇. 処遇勧告なし.
　イ　判定理由
　「多動で集中力に乏しく, 身勝手な言動が目立つ. 視野が狭く独善的である. 自分の置かれた立場や本件の重大さを正面から受け止められず, 家族や家庭への不満を社会全般に対する不信感, 厭世観に転換して, 自分を合理化している. 短絡的で思慮のなさや, 非行へのためらいに乏しくなっている点は問題である」として,「個別的・治療的処遇課程を持つ少年院に収容し, 系統的な矯正教育を受けさせることが必要である」とされている.
　ウ　疾病・障害：ADHDの疑い

(4) 精神状況
　ア　知能
　「知能は中程度. 知的機敏性は普通程度に有している」とされている言語表現力は語彙が豊富で, 理解に不足はなく, 興味のある領域には知識もそれなりに有し, それ以外にはまったく興味を示さないところが見られる. 体験的な理解による知識を各場面で当てはめることはできるが, 計算力に乏しいこと, とっさの機転が利かない面が伺える. 自分の考えに固執して, そこから抜け出せないで, 思考の柔軟性, 発展性に乏しい.
　なお, 知能検査の結果は, 言語性IQ96, 動作性IQ83, 全検査IQ88 WAIS-R.
　イ　性格等
　陽気で楽天的, 人見知りすることなく, 誰に対しても物怖じしない. 馴れ馴れしい態度が顕著であり, 落ち着きに欠け, 思いついたら直ちに行動に移し, 前後の見通しなく気軽に調子に乗りやすい.

一方で，神経質で過敏，些細なことにこだわり，あるいは突然不機嫌になり，意欲を無くして，気分の安定を欠く場面がある．他者から受け入れられず拒否されると，被害感や不公平感ばかりが執拗に膨らみ，悪意の行動化に出やすいなど，ADHDが疑われる少年である．窃盗事件で審判を受けても「日常活動の一環だ」として，何の罪悪感なく繰り返している．

　ウ　精神科受診

「乳幼児期の多動性や注意の転動性は不明である．一方，孤立傾向は特に認めない」とされている．小学生の頃，授業中の静座困難を回想し，今回，鑑別所入所時の診察でも，多弁・多動を認め，調子の軽さが顕著であり，「ADHDが疑われ，処遇に際しては，配慮が必要な少年である」とされている．

(5) 処遇上の留意事項

　ア　「落ち着きがなく，軽率で短絡的な行動が目立ち，場をわきまえない，多弁で調子が軽いなど，ADHDが疑われる」ことや，「物事を自己流に解釈し，気に入らないと感じると，周囲への不満感や不信感を強め，他罰的感情から円滑な人間関係が保てない．自分の行動を合理化しようとするところが強く，事件や非行に対する内省的態度は全く希薄である」とされている．結果として，「非行への積極性が進みつつあり，予後の不安は大きい」として保護処分（少年院送致）が選択された．

　こうした資質の問題の背景には，「思春期の入口で家族から拒否的な扱いを受けたことが，精神的外傷となっている」ことを伺わせ，同時に「家族への不満を家庭内で解消できない不充足感を社会に対する矛盾として転換」しており，「自己を正当化しようとする機制が働いている」とされている．「それは歪んだ価値観や社会観を強く形成し，身勝手で，ひねくれた心性は，他者の意見や考え方を受け入れられない困難な状況をつくりあげているため，指導に当たっては，施設全体が少年の資質をよく理解し，時間をかけた育て直しが必要である」と処遇上の留意点を指摘している．

　イ　処遇方針
- (ｱ)　規範意識の向上を図る．
- (ｲ)　健全な社会適応的なものの捉え方や価値観を獲得させる．
- (ｳ)　少年が抱える発達障害に配慮しながら，集団生活をさせながら個別的・治療的指導を軸に，時間をかけて指導する．

㈲　少年の言動やペースに振り回されない集団の教育的雰囲気の醸成を図る．

　㈱　ただし，指導に当たっては，少年の些細な言動に過剰反応せず，本人の興味や関心を阻害しない方向で見守り，自分を客観視できる環境を整える．

　㈲　関心のないことや不得意なことでもじっくり取り組ませながら，その努力のプロセスや成果をきめ細かく観察し肯定的な評価を獲得できる体験を積ませる．

　㈱　課題を与える場面では，その目的や意義を具体的に，視覚的に十分理解させ，納得して取り組めるように配慮する．

　㈱　職員との信頼関係（二者関係）の構築を図ることで，社会のルールや他者の立場や気持ちを尊重する姿勢を養わせる．日常的な生活場面での認知や思考のずれ，逸脱を見逃さず，認知行動療法による変容を促す指導（少年院内で行われる教育場面で望ましい適応行動を習得させ，望ましくない問題行動を消去させる）を行うとともに，心的交流が深まる面接を重ね，精神的外傷を言語化させ，自らの気持ちや感情を整理させることに重点を置いた指導を取る．

ウ　関係者へのアプローチ

　㈲　母親の保護能力に問題があるとされていることから，保護観察所と相談の上，地元の精神保健センターで受診させ，出院後も継続してケアが受けられる態勢を作ることが優先される．

　㈱　また，発達障害が疑われる少年の家族間の調整は，家族が本人の障害を正しく理解して対応できる環境の整備が，働き掛けの出発点であり，家族が適切な援助が受けられる保護観察所のみならず医療福祉等の専門機関に繋げる調整を在院中から図る．

(6)　個別的処遇計画の作成

　ア　教育期間　11か月
　　　新入時教育過程　2か月
　　　中間期教育過程（前期）　3か月
　　　中間期教育過程（後期）　3か月
　　　出院準備教育過程　3か月

イ　個人別教育目標
　　(ｱ)　決まりを守る姿勢を身につける．
　　(ｲ)　周囲のことや後先のことを考えて行動する．
　　(ｳ)　地道に働いて自立できる力を身につける．

(7)　処遇経過
　（教育期間11か月に対して，処遇期間13か月を要している）
　ア　新入時教育過程（入院1〜2か月経過）
　少年院に入院する．考査期間の10日を経て，新入時教育寮に編入となる．
　考査期間中も含めて，当初からまったく緊張感がなく，キョロキョロと教室周辺を見回し，授業中でも思いつくままに質問をする．また，他の生徒の言動にすぐ反応し，指導されるたびに言い訳や言い逃れをし，収拾がつかない雰囲気を作ってしまう．担任間で相談の上，少年が現在の状況を客観的に受け止められるように，単独室での内省処遇が選択された．寮主任が，現在の生活態度が，なぜ少年院生活に適しないのかを説明したが，自分の理屈が優先し，なかなか職員の指導を受け止められず，注意指導を受けるたびに，その場限りで改められない．
　1か月が経過した頃から，徐々に生活要領も理解し，入院当初のような生活場面の細部に及ぶ注意や指導は少なくなってきた．それとともに，日課に取り組む姿勢に変化が見られ，意欲が見られるようになってきたが，相変わらず的外れな質問が多く，他の生徒から失笑を買うことがたびたびであった．基本的な生活習慣の欠落やしつけ不足が，対人トラブルに発展する要素を多く含んでいた．何より言葉遣いやしつけ部分など身辺的自立の必要性について，自覚させようとするが，なかなか理解できない状態が続いた．単独室での生活では，他の生徒と交わる時間も少なく，直接的なトラブルには発展しないが，集団生活では対人トラブルの頻発が予想されることから，集団生活に移行する前に，新入時教育寮担任が編入先集団寮職員と引継ぎ会議を設け，2か月間の処遇経過や指導方針について話し合っている．少年の心の根底にある権力や規則に対する対抗的な構え，さらに世の中の決まりは必要ないと考え，それを押しつける大人が信用できない存在だとして敵視している偏狭さを解きほぐす処遇が主に検討されている．
　イ　中間期教育過程（前期）（入院3〜4か月経過）

集団寮での対人関係は，奔放な言動から他の生徒に奇異な感じを与えてしまい，不調である．このことが，本人のイライラ感をさらに刺激し，険悪な雰囲気を感じさせる場面も見られた．そのことについて，担任職員から，過敏に反応するのではなく，日記への記載や担任面接において，適切な表現で話をする方法を指導している．この頃から，担任職員の助言を素直に受け止めようとする姿勢が見られるようになってきている．集団生活への取り組みに自信をもたせること，見栄や虚勢を張ることが，自分の気持ちとは正反対であることを理解し，素直な気持ちで生活する大切さが理解できるようになってきている．

　新入時教育寮では，個室処遇であったことが，かえって孤独感を生み，空想の世界を広げてしまって，他の生徒との距離感がうまく取れなかったような状況にあったが，集団生活では，他の生徒に迷惑をかけながらも，自分の周りに人がいる安心感から，落ち着きのある発言も見られるようになっている．しかし，まだまだ日常生活のなかでは，集団生活の細部にわたるきまりごとなど，分からないと感じたら，誰彼なしに質問を連発し，また，テレビを見ながら大笑いするなど，周囲への配慮ができない．周囲の少年からは，不快感を与える存在だと見られている．ただ，少年自身，自分はADHDであるといった自覚があることから，どうにかして自重しようという姿勢は伺えるが，特徴的な反応以外に，しつけ不足による言動も顕著に見られている．

　このことから，当分は院生活の細かなルールや動作要領を繰り返し習得する環境に置き，不適切な言動があるたびに指摘し，修正する方法を担任間で確認している．

　ウ　中間期教育過程（前期）（入院5〜6か月）

　この時期から，大人に対する不信感や猜疑心を払拭させるねらいから，個別担任との二者関係の構築に力点を置いた処遇に切り替えた．同じくして，ちり紙に幼稚な落書きをして指導処分を受けている．職員が見ていない自机で，思いつきからだったとして落書きをしたものであるが，注意指導に本人は，これくらいのことがなぜ規律違反になるのか理解できないようであるが，集団生活における些細な違反が，思わぬトラブルを引き起こし，他の生徒にも迷惑がかかるということを理解し始める契機になった．その後，担任職員との強い結びつきを基盤に，注意を受けない生活の仕方を模索して

いた．しかし，園芸作業中，開放的な気持ちも手伝って，フェンス外側を街宣車やバイクが通過したりすると，フェンスまで走って行き，眺めているというようなことがあり，いったん始まった思いつき行動を途中で止められない．その突飛な行動に職員が振り回されることも見られた．

エ　中間期教育過程（後期）（入院7～8か月）

個別職員との信頼関係を基盤に，少年の不適切な言動一つひとつが理解できるまで説明することや，自分の衝動や多動に対して，ひと呼吸入れる自制訓練を取り入れた．その後も，時折，逸脱行動が見られたりしたが，注意を受ける度に，同じ失敗はしないと意識するが，少しの気の緩みで突飛な言動を撮ってしまうことに大きな変化はなかった．この頃，成績評価も低調で伸び悩み，出院準備教育過程への進級は，保留とされた．

オ　中間期教育過程（後期）（入院9～10か月）

職員や他の生徒との関係で，協調することの大切さや信頼関係を大切にしようとする構えが見られるようになってきているが，根底にある大人社会に対する批判的な捉え方は完全に払拭できたとは言えず，絶えず決まりや規則，法に対する不全感が覆いかぶさっている状態が見られる．ただ，少年自身が自分の状態を自覚し，職員や他の生徒には迷惑をかけられないという意識も働き，衝動的な言動は自制できる場面も観察されている．

しかし，依然として，母親に対する憎悪は消えていないようで，母親に対する負の感情を整理させるため，面会や通信を通じて関係改善を図る必要があるとされた．特に，面会場面において，少年が信頼する個別担任が仲介役となってファミリーカウンセリングを取り入れたことで，母親との心的交流が増し，肌身をもって母親の存在を感じるようになっている．面会後の日記内容などに変化をもたらす結果となっている．母親との関係改善の兆しが，大人社会に対する不満や反発，無気力感を感じて，厭世観や不遇感を記載していた入院当初の記載内容から徐々に変化が現れ，世の中を肯定的に受け止める心情に変わってきている．

この機を捉え，出院準備教育過程への進級が検討された際，担任間で少年の現状を分析しながら，この良好な変化を持続させ，誉められる経験を積み重ねさせることを確認した．与えられた生活環境で生活するために必要なスキルを身につけさせ，さらに決まりの大切さや遵守する姿勢を指導することを確認している．

入院から10か月が経過して，出院準備教育過程に進級している．

　カ　出院準備教育過程編入（入院11か月目）

　意欲的な生活態度が持続されたまま最上級生に進級している．「出院準備教育」という自分の置かれた状況を自覚した生活になっている．

　一方で，実習作業（少年院内の除草作業などの環境整備等）に力を入れ，他の生徒が嫌がるような作業も率先して取り組めるようになっている．

　また，このタイミングを見計らって，少年院からの働き掛けに応じて，帰住地近くの医療センターで診察を受けている．母親との関係改善の兆しが見え始めたことで，母親同席で受診するという形が取られたが，自分だけではどうにもならないADHDを，他者の力を借りてでも治療したいという治療動機が出てきたことが大きな進展となっている．また，少年の状態を母親が正確に理解する契機となり，帰住後の受入れ態勢の環境づくりに弾みがついた．母親が少年の言動を頭から否定することもなく，また，少年からも歩み寄ろうとする姿勢が見え始めてきた．

　キ　出院準備教育過程（入院12か月目）

　生活全般に安定し，意欲的な構えが持続できている．少年自身がADHDを理解しつつ，最上級生としての責任を自覚した言動が取れるようになってきた．これまで抱き続けてきた大人社会への不信感や不遇感が，完全に払拭されたわけではないが，どのような社会や環境であっても，自分はきちんと生きていきたいと思えるようになってきたことや，法律や規則は自分を守ってくれるためのものだと受け止められるようになってきたことを，集会活動のなかで発言するようになってきている．

　更生保護委員会委員による面接では，自分の置かれた厳しい状況をあらためて指摘されることがあり，二度と失敗したくないという思いと，社会生活では他人の気持ちを推し量る努力が大切さであると痛感していた．

　ク　出院準備教育過程編入（入院13か月目）

　前月から投薬を受け，その効果も見られ，落ち着いた生活が維持できている．社会生活を意識した生活を送ることができている．表情は穏やかであるものの，出院を目前に，不安な気持ちから何かにつけ担任職員に構ってもらおうとする動きがあり，学習や作業に集中できなくなっている．継続して投薬を受けながら，自己統制力を強めていくことを課題とした．

　出院後の生活設計では，進学を希望している．また，母親との交流が定着

するに伴って,家庭において安心できる居場所の確保としては,特に義父との関係改善が課題とされた.

2 考察

養育者(このケースでは,特に母親)との交流を通して,本来であれば成長する過程で獲得すべき基本的信頼感が,大人社会への不信感や不全感に置き換わっている少年で,この基本的信頼感の欠如は,「この世の中は自分に何をするかわからない.信じるに値しない」という感覚や,虐待を受け自己否定された経験は,自尊感情を著しく低下させ,日常的に気分の安定を欠き,さらに被害感や不公平感ばかりが執拗に膨らんで逸脱行動に至っていると考えられ,特に,人との繋がりを継続して維持できる信頼関係の結び方を知らないで育ったことから,日常的に関わる個別担任との二者関係の構築に力点を置いた処遇を中心に据えている.

また,少年院生活では,集団生活のなかで円滑な対人関係のあり方を学ぶことが,重要課題の一つであるが,この少年の場合も,日常生活にある些細な対人トラブルを,健全な方法で修復することを学ばせることも重要課題であり,発達障害の領域にあると疑われる少年の処遇を考える上で,自分を理解してくれる存在に気づくこと,特に「先生は自分に味方してくれる存在だ」という安心感が得られる環境の整備が重要であると考えられた事例である.

(さかもと・てつや)

第10章 少年鑑別所・少年院での処遇

小栗正幸（特別支援教育ネット代表・元宮川医療少年院長）

はじめに

　ここでは，発達障害のある非行少年への処遇という観点から，少年矯正施設が担っている役割と課題について述べていく．その際のキーワードは「二次障害」であり，主要な論点は，①二次障害の特徴，②対象者への指導，③保護者への対応の3点である．

1　二次障害の特徴

　発達障害をもちながら非行化してしまった子どもの背景にあるものは，外在化した二次障害の問題だということなど，ここであえて述べるまでもないだろう．しかしながら，少年矯正施設の職員には，二次障害の基本的な特徴が，意外なほど知られていないところがある．したがって，実際の処遇法を解説する前に，二次障害に関して理解していないと少年鑑別所や少年院での処遇に支障となる事項，すなわち根幹症状との連続性，根幹症状への隠ぺい性，一人歩きしやすいメッセージ性について，以下述べておきたい．

(1)　連続性

　二次障害の症状には，根幹にある発達障害の症状との間に連続的な関係がある．つまり，失敗や挫折の原因になった発達障害の症状は，二次障害の症状のなかにも混じり込んでいるということだ．
　要するに，こだわりの強い子どもの二次障害の症状は，やはりこだわり

の強いものになる．落ち着きのない子どもの二次障害の症状も，やはり落ち着きのないものになる．不器用な子どもの二次障害の症状は，相変わらず不器用なのである．この点を理解していないと，二次障害への指導は出発点からうまくいかない．

　たとえば，情緒不安定という症状は，二次障害全般に多かれ少なかれ認められるものである．情緒不安定な子どもは往々にして落ち着きがない．情緒不安定へのもっとも一般的な対処法は，子どもに寄り添い，しっかりと受容することである．これによって情緒安定が図られると，落ち着きのない行動にも改善がみられやすくなる．ところが，背景にもともとの落ち着きのなさがあり，それが不適応の原因になって，そこから情緒不安定が起こっている場合には，その状態に与えられた受容や共感が，かえって落ち着きのなさを助長する刺激になってしまうことがある．

　つまり，この状態への対応は，まず子どもがそわそわしなくてもいいように環境を整備して，落ち着きのない行動の発現頻度を抑えることである．それが二次障害の症状として表面化している情緒不安定の改善につながっていく．こうした指導手順の組み立ては，二次障害対応の基本中の基本であることを，我々は十分理解しておく必要がある．

　ただし，連続性があるとはいっても，二次障害の症状は，根幹にある発達障害の症状以上に，周囲に発するノイズが強烈なものになる．つまり，逸脱行動一つを取っても，周囲に与える迷惑度がまるで違ってくるということだ．それゆえに，二次障害の症状には，根幹にある発達障害の症状を覆い隠してしまう特徴があることも知っておきたい．このあたりが二次障害のややこしさの一つである．

(2)　隠ぺい性

　たしかに，子どもの示す逸脱行動は困ったものである．しかしながら，本当の意味での深刻さとは，外部に表出している困った行動によって，二次障害の本態が覆い隠され，子どもが本当は何に困っているのかが見えにくくなってしまうことである．

　つまり，子どもに周囲を困らせる行動があるということは，その子ども自身が何かに困っているということだ．そうした状況を解消するためには，子どもが何に困っているのかのアセスメントが必要である．問題行動の原

因が分からなければ，指導の方向性が定められないからである．仮に方向性を誤った指導を行えば，問題行動の長期化を招くことにもなりかねない．こうしたことが，二次障害対応のむずかしさにつながっていく．

　そこで，二次障害の発症が根幹にある発達障害への気づきをいかに難しくさせるかを，学習障害（LD）を通して説明してみよう．たとえば，LDの状態像がもっとも分かりやすいのは，小学校1年生から2年生の段階である．この学年だと，子どもの学習困難は読みによるものか，書きによるものか，それとも計算か，その原因は音韻的な情報処理が関与する問題か，視覚的な情報処理が関与する問題か，それとも注意や記憶の問題か，はたまた微細運動機能の問題かといったことが査定しやすいのである．

　ところが，LDに起因する勉強への苦手意識が出てくると，行き詰まっているのは読み課題か，書き課題か，計算課題かが急に見えにくくなってくる．勉強への無気力という二次障害の症状が，根幹にあるLDの症状を覆い隠してしまうからである．そこから一人歩きするのが，たとえば「やる気のない子ども」という誤った見立てだ．これは，学習障害の症状だけではなく，発達障害全般で引き起こされる現象である．

　いずれにしても，根幹にある発達障害への気づきが遅れれば遅れるほど，手当てに要する労力は増大し，指導方略も複雑化を余儀なくされる．発達障害をもちながら非行化した子どもとは，いうなればそうした経過の典型事例ばかりである．ただし，これは過去の出来事のような他人事の話ではない．二次障害の症状によって，根幹にある発達障害を見落としてしまう現象は，少年矯正施設でも起こっていることなのだ．

　特に，少年鑑別所の職員はこの点に十分注意すべきである．既に第3章でも述べたように，彼らは非行を引き起こすまで，発達障害に気づかれないまま経過している場合が圧倒的に多く，少年鑑別所の職員には，誰もその子どもに発達障害があることなど教えてくれないからである．

(3) メッセージ性

　二次障害には，もう一つ困った特徴がある．それは，発達障害の症状に比べて格段にメッセージ性が強くなるということだ．これがあるため，周囲は子どもの言動に巻き込まれやすくなってしまう．

　ただし，一般的にいうメッセージ性とは，周囲に自分の存在を知らしめ，

何らかの意図を伝えようとする目的のある言動を意味するものだが，発達障害がある場合には往々にして「周囲からはそう見える」というだけで，当の本人は必ずしも意識的にそう振舞っているわけではないということが起こる．ここのところを分かっていないと，二次障害対応への失敗が起こりやすくなる．

つまり，そもそも二次障害とは，困っている子どもが発する警告音のようなものだが，その行動は，周囲から迷惑がられるだけではなく，「わざとしている」という印象を与えてしまいやすいのである．

すなわち，「意図的な嫌がらせ」とか，「悪意による反抗」とか，「相手を見て巧妙に態度を使い分ける」とか，「やる気がない」とか，「サボっている」とか，否定的に受け止められる傾向が，発達障害の症状以上に強まるということである．そのため，この点を理解できていない指導者によって，ときには誤った対応が誘発されやすくなる．たとえば体罰を含めた不適正処遇などはその典型であるが，これは被収容少年への虐待以外の何ものでもない．

実際問題として，こうしたことは非行の有無には関係のない現象であり，そもそも発達障害のある子どもへの虐待のほとんどは，子どもの御しがたい行動に対する周囲の感情的な反応として表面化するものだ．たしかに，子どもの御しがたい行動に周囲がイライラしてしまうのは，一面的には正常な心理を反映しているのかも知れない．しかし，それは発達障害への無知から生じるものであって，我々には無知であることは許されないのである．

2　対象者への指導

発達障害のある非行少年を処遇する少年矯正施設の最大の役割は，二次障害の症状をできるだけ緩和した状態で社会復帰させることだと思う．なぜならば，発達障害は少年矯正施設だけで片づく問題ではないが，二次障害の症状を緩和することは，少年矯正施設だからこそできるところがあるからだ．

そこで，まず考えていただきたい．そもそも非行少年たちは，少年矯正施設で立ち直るのではなく，地域社会のなかで立ち直るのである．そう考

えると，少年矯正施設の役割はおのずと明確になってくる．
　それは，被収容少年に対して社会復帰への動機づけを十分行うこと，社会復帰後の生活を直接・間接に支える対人関係のスキルを向上させ，職業能力の開発を行うこと，そして，子どもをできるだけ指導しやすい状態にして次のセクションに引き継ぐことではないだろうか．また，そうしたことを実現するための処遇は，少年矯正施設が担っている最大の施設目的，すなわち，被収容少年の非行性の除去にもつながっていくのではないか．なかでも発達障害のある非行少年に対しては，二次障害の症状をできるだけ緩和することが施設目的実現の前提条件になるのではないか．ここではこうした観点から，彼らを指導するときの留意点について述べてみたい．

(1)　二重の保護枠

　少年矯正施設は，児童養護施設や児童自立支援施設などに比べると，特別に保護された施設だと思う．それは，そこに収容された子どもについてはもちろんだが，そこに勤務している職員に対してという意味においてもそうだと思う．これを私は少年矯正施設の二重の保護枠と考えてきた．
　つまり，少年矯正施設に入所するためには，少年鑑別所では観護措置決定，少年院では審判決定という司法手続が必要である．しかも，警察が関与したこと，家庭裁判所が関与したこと，こうしたことのすべてが，発達障害のある非行少年にとって，とても納得しやすい状況を形成するのに役立っている．もちろん，納得できずに大騒ぎする子どももいるが，それはレアケースであって，大抵の子どもは納得ずくの手続を経ることで指導しやすくなる．少年矯正施設の職員が保護されている第1の理由はここにある．
　次に，そもそも矯正施設は指示命令系統がはっきりしており，施設内の生活に関してほとんど例外を生じないほどの細かいルールが張り巡らされている．つまり，良いことは良い，悪いことは悪い，良いことをすればどうなる，悪いことをすればどうなる，という前後関係が極めて明確である．しかも，入所時のオリエンテーションで，具体的な指導が行われる．
　たとえば，私は少年鑑別所の職員が，どんなに遅い時間に入ってくる子どもに対しても，入所時オリエンテーションのための残業をする姿を目にしてきた．職員はこれを翌朝に持ち越さないのである．それは，あやふやな一夜を過ごさせるより，翌日起こることはもちろん，少年鑑別所にいる

間に起こる事象を，分かりやすく教えられた子どもは指導しやすくなることを，少年鑑別所の職員が熟知しているからである．こうした枠組みの明確さは，収容されている子どもを保護するシステムの一部でもあるが，このシステムは子どもを指導しやすくする環境刺激として，施設職員を守るものにもなっている．

いずれにしても，分かりやすく構造化された生活環境のなかでは，子どもは安定化しやすくなる．子どもが安定化すれば，二次障害の症状が緩和される可能性が高まる．

実は，少年矯正施設の職員が何もしなくても，こうしたことが，施設処遇を強力に後押ししているのだ．だからこそ，実社会であれほど指導に反発していた子どもでも，少年矯正施設では指導しやすくなってくる．これは，施設自体がそうした状況を形成しているからであって，施設職員に少し辛口なことを言えば，この状態を自分たちの指導力が成し遂げたものだと過信してはいけないのである．

さて，少々憎まれ口を叩いてしまった．これを言うのが私の本意ではないので，もう少し積極的に，少年矯正施設がなすべきことを整理してみよう．

(2) 実態把握

まず，少年鑑別所の職員がなすべきことは実態把握である．ところが，実態把握の重要性を説き始めた私（小栗 1999）をもっとも当惑させたのは，少年矯正施設ではこのことを論じる前に，発達障害の有無に関する議論が巻き起こってしまうことであった．

当時の偽らざる心境を書かせていただくと，「少年矯正施設の職員は発達障害に関して，何が大切なのかが分かっていない」ということである．そして正直に書けば，今でもこの状況は当時とあまり変わっていないのではないか，と思ってしまうのだ．

たしかに，発達障害の有無，たとえばアスペルガー症候群と呼ぶべき状態か否かは，診断学的には重要な課題である．ただし，子どもへの教育や指導について考え始めると，診断名には表現されていない側面から子どもをとらえ直す必要性が出てくる．

つまり，子どもの「発達障害」に対応した教育や指導の実施ではなく，子どもの「学び方や納得の仕方」に対応した教育や指導の実施こそが，彼

らのニーズに対応するものだからである（小栗2002, 2007）.

そこで少年鑑別所の職員，特に鑑別を担当する法務技官が明らかにすべき事項とは，①聞く力，②見る力，③話す力，④読む力，⑤書く力，⑥計算する力，⑦活動性を統御する力，⑧注意を持続する力，⑨必要なことに注意を向ける力，⑩自分に求められていることを予測する力，⑪望ましい手順で段取りを行う力，⑫自分と他人との違いを知る力，⑬他人の考えていることを想像する力，⑭他人を不快にさせる言動を抑制する力，⑮自分のやりたいことを途中で中断する力，⑯予想外の事態で生じる不安や不機嫌を統御する力，⑰自分の興味・関心と他人のそれの折り合いをつける力，⑱やっても良い場所といけない場所を見分ける力，⑲困ったときに助けを求める力，⑳いつ，だれに，どういう方法で助けを求めたら良いのかを知る力などの査定である．

もう長々述べる必要はないだろう．それぞれの力の均衡や制約，それに起因する困難な状況の分析，その状況を打開するための手立ての解明，これが実態把握であり，「資質鑑別」そのものだと思うがいかがだろうか．

(3) 処遇困難

次に，少年鑑別所でも少年院でも生起する問題，すなわち処遇困難と呼ばれる現象について，あくまで私の思うところを中心に述べてみたい．

まず，第3章の3「二次障害の諸相」で述べたことを，もう一度振り返っていただきたい．つまり，「盗癖」，「否認」，「言葉」，「こだわり」として述べたところだ．そこでの論点は，「周囲の見立てと本人の状態像は解離しやすい」，「嫌悪的なことは否認する」，「相手のことを無視した能弁が人を傷付ける」，「自説への拘泥が迷惑を呼ぶ」であった．

私は，こうした傾向のどれか一つでも突出していれば，たちまち処遇困難への親和性が高まると思っている．仮に二つ以上の突出があれば，それだけで立派な処遇困難者になるだろう．なぜなら，処遇困難と呼ばれる状態像の本質には，ここで述べているような発達的な特性が関与していることが多いからだ．

そこで，ぜひとも分かっていただきたいことは，前記のどこかに突出があったとしても，それは朝から晩まで突出しているわけではないということである．つまり，自分の思ったように状況が推移している間は，話の分

からないような人は基本的にいないのである．

　それが，少し思ったようにならなくなると，急に話の分からない人が出てきてしまう．特に発達障害のある人には，そうした状況で，相手のことが分からなくなるとか，特定の事象へのこだわりを強めてしまう人が多い．ところが，そうした状況は周囲の人からすると「多少我慢すれば済むこと」である場合がほとんどなのである．この感覚的なずれが，発達障害のある人をさらなる苦境へと追い込む要因になってしまう．

　つまり，周囲の人にとっては，この状況は当然我慢すべき事態なのだから，発達障害のある人の反応は「わがままだ」と受け止められやすい．「わがまま」と受け止められれば，当然のこととして周囲は彼らを説諭する．しかし説諭されても，思ったようにならない状況は変化しない．だから発達障害をもっている人は，状況が変わらないことに固執してしまう．そうすると周囲はさらに強く説諭する．それでも思ったようにならない状況は変化しない．そこで彼らは興奮して大暴れをしやすくなる．発達障害のある人にとって，ストレス状況でのこうした推移は大人でも子どもでもほとんど変わらない．

　これは，もっとも典型的な崩壊（大パニック）に至る経過であるが，この状態は急に出現するものではなく，順を追って小パニックが積み上げられていること，換言すれば確実にシェイプアップされていることに気づいてほしい．

　ここで，何気なく「気づいてほしい」という表現を使ってしまったが，実はこれが曲者である．発達障害のある子どもに，「気づきなさい」という課題の与え方をすると，とたんに状況がややこしくなるからだ．もちろん，ときにはその場の状況から「気づき」に至る器用な子どももいるが，一般的にそうしたことはレアケースだと考えたほうが良い．つまり，崩壊状態がシェイプアップされるのと同じように，彼らの学習は一つずつ積み上げないと，なかなか成就しないのである．

　要するに，「経験的に気づく」のではなく，「教えてもらって分かる」というのが，もっとも彼ららしい学び方である．それも，「彼らなりの学び方や納得の仕方を通して分かる」ということであり，逆を言えば「そういう教えられ方をしないと分からない」ということになる．ここで大切になるのが，実態把握で述べた事項であり，そうした意味でも少年鑑別所が果た

す役割はとてつもなく大きい.

(4) 処遇困難への対応

　私は発達障害のある非行少年について,「処遇困難への対応」とは,ほとんど「パニック対応」と同義語だと思っている.

　発達障害のある子どものほとんどは,どうしたら良いのか分からない状況に直面すると,大なり小なりパニックを引き起こす.このうち小さなパニックは,既に指摘してきたように,周囲からはわがままに見られやすいものである.この段階で必要な支援を受けられないと,小パニックはやがて大きなパニックへと移行する.これは絵に描いたような処遇困難者の状態像であるが,大パニックの発現は我々の敗北を意味するものでもある.

　なぜなら,この状態は小パニック（わがままに見える状態像）への対応の失敗に起因するものであり,それによって大パニックが発現したときには,それこそ大地震と同じように,取りあえず揺れが治まるのをじっと待つしか手当の方法がなくなってしまうからである.

　したがって,仮に大パニックを発現させてしまったときには,まずは地震の揺れが治まるのを待って,すぐさまわがままと思われている状態像への対応に着手しないといけない.

　そこで行うべき指導は,後述するこだわりへの介入法によって小パニックを軽くすることと,自己理解の力を育てることであり,これが処遇困難な状態像の緩和に役立つ.それはまた,二次障害の症状を緩和させることにもつながるので,発達障害のある非行少年への指導法として,この介入手続は絶対に省略できないものになる.

　さて,小パニックへの対処法で,もっとも大切なことは,視点を現在や過去にではなく,未来に向けさせることである.そうした指導方法について,たとえば集団場面に出ることを拒否してしまうような事例を通して説明してみよう.

　少年矯正施設で子どもが引き起こすトラブルの多くには,「集団場面には出ない（ことに決めた）」あるいは「集団場面には出られない（ことに決めた）」というこだわりが関与している.そこでやってはいけない指導は,子どもの言っていることを正面から受け止め,集団場面を拒否してしまう理由の説明を求めたり,それに対する子どもの説明に反論したり,反対にも

う少し頑張るように激励するような働きかけを行うことである．なぜなら，こうした指導は我々が「子どものこだわり」に加担しているのと同じような状況を作ってしまうからだ．

　つまり，子どもは過去の事象（観念）や，現在の状況にこだわっているのに過ぎないのだから，そのことの理由を質しても，我々が納得できる弁明が返ってくることはまずないと思ったほうが良い．要するに彼らの説明は，被害的な思い込みであったり，ときには屁理屈であったりするわけで，そうした弁解を聞けば聞くほど，我々はさらに反論したくなってくる．そうすると，我々は子どもを説得しようとして，かえって子どものこだわりに引きずられ，否応なしに堂堂巡りの迷路へと入り込んでしまう．もしここで，我々のほうが感情的になってしまえば，まさにミイラ取りがミイラになった寓意と同じことになる．

　ともかく，子どもが特定の事象にこだわっているときは，たとえば「あっそう」とでも一言返して，あっさりとやり過ごしたほうが良い．この「あっそう」という言葉は，否定も肯定もしていない不思議な言い回し方だが，かといって子どもを無視するものでもない．次に「ところで」と前置きして話を未来に向ける．

　たとえば，少年鑑別所を退所後の生活や，少年院を仮退院後の生活に話題を向ける．仮に子どもが「何も考えていない」と答えたら，「何も考えられないくらい迷っているのは素晴らしいことだよ」と肯定的なフィードバックを返し，進学にしても就職にしても，想定される進路を示すようにする．選択肢が一つだけでは子どもに失礼だから，三つくらい示して子どもに選ばせてみる．そこから，想定される進路を実現するために，今何が必要かを話題にしていく．

　このやり方では，子どもに巻き込まれるのではなく，子どもを我々の側に巻き込んでいくための状況操作を行っているので，大抵の場合は指導しにくさを軽減できる可能性が高まる．しかしながら，ときにはそこまでやっても，指導を拒否する子どももいる．そうした子どもには，「君のようにじっくり考えてみるのは大切なことだよ．たとえばこの進路はどうだろう．一緒に考えてみないか」と肯定的にフィードバックしながら方向性を示していく．

　お分かりだろうか，子どもの言動に指導者がこだわってはいけない，視

点は過去や現在にではなく未来へ向ける，徹底的に肯定的なフィードバックを返す，その上で現在に帰還する．間違っても過去の世界には帰らない，これがこだわり対応の基礎の基礎であり，同時にパニック対応の基本だと思う．繰り返しになるが，パニックの症状が軽くなれば，処遇困難な状態が改善される可能性は高まる．それは二次障害の症状を緩和するための手続でもあると考えていただきたい．

(5) 自己理解

次に自己理解の促進について述べるが，これは「障害告知」の手続とほぼ同じものである．つまり，既に第3章でも触れたように，彼らはここに至るまで発達障害に気づかれていないことが圧倒的に多い．だから，今までうまくいかなかった理由や，どうすればうまくいくのかを教えていくようにしたい．それが自己理解につながり，ひいては障害の告知という仕事にもつながっていく．

しかしながら，障害告知とは障害名を知らせることだと単純に思い込んでいる少年矯正施設の職員が多いのには閉口させられる．ここでいう障害告知とは，子どもに自分がもっている認知や行動の特徴を教えることであって，障害名を伝えることはその一部にすぎない（というより，障害名を伝えることは必須の条件ではない）．つまり，実態把握のところで述べたように，障害名を伝えることより，学び方や納得の仕方の特徴を伝えることに大きな意味があるからだ．

ところで，障害告知のプロセスでは，子どもの言いたいことを周囲に伝え，周囲の言いたいことを子どもに伝えること，換言すれば翻訳家や通訳者に近い役割を少年矯正施設の職員が担い，周囲とのやり取りを円滑化させる支援が必要になる．これは，自己理解を促進させるための基礎工事にあたる作業なのだが．問題はこの作業をいつ行うかということである．

よくやってしまう失敗は，子どもが何らかのトラブルを引き起こしたときに，「今の状況は云々」と教えることである．良かれと思ってやってしまうこの指導は，たいていうまくいかない．なぜなら，前述したように「思ったようにならない状況」とは彼らを混乱させる状況でもあるからだ．したがって，そこで優先すべき指導は，多くの場合パニック対応なのである．

もっとも，子どもに指導を受け入れる余裕があるときにはこの限りでは

ない．しかし，その場合であっても，すぐに指導するのではなく，まず「どうしたら良いのか教えてあげようか」と一声かける．そこで，子どもが「教えてほしい」と求めれば，「この状況で余裕のもてる君は素晴らしいよ」と肯定的なフィードバックを返してから，前記の翻訳モードあるいは通訳モードでの介入を行う．仮に「教えてあげようか」と誘っても，子どもが拒絶するようなときには，迷うことなくパニック対応に戻ることをお勧めする．

(6) 危機場面対応マニュアル

　対象者への指導の最後に，トラブル生起場面での介入より，もっと大切な指導法について述べておきたい．すなわち，あらかじめ「施設生活のなかでは，君にはこうしたことが起こる可能性がある」という場面を教えておくことである．当然のことだが，想定される危機場面は一つだけではなく，複数教えておいたほうが良い．その中で子どものほうも「これは起こりそうだ」と思うものがあれば二重丸をつけておく．

　次に，複数上がっている項目の一つひとつについて，対処法を子どもと考え，各項目に三つくらいは解決方法を記入していく．

　さらに，そうした事態が生起するためにはどのような準備状態があるのか，前兆となる事態を子どもと考え，それも書き込んでおく．

　これで立派な危機場面対応マニュアルが完成する．これを複写し，子どもには本文を渡し，指導者は複写を受け取る．それを施設生活で使うファイルなどに貼りつけて，子どもも指導者も携行できるようにする．

　この作業は，子どもがトラブルを引き起こしたときではなく，できれば一番安定しているときに行う．危険度を3段階にくらいに分類し，特定の状態での危険度（警戒度）は軽度か中度か重度かを，職員と子どもで共通認識しておく．

　この手続を踏んでいるのと，踏んでいないのとでは，発達障害のある子どもへの指導環境がまるで違ってくる．要は指導場面を構造化することである．構造化とは指導する側も指導される側も同じ目線をもつということであり，こうした働きかけが自己理解を促進させることにもつながる．

3　保護者への対応

　非行少年への処遇に保護者が担っている役割は大きい．しかしその一方で，そもそも非行少年の保護者には子育て下手が多いことなど，少年矯正施設の職員であれば，だれでも知っていることである．また，非行化した子どもについては，さまざまな理由で家庭の機能が崩壊していることも珍しくない．すなわち，どちらに転んでも，非行少年の保護者は苦しい状況に立たされている．そこで，ここではそうした難しさのある保護者支援について考えてみたい．

(1)　保護者の本音

　保護者支援でもっとも大切なのは，保護者の本音を知ることである．少年矯正施設の職員には，ぜひとも成人矯正施設に入所している子どものある被収容者に，「あなたの子どもをどんな大人にしたいか」と聞いてみることをお勧めする．絶対に「自分の子どもにも受刑生活を経験させたい」などと語る人はいないはずだ．表現に多少の違いはあっても，その答えは「自分の子どもには幸福な人生を歩ませたい」に決まっている．おそらくこれが，どんな保護者にも共通する親の本音だろう．にもかかわらず，一部の保護者には，どうして本音どおりの子育てができないのだろうか．それには，子育てスキルの問題が重要な意味をもっていることがある．

(2)　愛情という呪縛

　世の中とは勝手なもので，非行少年の保護者について，子どもへの愛情の有無を論議の対象にすることがある．しかし，私はつくづく「愛情という言葉は罪作りだ」と思ってしまうのだが，いかがなものだろう．なぜならば，愛情を問題にしても，「それではどうするのか」という答えがまったく得られないからだ．

　反対に，子育てのスキルを少し高める支援によって，状況がまるで違ってくる保護者は多い．ときには，保護者のほうから，「子どもに愛情を感じられない」とこぼされる場合もあるが，実はそういう（愛情の）問題ではなく，孤立無援のなかで，子育てへの自信を喪失し，「子育て無気力症候群」とでも呼べる状態に陥っている保護者が多いのである．

少なくとも非行少年の保護者と接する少年矯正施設の職員は，「愛情という呪縛」から解放されていることがとても大切だと思う．まして，発達障害のある非行少年の保護者対応においては，その点への配慮が重要な意味をもってくる．

(3) 子ども支援と保護者支援

　私は，少年矯正施設に送致された子どもに対して，面会に訪れる保護者へのお礼や謝罪の練習を積極的に実施してきた．つまり，子どものほうから「面会に来てくれてありがとう」あるいは，「今まで迷惑をかけてごめんなさい」と言えるようにするスキルトレーニングである．

　なぜなら，非行少年の親子関係は，家庭内の会話すらうまくいかない場合が多く，現実に多くの保護者は，家庭教育面での挫折を経験しておられる．その結果，子どもが少年矯正施設に入ってしまえば，保護者はとても背筋を伸ばして面会になど来られない．

　ともかく，子どもを指導しようとしても，子どもは「うるさい」と反発してしまう．保護者の子育てに対する自信喪失感や，子どもを非行化させてしまったことへの自責の念は，我々が想像する以上に強いのである．

　そうした後ろめたさに満ちた面会の場で，子どものほうからお礼や謝罪の言葉が出てくると，大抵の保護者はそのことに感激される．「子どもにお礼を言われたのは何年ぶりでしょうか」と喜ばれる保護者も少なくないのである．こうした感動は，ぜひとも保護者に味わってもらいたいものだ．なぜなら，感動体験もないような状況のなかでは，「もう一度子育てに取り組んでみよう」という意欲など高まるはずがないからである．

　ただし，非行化した子どもの保護者には，相当な子育て下手が含まれている場合がある．たとえば，子どもがせっかく謝っているのに，喜ぶどころか「先生，今までこいつのこの口にだまされ続けてきました」と真顔でおっしゃる保護者もいるのだ．本当に子育て下手だと思うが，このときこそ支援が必要になる．保護者にではなく子どもへの即時支援を行う．

　私は，子どもに「お父さん（お母さん）あんなことを言っているけど，本当は嬉しいのだよ」と伝えながら，子どもと一緒に保護者のほうを振り返るようにしてきた．そうすると，保護者はニッコリとはしなくても，ニヤリとされている場合が多い．少年矯正施設の職員には，この現象の意味

するものを十分考えていただきたい.

　これは，発達障害の有無とは関係のない話だと思うが，子ども支援と保護者支援にはチャーミングな関係がある．したがって，難しい保護者だと思われるときにこそ，全力で子どもを支援する．そして，職員は子どもと一緒に保護者のほうを振り返る．そこからすべてが始まると私は思っている．こうした支援が必要な保護者が，実は非行少年には多いのである.

　また，保護者への（子どもの）障害告知についてだが，子どもが青年期に近づくほど，発達障害の症状は性格像のなかに取り込まれてしまう傾向が強くなる．したがって，障害に関する型どおりの説明をしてもほとんど役に立たないことが多い．むしろ，行動傾向として説明し，保護者が納得できるところから理解させるような働きかけを行うことが望ましい.

　ときには保護者のほうから，自分の子どもは発達障害ではないかという質問が出てくる場合もあるが,私は「そういう見方をする専門家もいますね」と答えるようにしてきた．そもそも少年矯正施設というものは，保護者と長く関わる場所ではないので，次のステップをたえず視野に入れて支援すべきだと思う．発達障害の症状や二次障害の症状が強いときには，今後支援を受ける場所として，医療機関も力強い味方だと教えることが必要な場合もある．いずれにしても，保護者の学び方や納得の仕方に対応した支援を行うこと，この点は子どもへの支援とまったく同じだと考えていただきたい.

　以上のとおり，ここでは少年矯正施設という立場から，発達障害のある非行少年への処遇について述べてきた．その際，ここで十分な紙面を割けなかったこと，たとえば，関係機関との連携を深めることも大切な課題だと思う．しかしながら，まずはここで述べたような取り組みがなければ，すべては絵に描いた餅になってしまうのではないだろうか．処遇とは実際的なものであり，現実的なものだ．それがまた，彼らが求めているニーズだとも思うのである.

［文献］

小栗正幸, 1999,「LD・ADHDと少年非行の研究（I）──なぜ非行領域からの報告が少ないのか」『日本LD学会第8回大会発表論文集』, 194-197.

小栗正幸ほか, 2002,「非行化した軽度発達障害の臨床と教育に求められるもの」『日本LD学会第11回大会発表論文集』, 376-381.

小栗正幸, 2007,「発達障害のある非行少年への対応」生島浩・松村励編『犯罪心理臨床』金剛出版, 89-102.

小栗正幸, 2009,「少年非行と二次障害——医療少年院における外在化障害への支援——」齊藤万比古編著『発達障害が引き起こす二次障害へのケアとサポート』学研, 132-149.

小栗正幸, 2010,『発達障害児の思春期と二次障害予防のシナリオ』ぎょうせい.

（おぐり・まさゆき）

第11章 発達障害をもつ保護観察対象少年とその家族に対する援助について

山口裕司（京都保護観察所 保護観察官）

はじめに——発達障害と非行

　文部科学省の調査[1]では、小・中学校において、学習か行動に著しい困難を抱える児童生徒の割合は通常学級生徒児童の6.3％に及ぶという。保護観察対象者（以下、対象者という）を発達障害の有無およびその下位分類で把握した統計はないが、保護観察の現場においても、発達障害と診断されたり、発達障害の特徴を示す対象者と出会うことがまれではないため、発達障害をもつ対象者の存在を視野に入れ、その特性を理解して、援助することが必要となっている。

　発達障害と非行の関係については、発達障害が直接、非行に結びつくものではなく、非行が発達障害の二次障害（ここでは、「障害への無理解や不適切な対応を受けたことによる不適応、行動化、身体化、精神障害」と理解したい）として生じたものであることを多くの研究が指摘している（田中康雄2006、藤野2009）。筆者も非行と発達障害を結びつけることには慎重でありたいと考えている。

　二次障害の視点は、彼／彼女とその家族に対する援助について、次の二つの可能性を示唆している。

　第1は、非行の理解についてである。非行のもつ反社会性は、発達障害の中核的な障害によるものでなく、成育過程における対人関係の傷つきの繰り返しと関係したものであり、非行という行動次元の現象は、彼／彼女が不満、怒り、不安などの陰性の感情を言語化したり、葛藤を抱えることができずに、外部に向けて表現した行動であると考えられる。非行そのものは、不適切であり、一見、破壊的・破滅的であったとしても、そこには何らかのメッ

セージが含まれ，かつ彼／彼女なりの適応としての意味があるのではないだろうか．

　第2は，援助の可能性についてである．彼／彼女とその家族が，援助者との間で，温かい，障害の理解に基づいた援助を継続的に経験することができれば，彼／彼女は陰性の感情をより適応的な仕方で表現するようになるだろう．彼／彼女とその家族にとって，周囲や社会は非難する存在でなく，理解し，援助する存在へと変わり，彼／彼女が周囲と円滑な関係を保ったり，公的な支援を活用する可能性が開かれる．療育や精神保健福祉の支援が活用されることで，彼／彼女が生きやすくなり，社会と肯定的につながるようになる．

　本稿では，筆者が保護観察官として関与した，アスペルガー症候群のある非行少年とその家族に援助した事例を通じて，どのようにして援助関係を構築して，障害の特性を踏まえた援助を展開するかを考察したい．

1　保護観察について

　まず，筆者のフィールドである保護観察の概要と実施体制について説明する．

(1)　保護観察の目的・対象・期間

　保護観察とは，その対象者に通常の社会生活を送らせながら，一定の遵守事項を守らせるなどの指導監督と住居確保や就労，治療の援助など福祉的な側面をもつ補導援護を行うことで，再び犯罪をすることを防ぎ，またはその非行をなくし，善良な社会の一員として改善更生することを助けるものである．

　遵守事項は対象者が保護観察を誠実に受け，更生するために守るべき行為規範であり，指導監督の目標・基準である．遵守事項に違反することが不良措置（刑事施設又は少年院等への収容を図る措置）の事由となる点で，強い規範性をもつ．

　保護観察の種類及び期間は次のとおりである[2]．

　①　保護観察処分少年：家庭裁判所の決定により保護観察に付された者．決定の日から20歳に達するまでの期間または2年間のいずれか長い期間．

②　少年院仮退院者：少年院からの仮退院を許された者．仮退院の日から仮退院の期間が満了するまで（通常は20歳に達するまで）．
　③　仮釈放者：刑事施設からの仮釈放を許された者．仮釈放の日から残刑期間の満了するまで．
　④　保護観察付執行猶予者：裁判所で刑の執行を猶予され，保護観察に付された者．判決確定の日から執行猶予期間が満了するまで．
　仮釈放者および保護観察付執行猶予者は，刑事処分として保護観察に付された対象者であるので，保護観察となる少年のほとんどは，保護観察処分少年と少年院仮退院者である．
　対象者はそれぞれ定められた期間，保護観察を受けることになるが，保護観察処分少年および少年院仮退院者においては，一定期間が経過後，保護観察を継続する必要のない者については，保護観察を打ち切るなどの良好措置が採られる．保護観察中に再犯があったり，遵守すべき遵守事項が守られていない者については，再犯に対して新たな処分が科されたり，不良措置（少年院等への収容を図る措置）が採られる．

(2)　実施体制・援助の心理臨床的な意味

　保護観察所は法務省の地方機関で，全国の都道府県庁所在地を中心に50庁が設置されている．保護観察は，常勤の国家公務員で「医学，心理学，教育学，社会学その他更生保護に関する専門的知識に基づき」（更生保護法31条1項），職務を行う保護観察官と民間篤志家で地域の事情に通じた，非常勤の国家公務員である保護司との協働で行われる．通常，対象者の住居の近くに住む保護司が彼／彼女を担当する．
　保護観察官は，開始時の導入面接・アセスメント・保護観察の実施計画の策定，保護司のスーパービジョン，特定の類型の対象者に対する認知行動療法に基づいた専門的なプログラム処遇の実施，危機介入，有権的措置（良好措置・不良措置）の実施に当たり，保護司は日常の生活指導を行う．保護観察に付されると，対象者は担当保護司を月数回訪ね，1回40分程度の面接において生活状況を報告して指導助言を受けることになる．担当保護司は，彼／彼女と面接するほか，その家族や関係者の援助や調整に当たる．
　最初は強いられた人間関係が，面接を重ねることで，信頼関係に変わる．彼／彼女のなかで面接の相手が「自分に関心をもち，耳を傾ける人」になっ

ていくからだ．彼／彼女は耳を傾けられることで，以前は行動に表していた怒りや不満などのことばにならない感情を言語化することを経験する．その作業が生活のなかで身近な人との間で繰り返されることで，彼／彼女は適応的な自己表現の仕方を自分のものにしていく．

保護観察官が保護司を介さず，直接，対象者の処遇に当たることもあり，これを直接処遇という．事例は少年院仮退院者の直接処遇の事例である．なお，事例の公表については，本人の了解を得ているが，特定を避けるため，詳細を記載しないか，本質を損なわない程度に改変を加えた．

2 事例

(1) 事例の概要

Aさんは19歳（開始時．以下，開始年をX年とする）の男子少年．彼は，中学時に同級生の女子にことばで傷つけられたとして恨み，18歳時（X-1年），その女性に対する粗暴事犯（以下，本件という）によって少年院送致処分を受けた．少年院入所前のアセスメントでは，IQ100以上であり，健常児とされた．

幼少時に両親が離婚したため，母に育てられた．母は単身で，肉体労働で収入を得ていた．母は彼を放置・放任する一方，体罰も多かったという．

小学校低学年から万引き，家出，火遊びがあった．中学では，放火，自販機荒らし，刃物を使った問題行動を次々に起こして，児童相談所の通所指導を受けた．ゲームセンターでダンスゲームに熱中したりもした．同級生の女子に好意を寄せるが，好意を拒まれてからは，相手に嫌がらせを続けた．

中学を卒業後，アルバイトを転々とした．トレーニングジムに通った．護身用に短い鉄パイプを手提げ袋に入れて所持していたことを警察官に叱責され，その直後に本件を起こし，少年院送致処分を受けた．付添人は，少年院に面会に訪ねるなど，彼の更生に協力的だった．彼は被害者がいる地元から離れることを付添人に約束し，仮退院先を更生保護施設[3]（以下，施設という）とした．施設の担当官である筆者（以下，援助者という）が彼の直接処遇を行うこととなった．

(2) 当初の理解

　生育歴から，彼の強さへの渇望を感じた．それは，不遇な生い立ちによる劣等感や弱小感を補うものであり，激しい行動化は，自己の存在を否定されたときの怒りや敵意の現れであると思われた．他方，敵意の対象が不特定多数から特定の対象へ，携える凶器が鋭利なものから鈍器へ，さらに強さの身につけ方が凶器の所持・使用（違法）から身体の鍛錬（合法）へと変化し，その変化が彼の発達の過程でもあるとも思われた．

(3) 援助の方針

　(a) 1回50分，毎月3回の受容的な面接を行い，彼が陰性の感情を反社会的な行動でなく，ことばによって表現し，意思疎通できるよう援助する．

　(b) 重要な肉親である母と継続的・定期的（月1回）に面接し，支えながら，その実情に見合った協力を引き出していく．

　(c) 付添人を務めた弁護士および施設の補導員と定期的にコンサルテーションを行い，それぞれの立場の支援に役立てる．

(4) 援助過程

　(a) 第1期　**出会いと確かめ**（X年9月～X年10月上旬）

　援助者は，Aさんに対し少年院で2回，X年9月末の仮退院後に2回，母に1回，弁護士に2回，面接を行った．第1期は，彼が，援助者がどのような存在であるかを確認した時期である．

　第1回では，彼は警察官になりたいと語った．欠格事由についての，「僕の処分（少年院送致）は保護処分．欠格事由に当たらない．警察が素行を調べるのか」との彼の発言を援助者は奇異に感じた．法律用語が正しく使われ，筋が通っているが，社会的に理解されないことに彼は気づいていない．第2回では，彼は哲学書からすらすらと格言を引用して話した．

　援助者は，弁護士から聞いたエピソードを思い出した．逮捕後，身柄拘束の辛さや将来の不安からでなく，予定していた女性タレントのコンサートに行けなくなったと泣いていたこと，再被害をおそれて，彼の心情を聴くために少年院を訪れた被害者の保護者に境遇を同情され，励まされたことで，彼は好感を持たれたと思っているふしがあること，などである．

これらのエピソードがアスペルガー症候群の特徴を示すように思われたので，援助者は，継続的に参加していたアスペルガー症候群研究会（児童精神科医のほか，司法・福祉の援助職による事例研究会）に事例提出した．医師が，成育歴，エピソード等を検討し，能力の高さと適応が不釣合いなこと，言葉や筋道にこだわり合理的・整合的だが，融通が利かないこと，自分の言動が相手にどう理解されるかの想像力や共感性が乏しいなどの点から，ほぼ間違いなく，アスペルガー症候群であるとの所見を示した．

　彼は，施設が生活の場となったことを受け入れることができず，当初から就職などのさまざまな理由をもうけて，地元への接近を図るが，弁護士や被害者の保護者との間で交わした「地元に近づかない」との約束との葛藤に苦しみ，援助者に地元に接近することについて意見を求めてきた．援助者は，意見を聞きたい気持ちを彼に尋ね，葛藤や不安を理解し，見守ると伝えた．後で，彼は地元から離れた事業所に就職することを決めた．彼は，少年院で取得した資格を活かして，電気工事士として働き始めた．彼がアスペルガー症候群をもつことを念頭に置いた援助者は，定められた手順や電気の法則に従う電気工事士の仕事は障害の特性に適合すると見通し，彼が日常生活や職場についてのストレスをことばにするように努めた．

　母との面接において，彼が母宅ではなく，施設に仮退院したことで，母は保護者としての能力を否定されたと傷つきながらも，彼を見守りたい気持ちがあると語った．

　また，弁護士とのコンサルテーションでは，彼がアスペルガー症候群をもつ可能性が高いことを伝え，発達障害に関する資料を提供した．弁護士から彼が6歳以前のことについて記憶がないと語っていた貴重なエピソードを聴取した．

(b) **第2期　怒りを抱える**（X年10月中旬〜X+1年1月上旬）

　援助者は彼に8回，母に2回，弁護士に3回，面接を行った．彼は，仕事が早く終わった日に電話を入れ，夕方，面接のために来庁していた．

　第2期は，彼が職業生活に適応しながらも，施設の処遇への怒りや反発をことばに表した時期である．彼は，知識や作業手順の吸収が早く，職場から信頼されるようになった．現場からの帰途，近辺の寺社を回って朱印を集めたりもした．仕事に慣れる一方で，規制や束縛のある施設の処遇や補導員への反発や不満を表した．給料を預けることを拒み，生活状況を把握しようと

する補導員に反発した．電気の知識を駆使して，居室のロッカーにブザーを仕掛け，点検のため居室に立ち入った補導員を驚かせた．人恋しさから年長の寮生（仮釈放者）数人と行動をともにし，その交際で浪費することが続いた．補導員の注意にもかかわらず，再び，居室の床にブザーを仕掛けた．彼は「前回，備品にブザーを仕掛けないと約束したが，今回は床だ」と主張して，補導員をあきれさせた．

　面接では，彼が怒りや不満を抱いたエピソードを話し，援助者がその感情を確認し，理解する作業が繰り返された．彼は補導員に反抗し，さまざまなハプニングを起こしたが，それらはことばによったり，知識や技術の誤用によるもので，危害を加えようとするものではなかった．援助者は，補導員とのコンサルテーションで障害の存在と特性を説明して，理解を得ることに努めた．

　母との面接で，母が勤勉で質素に暮らしながらも，孤立していることが分かった．疎外された怒りや不安を，信仰や因果応報的な信念を強固にすることで解消しようとしていた．母は彼の養育に関して，責めるばかりで誰も苦しさを分かってくれなかったと語った．援助者は，彼がアスペルガー症候群をもつことについて，現状では母の理解や受容を得ることは困難と判断した．

　弁護士は発達障害を適切に理解し，定期的に彼と食事をともにし，支えになっていた．

　(c)　**第3期　大人の助けを借りて自立**（X＋1年1月中旬〜X＋1年3月）

　援助者は彼に4回，母に1回，弁護士に2回，面接を行った．

　第3期は，彼が試行錯誤の末に周囲の大人に援助を求め，自立した時期である．年長の寮生にたかられ，遊興への出費が多額に及んだことで，アパートを借りるという自立の計画は変更を余儀なくされた．嫌な相手とつきあわないために携帯電話にかかった電話を警察署に転送したりした．X＋1年1月下旬に保護観察期間が終わったが，自立資金を貯めるために，あれほど反発していた施設に在所の延長（更生緊急保護[4]の措置による）を願い出た．面接のキャンセルが数回続いて，焦った援助者が彼に電話で確認することが増えた．その不安が伝わったのか，彼は面接に来る回数が減った．

　母との面接で，母は「まずさはあったが，やれるだけのことをしてきた．成人したのだから，自立してやっていってほしい」と経済的な援助をする意

思がないことを表明した．彼は，弁護士に不足した自立資金の借金を申し込み，母に保証人になることを求め，家探しに当たって，弁護士から紹介されたNPOの援助を受けて，同年3月下旬に施設を退所，自立した．

3 考察

冒頭で提起した，非行の理解と援助の可能性の視点を中心にして，以下で，この事例を通じて考察した点を述べる．

(1) Aさんの回復過程

半年の援助の期間中，援助者が行った16回の受容的な面接によって，感情の言語化が促進され，彼と周囲のコミュニケーションのありようは大きく変化した．彼は陰性の感情を攻撃的な行動に表すのでなく，ことばに表し，周囲と意思疎通や解決を図るようになった．電気の知識や技術を誤用して，敵意を表出して周囲を困惑させたが，社会的に許容される範囲にとどまった．この知識・技術の誤用はアスペルガー症候群の特性による行動と理解された．

彼が就いた電気工事の仕事は，障害の特性に適し，彼は仕事で能力を発揮し，職場で信頼を獲得し，自己肯定感を高めることになった．

侵襲されることへの反発は，自立途上にある青少年の心理的な傾向であり，非行少年は権力に強い陰性の感情を向けるが，こうした傾向は彼においても顕著だった．援助者や弁護士，施設の補導員の援助に接するにつれ，彼のなかで自分を支配・規制する存在だった大人や権威がときには援助する存在に変わっていった．施設の処遇への強い反発にもかかわらず，彼は在所の延長を望み，自立に際し，周囲の大人に援助を求めて接近していった．将来，彼が困難に直面した際，状況を見切らず，相談したり，支援を求める行動を起こしていくだろう．この経過は，二次障害が克服され，正の循環に転換する過程であったように思われる．

(2) 障害の理解

障害の特性を適切に理解することは，二次障害という負の悪循環を正の循環に転換し，医療や療育，精神保健福祉の支援を活用する可能性を開く．

この事例では，援助者は早い時点から，彼がアスペルガー症候群をもつ可能性を念頭に置いていたため，ハプニングやトラブルに驚きながらも，それがこの障害の特性によるものと理解し，苦笑しながら接する余裕をもつことができた．援助者もこの障害の存在を知らなければ，「理屈にこだわり」「雰囲気が読めない」「知識や技術を悪用する」彼に困惑したり，怒りをかき立てられたり，落胆していたかもしれない．

　障害の存在とその特性を知ることは，ケース理解の補助線となり，援助に当たる者が安定した，穏やかな態度で臨むことを支える．援助に当たる者も生身の人間であり，障害の特性を理解することで彼の行動が腑に落ち，その心理的な負担が軽減したことを強調したい．補導員や弁護士とのコンサルテーションを重ねるうち，一見変わった言動も悪意によるものではないことや彼の生きにくさが理解されるようになった．周囲の眼差しが変わるにつれ，彼も頼れる人を選んで，援助を求めるようになった．人間関係が正の循環に転換したのである．

　他方で，彼の発達障害に関する医師の診断や鑑別結果が得られず，顕著な不適応や困りも見られなかったので，診断を受ける意味や相談機関に赴く必要性を彼と母が理解し，受容することは唐突かつ困難と思われたため，医療機関につなげることを見送った．

　医療につながることで，行動化や二次障害による精神症状が著しい場合は，治療と投薬の機会を得られる．投薬の必要がない場合，通院することで，定期的に無事に過ごしていることをねぎらわれ，自己について理解したり，近い将来の出来事に対処する方法を話し合う場が得られる．家族には，障害の特性や関わり方を学び，相談する場が提供される．医療機関を足がかりとして，療育や精神保健福祉の支援が活用できる．

　また，この事例のように，家庭環境等の負因によって，障害の存在が見過ごされてきた，障害の存在が疑われる少年が存在することを忘れてはならないだろう．さし当たり，援助に当たる者が発達障害の特性を理解し，彼／彼女の不適応や困りの原因として発達障害の存在が疑われる場合，家族と連携して医療や療育機関につなげていくことが必要であろう．

(3)　温かい援助関係

　二次障害の結果としての非行は，現在までの対人関係の傷つきに由来す

る行動化であるため，面接では，援助者が温かい関係のなかで，非行少年がそれまで反社会的な行動で表現していた情動を適応的に表現できるよう援助することが必要となる．温かい援助関係を築くことができないと，どのような援助も功を奏さないし，彼／彼女の助けとはならない．

　温かい援助関係とは，どのようなものだろうか．彼／彼女が日常の生活を手がかりに自由に表現した思いが傾聴され，尊重され，脅かされることがない関係である．一定の援助構造のなかで彼／彼女が情動を言語化などの適切な方法で表現することを経験し，学習していく．

　彼／彼女は，自らの非行により，刑事司法過程（捜査，審判，場合によっては矯正処遇や保護観察）を経験したことで，敵意や恐怖などの陰性の感情を援助の構造に向ける．家族，特にその保護者も，我が子の非行によって，学校や刑事司法機関から家庭の状況を調査されたり，養育態度を非難されたことで，傷つき，公的機関への不信感を強め，心を閉ざしてしまう．援助構造に向けた，彼／彼女やその家族の陰性の感情は，援助関係を結ぶことを困難にする．

　援助の過程では，彼／彼女やその家族から，その経験に根ざした恐怖や敵意などの陰性の感情が当然に援助に当たる者に向けられる．田中研三（1995）が指摘するように，援助に当たる者がその感情を理解し，その感情が存在することを受け入れることによって，援助に当たる者に対する穏やかな陽性の感情がつくられ，彼／彼女やその家族のなかで，援助者が「監視し，処罰する存在」から「援助する存在」に変わっていく．彼／彼女やその家族が，このように援助を体験することで，将来，公的機関の支援とつながるだろう．

　ところで，藤川（2006）は，「受容と共感」を用いることについて，否定的な見解を示している．果たしてそうだろうか．彼／彼女は，ことばにならない情動を不適切な仕方で表現しているのであり，その情動を理解されて，落ち着き，情動をことばにすることでより適応的な表現の仕方を身につけていくのである．彼／彼女は援助に当たる者との間で，「ああでもない，こうでもない」とことばにして考えながら，より適応的な方法で情動を表現し，問題を解決するようになることをこの事例は示している．ことばの多寡・表現の巧拙は問題ではない．障害や困りの程度によっては，面接が心理教育的な性質を帯びるとしても，「受容と共感」は，彼／彼女が安心して自己を表現し，ともに考えるために必要な援助者の姿勢である．

面接で感情を受容され，理解される経験が，彼／彼女に次回の面接に赴かせる動機となる．自発的な来訪が保たれ，援助が展開している事例には，そうした過程を見い出すことができる．彼／彼女の適応と成長には，特定の大人との安定した，深い関係をもつことが必要なのである．

(4) 家族との並行面接

　この事例では母と定期的・継続的な面接を行った．援助者は，彼の援助のために協力を求め，面接では，指示は一切行わず，養育や彼を巡る母の心情を聴取した．職場での不安定な立場にもかかわらず，母は面接に協力し，重要な情報をもたらした．
　当初，母は身構え，援助者に非難されたり，指導されることを恐れていた．母は，孤立した状況でアスペルガー症候群をもつ彼を育て，悩みや不安を抱え込み，誰も助けてくれなかったとの思いを強めてきた．発達障害の存在を知らず，適切なサポートを得られなかった母は，次々に問題を起こす彼に困惑し，叱責や体罰を加えるしか対処の方法がなかった．面接でこれまでの苦しさ，困難さを理解され，ねぎらわれたことで，母はまずさはあったにせよ，できるだけのことをしてきたと気づいた．母は，必要以上に責任を負う立場から降りたことで，彼が他の現実的な方策によって自立することを促したと思われる．家族，特に保護者と継続的に面接し，発達障害のある子をもつ保護者が抱える苦しさを理解し，ともに考えることで，保護者の力を引き出したり，支えることができるように思われた．

(5) 専門家によるサポート

　この事例では，筆者は，アスペルガー症候群研究会に事例提出したことで，発達障害の基本的な理解を援助の際の留意点について具体的に指導や助言を受けることができたほか，メンバーに援助者が抱える不安やしんどさを理解・共有されたことで，支えられた経験をした．
　対象者が心身に障害をもち，不適応や困りが見られる場合，専門家と連携することは不可欠であろう．保護観察所においては，かかりつけの児童精神科医を確保し，活用することが望まれる．

(6) 援助の構造化

　援助に際しては，面接の構造（頻度，時間帯・面接時間・ルール・秘密保持）を明確に示して，固定するように努め，複雑な内容の指導には紙と鉛筆を使って視覚化するよう配慮した．要望を伝えるときは，「～してくれるとうれしい」などのように，「私メッセージ（『私は～と思う』『私は～感じる』などの『私』を主語にしたやりとり）」を用いた．指導は抽象的な表現でなく，具体的なものとするようにした．

　援助の構造化は，羽間（2009）が述べるように，発達障害をもつ対象者に限った特別の対応ではなく，対人援助の原則なのである．援助を構造化して，あらかじめ明確にし，その構造を保持することは，対象者に自由に語れる場を保証するとともに，彼／彼女自身で課題に取り組むことを促す意味をもつ．

(7) 生活環境の調整の充実

　少年院に収容された時点で，発達障害と診断された事案もまれではない．知的障害や二次障害による精神障害が併存する場合，仮退院後の適応を促進し，本人と保護者を支えるために，在院中から精神保健福祉の支援の活用に向けて調整することも有効と思われる．保護観察官の池田（2005）は，少年院・保護者・市区町村福祉事務所・都道府県の療育機関と連携して，本人が少年院に在院中に療育手帳が発給され，本人の作業所見学を経て，仮退院後の在宅支援が実現したケースワーク実践を報告している．

(8) 基礎的な統計の整備・体制の整備

　処遇の充実に当たっては，発達障害をもつ対象者の数，その下位分類などの属性を把握することが必要であるが，基礎的な統計が整備されていないのが現状である．統計を整備し，事例を集めて，現状を分析して，対策を講じる必要があるだろう．

　我が国の更生保護は，民間のボランティアである保護司に支えられているが，発達障害をもつ対象者の処遇についての研修やサポートの場はまだまだ乏しいと感じる．研修や事例研究会を充実させるとともに，保護観察官が100件を超えるケースを抱えている現状を改善して，保護司が保護観察官

と協働して援助に当たれるよう，保護観察官の増員などの体制を整備することが望まれる．

［注］
1　文部科学省・特別支援教育の在り方に関する研究協力者会議, 2003,「今後の特別支援教育の在り方について（最終報告）」.
2　四つの種別のほかに，婦人補導院仮退院者をその対象とするが, 2000（平成12）年以降の新入院人員は, 2005（平成17）年の1名であるので，本稿では除いた.
3　犯罪者／非行少年に対して，更生のために必要と認められる場合に，宿泊場所の提供や食事の給与などの保護や指導を行い，自立を援助する法務省所管の民間施設.
4　刑事手続や保護処分によって，身柄の拘束を解かれた後，親族や公共機関の援助を受けられない場合，本人の申し出に基づき，保護観察所長が採る緊急の援助措置. 援助の期間は，原則として，釈放から6ヵ月間.

［文献］
藤川洋子, 2006,「発達障害のある非行少年の処遇」『現代のエスプリ』462, 至文堂, 33-41.
藤野京子, 2009,「発達障害のある青少年の非行の現状と課題」『臨床発達心理実践研究』4, 44-50.
羽間京子, 2009,『少年非行』批評社.
細井保宏, 2006,「発達障害のある非行少年の処遇」『現代のエスプリ』462, 至文堂, 42-53.
池田厚彦, 2005,「広汎性発達障害と診断された女子少年の環境調整」『更生保護と犯罪予防』144, 日本更生保護協会.
田中研三, 1995,「保護観察における心理臨床面接」『犯罪と非行』103, 青少年更生福祉センター（現・日立みらい財団）, 171-193.
田中康雄, 2006,「発達障害の理解」『更生保護』57(3), 日本更生保護協会, 6-12.
山口裕司, 2007,「外国人保護観察少年への援助」『月刊　少年育成』615, 大阪少年補導協会, 32-38.

（やまぐち・ひろし）

第12章 発達障害のある少年を中心とした福祉と刑事司法の連携

原田和明（社会福祉法人　一羊会）

はじめに

　福祉的視点で見れば，発達障害のある者は触法行為の有無にかかわらず，何らかの生活支障（生活ニーズ）を抱えていると言えるが，触法行為自体もまた生活支障（生活ニーズ）であると言える．つまりは，触法行為を行ってしまうことがまず解決するべきニーズであり，そのニーズに対して何らかのサービスや社会資源を用いて解決を図ることは，触法行為のある発達障害者のみならず，触法障害者や高齢者に対する福祉的支援の基本であると言える．そして，それは再非行（再犯）防止として行われるものでもあり，いわば福祉と刑事司法との連携であるとも言える．ここでは，発達障害のある少年を中心とした福祉と刑事司法の連携の実践について，事例も用いて論じることとする．なお，事例については，プライバシーの保護のため内容に影響が無い程度に加工している．

1　支援チームの形成と支援のあり方

　発達障害者のみならず，触法障害者の支援にあたっては，困難事例であることが多いため，支援チームを形成し複数支援を行うことが必要である．支援チームには，障害児者を対象とする相談支援事業所の相談支援専門員（ソーシャルワーカー），障害に対して理解のある弁護士，サービスの支給決定機関である帰住地の行政機関（市町村障害福祉所管部局等）は必須のメンバーであり，その他，児童相談所，知的障害者更生相談所，発達障害者支援センター，福祉施設職員，精神科医等が適宜メンバーとなる．こういっ

たメンバーが連携体制を整え，本人を中心に据えた輪型支援をその専門性を発揮して行うことを基本としている．また，保護観察中においては，保護観察官や保護司とも連携してともに支援を行う必要がある．なお，支援チームのメンバーについては，対象者によって同じメンバーが継続して支援したほうが良い場合と，自立のステップや対象者の環境に合わせてメンバーを変えて支援するほうが良い場合があろう．また，再非行（再犯）があった場合，支援者の入れ替え等によって支援体制を大きく変化させることで支援そのものも大きく変化させ，支援を再構築するといった方法も考えられる．つまりは，支援の継続性は担保されなければならないが，支援体制そのものは可塑性があると言えよう．

　ただし，こういった福祉的支援は一方的な弁護行為ではない．つまりは，障害があるがゆえに罪を軽くすることを目的としているのではなく，刑事司法手続において，障害があることを正しく斟酌した上で判断されることを促し，権利侵害が生じないようにするための支援である．つまりは，憲法における法の下の平等や障害者権利条約における司法アクセス権という点から，障害があることと事件への関係性は正しく判断されるべきであり，その正しい判断の上で処分や刑罰が決められていくべきことへの支援と言える．また，特に少年においては，本人の可塑性は当然ながら，その障害の可塑性や発達といった面も合わせて判断されるべきであることは言うまでもない．

　なお，特に発達障害のある者にとって，贖罪意識をもつことがその障害特性上困難である場合が多い．被害者への謝罪の念が無いばかりか，自分の行為を正当化してしまう場合もある．刑事司法手続におけるこういった福祉的支援における目標は，本人が再非行（再犯）しないことであり，そのためには贖罪意識がもてるようになることである．したがって，処分や刑罰が軽くなることによって，再非行（再犯）しないことや贖罪意識をもてるようになるためのアプローチが，早期にかつより円滑に行うことができるといった事案について，処分や刑罰を軽くするといった目的がもたれるべきであり，決して，すべての事案において処分や刑罰を軽くすることだけを目的としてはならないのである．また，社会内処遇といった比較的軽い処分であっても，再非行（再犯）しないことや贖罪意識をもてるように支援することには変わりはなく，そういった面からも福祉的支援として

行われる少年審判や裁判での対応は，処分や刑罰を軽くするために行われるものではないとも言える．刑事司法手続においては，福祉的支援が行われることが前提であるのならば，当然ながらその支援の効果を推し量った上で司法の判断がなされるべきである．

さらに，こういった福祉的支援は，被疑者段階といった刑事手続上のできるだけ早期から開始されるべきである．できるだけ早期にかつ危機介入的に福祉的支援を導入することで，その後の支援の効果を高めることができる．たとえば，取調べの段階で支援者となる者が障害に気づくことで，その障害に配慮した取調べを申し入れることができ，その後の家庭裁判所での調査や観護措置につなげていくこともできよう．また，支援チームによる福祉的支援は，処分が終了した後も引き続き継続されなければならない．たとえば少年院仮退院者においては，仮退院後すぐに福祉施設の利用等のサービス利用に結びつけ，2号観察中から退院後も上記支援チームが支援を継続していくといったようなことである．つまりは，できるだけ早期に，できれば検挙直後の時点から支援チームを形成して支援を開始し，以降，家庭裁判所の調査，観護措置，審判，処分中，そして処分後の更生へ向けての支援といった継続した取り組みを行うべきである．

2　刑事司法におけるケースマネジメント

刑事司法におけるソーシャルワークにおいては，ケースマネジメント（ケアマネジメント）という社会福祉援助技術を用いるべきである．ケースマネジメントとはインテークによって対象者（クライエント）の状況や課題の概要をつかみ，次にアセスメントを行ってニーズを把握し，そのニーズを解決するためのサービスや社会資源の利用を示す支援計画を作成して，その計画を実行する．そして，一定期間ごとにその効果を測定するためのモニタリングを行って，ニーズがすべて解決されているようであれば終了し，解決されていないニーズがある場合やさらなるニーズが生じていれば，再アセスメントを行って支援計画を修正あるいは再作成する手法である．アセスメントにおいては，本人のみならず，保護者やその他関係者からの面接や資料等から情報を集めるが，刑事司法における福祉的支援でのケースマネジメントでは，特に刑事事件の資料からの情報は重要である．なお，

前述したように触法行為をすること自体が生活支障（生活ニーズ）であり，それに付随，あるいは関係するニーズに対して，何らかのサービスや社会資源を用いて解決を図ることが触法要援助者に対する福祉的支援となる．
　したがって，後に述べる福祉専門職が作成する少年審判や裁判における支援計画書（意見書）の作成に当たっても，ケースマネジメントの手法を用いるべきである．また，そのケースマネジメントにおいては，単にニーズを把握してその解決を図るだけではなく，クライアントのもっているストレングス（強み）に着目し，そのストレングスを用いてニーズ解決を図るといった姿勢も必要である．さらに，医学モデルでは，障害という現象を個人の問題と捉え，病気，外傷等の健康状態から直接的に生じるものであるとし，機能障害（Impairments）→活動制限（Activity limitations）→参加制約（Participation）という三つのレベルで障害を捉えている．しかし一方で，社会モデルでは，障害を主として社会や環境によって作られた問題と見なす．つまり，機能障害から引き起こされる活動制限や参加制約は，環境のありようによって障害をもつ人の体験がつくられてしまうことから，より深刻化してしまうという捉え方である（諏訪 2007a）．
　刑事手続にかかわる福祉的支援においては，前述した医学モデルと社会モデルを統合した視点でニーズを把握し，そのニーズ解決方法を提示することで，再非行（再犯）防止アプローチとしての福祉的支援を示すこととなる．こういった医学モデルと社会モデルを統合した視点は，ICF（国際生活機能分類 International Classification of Functioning, Disability and Health）[1]モデルとも呼ばれ，その個人以外のすべてを環境と捉えて，人はそういった環境と絶えず交互作用しているという捉え方である（諏訪 2007b）．障害を捉える視点としては，医学モデルが刑事司法関係者に対しては理解を得やすいであろう．しかし一方で，福祉の支援者としては，医学的な障害だけを捉えるのではなく，本人の生活支障，つまりは社会におけるニーズ（生活ニーズ）を捉えて解決していく視点をもつべきである．そのため，医学モデルと社会モデルの両面の視点ということになると，ICFモデルを用いるということになる．確かに，社会福祉においては，一般的にICFモデルの考え方が定着しつつある．しかし司法においては，ICFモデルはまだまだ一般化しておらず，福祉専門職以外では理解することが困難であると考えられる．したがって，刑事司法にかかわる福祉的支援におけるケースマ

ネジメントでは，医学モデルの視点と社会モデルの視点とを組み合わせてニーズ把握を行い，最終的には社会モデルで把握した障害の状況と生活ニーズを示し，その生活ニーズの解決方法について示すべきである．また，福祉的支援の対象者である以上は，刑事司法手続における被疑者，被告人，非行少年であっても福祉における対象者（クライエント）であり，福祉の支援者は，そういった意識を常にもって支援にあたることが重要である．

3 被疑者段階での支援と連携

　被疑者段階においては，本人の処分を決めるものではないこともあって，福祉と刑事司法との直接の連携はほとんどない．しかし，取調べ段階において，発達障害によるコミュニケーションの問題から真実を伝えることができないために，調書が真実と異なってしまう可能性があり，さらに，調書の読み聞かせ等で確認をとったとしても本人が理解できないまま認めてしまう可能性もある．また，広汎性発達障害（以下，PDD）等による会話のコミュニケーション障害によるものだけではなく，識字や文章理解の学習障害（以下，LD）[2]があって，言語的コミュニケーションが困難な場合もあろう．もちろん，知的障害による会話や識字や文章理解困難に起因するコミュニケーション障害も同様である．さらに，自らの障害認知がなされていない者の場合は，障害を認めたくないために，理解できていないにもかかわらず認めてしまうといったこともあろう．発達障害者のこういった特性は，刑事司法の現場において理解されているとは言いがたい．したがって，取調べの段階で，本人の障害特性について留意した取調べを第三者が喚起する必要が生じてくるのである．つまりは，できるだけ早期に，弁護士から発達障害に留意するように警察に働きかけることや，被疑者の発達障害に留意した上で取調べを行うことを文書にて検察官に申し出を行うといった対応が必要となってくる．これらの対応を行うためには，障害に理解のある弁護士と福祉専門職が協働することが必要となってくる．こういった危機介入的支援は，被疑者段階において極めて重要である．
　また，被疑者段階での福祉的支援としては，出頭時の付き添い等といった捜査への協力といったこともその一つである．これは，前述したように，福祉的支援は決して一方的な弁護行為ではなく，本人が起こした行為が触

法行為と認められるのであれば，刑事司法上において然るべき対応がなされることを前提としているからである．一般的に刑事処分を受けるに至る発達障害者は，一定の事理弁識能力を有しており，自分の行った行為が触法行為であるのかどうかを認知できる程度の障害である．確かに，触法行為が主として障害特性や社会的要因に起因している場合もあろう．しかし，触法行為を行ったことが明らかであり，なおかつ本人がそれを行ったことを認知している場合，障害特性や社会的要因が及ぼした触法行為への影響については，本人がその行為の悪性を認めることを前提として推し量られるべきものである．

　なお，被疑者段階の支援は，前述したように危機的介入であり，したがって，できるだけ早くに障害者が検挙されたことに気づくことが重要である．本人がすでに精神保健福祉手帳や療育手帳の交付を受けているか，ないしは保護者が障害認知をしていれば，被疑者に障害のあることはすぐに明らかになり，福祉の支援者につなげていくことも容易となろう．しかし，障害者手帳もなく，さらに保護者の障害認知もない場合においては，当番弁護士の接見を受けることができたとしても，当番弁護士に障害を発見することや障害を疑うことができる程度の障害に関する知識がなければ，その障害の発見は困難である．したがって，発達障害のみならず，精神障害や知的障害といった責任能力にかかわる障害について，できるだけ多くの弁護士が理解し，そして福祉専門職につなげていくことは重要である．そのことによって支援チームが形成されていき，さらには，後述する少年審判や逆送事件での裁判での福祉的支援につながっていくのである．

4　少年審判手続（刑事訴訟手続）段階での支援と連携

　少年審判においては，その手続がその少年の保護を予定するものであるため，福祉的支援を用いる有用性を示すことによって，処分中ないしは処分後の本人の処遇に影響を与えることができる．この場合，支援者は保護処分や刑事処分を回避しようとするのではなく，何が本人にとって再非行（再犯）防止に必要であるのか，ということを本人中心主義の視点に基づき考えるべきである．ここで次の**事例1**について検討する．

事例1

X（18歳）は，通行人の女性に突然襲いかかって強姦しようとした，強姦未遂の非行事実で審判となった．Xは，家庭裁判所の調査で，幼い頃，注意欠陥・多動性障害（ADHD）と診断されたことがあり，鑑別所の検査結果ではADHDと軽度知的障害が指摘されていた．母は出奔し，建設作業員の父との二人暮らしである．本人は無職であり，毎日，朝から晩まで街の中を歩き回っている生活を続けていた．父は障害認知がまったくなく，「目立つから外へ出るな」と体罰を加えていた．

処分の見込みは，医療少年院送致が濃厚であったが，付添人は，家庭環境が悪く，退院後の帰住先としては適当でないと判断していた．そのため，付添人は，触法障害者への対応を多く行っている障害者相談支援事業所のソーシャルワーカー（社会福祉士）に支援を依頼した．ソーシャルワーカーは，審判前に鑑別所で本人と面接し，さらに父とも面接を行い，支援を受けることの承諾をそれぞれから得た．審判の結果は，見込みどおり医療少年院送致の処分であったが，判事は，付添人からソーシャルワーカーの存在を聞き，ソーシャルワーカーの支援が継続できるよう，このソーシャルワーカーを更生に資する者として，少年院においては面会等への配慮等協力を要請する旨審判書に記すことにした．ソーシャルワーカーは，行政等のその他の支援者を体制に入れ，Xの支援にあたることになった．

本事例は，少年審判において，相談支援事業所のソーシャルワーカー（社会福祉士）が少年の更生に資する者としてその機能が認められ，その処遇につなげられた例である．施設内処遇の場合は社会と一旦隔絶されて保護されるが，発達障害のある者にとって社会に戻るということは，保護された環境から再び厳しく生きにくい環境に戻るということにもなり，何らかの福祉的支援が必要である．刑事司法における福祉的支援は，できるだけ早期から開始されることが望ましいということは前述したとおりである．本事例のように，被疑者段階において福祉的支援を開始できなかった場合でも，次の時期である審判時といった処分開始前から行われることが，支援の継続性といった点からも望ましいと言える．

なお，少年審判において付添人は，弁護士ではなく，親権者や親族，福

祉施設入所者の場合はその施設長が選任される場合もある．付添人は裁判所が認めた者とされているが，弁護士については，裁判所の承認の必要がないとされている．また，家庭裁判所における審判が，司法的な機能と福祉的な機能を有していることなどから，付添人の性格，役割も弁護人的性格と協力者的性格を調和させる運用と努力が要請されるとされている（村尾・廣井 2004a）．なお，弁護人的性格とは，刑事訴訟手続における弁護人と同様，少年の代弁者としてもっぱら少年の権利を擁護し，少年審判手続が適正に行われるよう監視し，特に非行事実や要保護性判断の基礎となる事実の認定が正しく行われるよう活動することであり，協力者的性格とは，少年の健全育成という目的が適正に実現されるために，家庭裁判所調査官と十分協議して少年にとってより適切な処遇がなされるよう家庭裁判所に協力することとされている（村尾・廣井 2004b）．そこで，私見ではあるが，法的に可能性があるのならば，弁護士だけではなく社会福祉士や精神保健福祉士といった福祉専門職が付添人に選任されることで，少年審判の場面において福祉と刑事司法との連携が図られ，発達障害のある少年の更生を促すことができるのではないかと考える．また，付添人として審判に参加することで，より直接的に少年の刑事司法手続にかかわれるとも言え，本事例についても，こういった福祉専門職が付添人として選任されていれば，さらにもっと深い刑事司法との連携が図れた可能性があると言える．

　なお，本事例では，ソーシャルワーカーのかかわりが審判直前となってしまい，時間的な制限があったため，口頭で支援を申し出るのみとなっている．しかし本来は，非行の背景，本人のニーズやそれに対しての解決手段，再非行（再犯）の防止のための福祉的支援のあり方や方向性等を書き表した，支援計画書（意見書）といったものを提出するべきである．これは，家庭裁判所の調査官の専門性と重なる部分となる可能性もあるが，あくまでもその少年を支援するものとして，なおかつ福祉専門職（ソーシャルワーカー）としての意見として提出するべきであろう．そして，前述したように福祉専門職が付添人に選任され，その付添人の意見として支援計画書（意見書）が提出されれば，さらに意見としての実効性が増すであろう．当然ながら，この支援計画書（意見書）は，前述したケースマネジメントの技術を用いて作成されるべきである．

　さて，逆送された場合の刑事裁判においては，成人と同様の対応を取る

必要がある．福祉的支援としては，前述した本人のニーズとその解決方法を具体的に記した支援計画書（意見書）といった文書を情状証拠としてあげ，必要に応じて情状証人としてその作成者が尋問に出廷するといった方法を取るべきであろう．また，情状証人は，支援計画書（意見書）の作成者のみならず，必要に応じてその計画において利用が予定されている福祉サービス事業所の管理者等が出廷することも検討されるべきである．特に，裁判員裁判においては，裁判官のみならず，裁判員においても正しくその本人の障害を理解した上で判断を下されているといったことが法の下の平等といった点でも重要であることは言うまでもない．そういった意味では，精神鑑定等によって医師が医学的な見地に立ち，被告人の障害程度を証明することはもちろん重要であるが，障害福祉の専門家が生活支援を行う立場において，社会モデル的な見地に立って生活支障の面での障害程度を証明することも重要であると考える．

　また，前述したように，福祉専門職は医学モデルと社会モデルの視点を統合した視点でニーズを把握し，そのニーズ解決方法を提示することで再非行（再犯）防止アプローチとしての福祉的支援を示すこととなる．このように，刑事裁判において福祉的支援は情状立証ともなり，福祉の支援者は主に弁護人と連携することになる．しかし，判決のなかで福祉的支援を受けることによる再非行（再犯）抑止効果や今まで発見されなかった障害が発見され，今後は，障害を踏まえた支援や対応がなされることが酌量された場合，至って間接的ではあるが，処分前の段階において司法と福祉が連携しているとも言えよう．なお，支援計画書（意見書）の提出や証言といった福祉的支援は，前述したように処分や刑罰が軽くなることのみを目的としているものではなく，あくまでも再非行（再犯）防止や自立更生を図るものである．したがって，支援計画書（意見書）において，本人の障害特性による処分における留意点や，福祉的支援を開始するに当たって，早期に支援を開始することが望ましいとして処分や量刑について意見を表することはあっても，障害による生活支障のみが，すなわち減刑のための酌むべき理由であるといった意見を表するべきではない．また，医師ではない福祉専門職は，責任能力について医学的な判断をすることはできないので，精神鑑定の結果の引用や経験から起因する責任能力についての意見を述べることは可能であっても，福祉専門職が独自に責任能力を判断することは

避けるべきである.

5　刑事的処遇と福祉的支援の連携

　発達障害者のみならず,障害者における福祉と刑事司法がもっとも連携しているといえるのは更生保護の段階である.ただし,前述したように福祉的支援は,処分終了後からの取り組みではなく,処分開始前から処分終了後の再非行(再犯)防止といった,処分終了前から開始される取り組みであることが望ましい.また,特に発達障害者においては,コミュニケーションや人と人の関係についての支障といった障害特性があり,そのため,処分終了前から時間をかけて福祉の支援者が関係づくりを図っていく必要がある.対象者と支援者が信頼関係を築くことで,対象者のサービスや社会資源の利用につながり,再非行(再犯)防止や自立更生に向けて支援の有効性が高まることになる.さて,ここで次の**事例2**について検討する.

事例2

　Y(19歳)は,窃盗,傷害の非行事実で医療少年院に送致されている.所属する非行グループのリーダーの指示で起こした非行である.Yは,公立中学校卒業後,私立の高等学校に進学するが,授業についていけず,すぐに不登校となり1年で中退している.養育環境はごく普通であり,会社員の父,主婦である母,中学生の弟の4人暮らしで経済的にも問題はなく,両親ともに穏やかで家庭環境の問題はない.Yは,小学校入学時の頃から多動で教室からすぐに出て行ってしまう子どもであり,勉強も小学校高学年になると遅れが出てきた.また,他害行為も多く,しばしば他児に暴力を振るい,周囲からは暴力的で人の痛みがわからない子どもと言われていた.なお,友人はいたが,少数で限られていた.高校中退後,土木建設会社にとび職見習いとして就職したが,仕事にミスが多いため,現場で他者に危険があることと,先輩に対して暴力を振るったため3ヵ月で解雇された.そのことで,両親は精神病の罹患を疑い,Yを何とか説得して精神科に受診させた.その結果,ADHD,軽度知的障害,PDDの診断があった.その後,医師の勧めもあって療育手帳の交付を受けた(判定は軽度知的障害).しかし,Yは障害認知をすることができず,障害者としての扱いを受

けることを拒んだ．

　その後Yは，ときどき土木作業員をする程度で定職に就かず，街中を徘徊する内に非行グループに誘われ，そのメンバーとなった．非行グループのメンバーになって以来，リーダーの指示を受け，窃盗，恐喝等で金品を得てグループのリーダーに上納したり，また他のメンバーと分け合ったりするようになった．そのため補導されることもしばしばで，今までに2回の保護観察処分と1回の観護措置があった．

　母は，医療少年院に送致されてすぐに，退院後どうすれば良いかについて地域の障害者相談支援事業所に相談した．障害者相談支援事業所のソーシャルワーカーは，近隣市の触法障害者対応を多く行っている障害者相談支援事業所のソーシャルワーカーに協力を依頼し，医療少年院にも協力を求め，仮退院に向けてYの福祉的支援にあたることになった．仮退院まで数ヵ月前となった時点で，ソーシャルワーカーたちは，母や付添人であった弁護士，さらに少年院とも話し合い，再非行（再犯）を防止するためには，帰住地を自宅とするのではなく，遠方の入所施設とすることが望ましいとの結論を出した．その結論を伝えるために，母とソーシャルワーカーらがYと面会をした．事前に帰住先の件で面会があることを知らされていたYではあったが，遠方の入所施設に帰住することを伝えられると少し声を荒げて頑なに拒否をした．事情を知っている教官もYに対して施設入所を勧めてくれたが，Yの態度はまったく変わらなかった．しかし，今後もソーシャルワーカー，母，付添人であった弁護士，少年院が協力してYに施設入所を促すことになった．

　発達障害者の場合，往々にして周囲にはその障害が認知されず，「何をするかわからない子」「授業の迷惑になる」「暴力的な子」などといった認知をされ，学校や家庭では帰属意識が確立できないことがある．その反面，非行グループにおいては「非行」といった反社会的行動をとることで他のメンバーから認められるのであり，ある面では発達障害者にとって非行グループは帰属意識を確立しやすい集団と言えよう．また，触法行為をしてはならない意志をもつこと自体が，障害されているということもあろう．本事例のような場合，以前所属していた非行グループが本人の退院時に地域に存在していたり，以前の仲間たちが地域に居住していたりすることで，

自宅に戻れば再び非行グループの一員となり，再非行（再犯）といった結果になってしまうことは容易に予測される．そのため，こういった場合には，帰住地の環境調整の一環として，かつて住んでいた地域に戻すのではなく，まったく離れた地域にある入所施設やグループホームといった，障害福祉の居住型サービスを利用するといったような支援が必要となってくる．居住型サービスでは，その職員（福祉職）が生活支援を行うことによって，本人の生活支障（生活ニーズ）を解決する．また，グループホーム等の日中活動場面をもたない居住型サービスの場合は，日中活動場面が必要となるために，企業等への一般就労か通所事業所等の利用に向けての支援体制を仮退院（退院）までに整備しておく必要がある．

しかしながら，入所施設やグループホーム等といった障害福祉サービスにおける居住型サービスは矯正施設ではない．したがって，現在の日本においては，福祉施設における再非行防止プログラム等は存在していないのである．また，障害福祉サービスにおける居住型サービスでは，2009（平成21）年度から保護観察所または後述する地域生活定着支援センターでの調整によって利用する場合，地域生活移行個別支援特別加算が支給されることにはなったが，触法障害者に特化した施設は無く，ましてや障害がADHDやPDD等のみで，知的障害を伴わない発達障害者を対象とした施設は皆無に等しい．現状に応じた法整備が早期に行われ，こういった施設が創設されていく必要があると考える．また，その対象者の障害状態によっては，生活保護法における救護施設の利用も考えられる．ただし，救護施設は支援が必要である者が生活保護を受けて居住しているのであり，すなわち支援が必要ではなく，生活保護を受けることも必要ないのであれば，自主的に退所することになり，措置ではあるが自己決定に委ねられている面があると言えよう．

また，障害福祉における居住型サービスは，成人を対象とする事業であっても，16歳以上ならば利用が可能である．そして，原則として措置ではなく契約による利用であり，利用を強制することは不可能である．したがって，対象者が成人ではないと言えども，居住型サービスの利用については，対象者自身の意思決定が不可欠である．そうなると，本事例のような場合，このまま本人の自己決定を尊重するとサービス利用につながらず，その結果，自宅に帰住して再び非行グループの一員となり，再非行（再犯）といっ

た最悪の結果が予想される．ソーシャルワークにおいて，本人中心主義に基づく自己決定の尊重は，権利擁護の観点からしても当然であると言える．しかし，再非行（再犯）しないで済む方法があるにもかかわらず，その方法をとることに導かないことによって，結果として再非行（再犯）に至らせることも，権利擁護の観点からして極めて問題であると考える．つまりは，本事例のような場合，対象者の意志とは当初異なっていたとしても，支援者たちが極めてアグレッシブにかかわり，対象者の自己決定が計画された方向に向くように強く促していくことが必要となる．対象者の意思とは相反していても，支援者が長期的なスパンをもって考えた結果，今とっておかなければならない必要な方法がその方法であると考えるならば，こういったアグレッシブなソーシャルワークの展開が図られて然るべきである．もちろん，少年におけるこういったソーシャルワークの実施は，親権者の同意のもとに行われなければならないことは言うまでもない．たとえば少年院を退院後施設入所した場合でも，その支援を施設にすべて担わせてしまうのではなく，将来的に対象者が地域で自立することを想定した上で，支援チームは施設とともに支援会議を開くなど支援を継続することが必要である．当然ながら，対象者が自立した後も必要に応じて地域での支援を継続することは言うまでもなく，前述したように，その支援は処分のすべてが終了した後も継続するべきものである．

　なお，これが保護処分ではなく逆送され実刑となった場合でも，その対応については，少年院での保護処分における対応と変わりは無い．前述したとおり，重要なのは支援の継続性であって，受刑中であっても支援を継続することが必要である．特に初犯少年刑務所では，発達障害者に対する再犯防止のためのプログラムが実施されているが，帰住に向けて取り組む福祉の支援者も，刑務所での処遇を理解した上で，刑務所と連携して対象者にかかわっていくことが重要である．また，出所後の支援は少年院退院後の支援と同様に支援チームが継続してかかわることになる．

6　地域生活定着支援センターと退院（出所）後の支援

　2009年7月1日から厚生労働省のセーフティネット支援対策等事業の一環として，地域生活定着支援センター（以下，定着支援センター）が各都

道府県に1ヵ所設置されることになった．定着支援センターの目的は，高齢または障害を有することにより，矯正施設から退所した後，自立した生活を営むことが困難と認められる者に対して，保護観察所と協働して，退所後直ちに福祉サービス等を利用できるようにするための支援を行うことなどにより，その有する能力等に応じて，地域のなかで自立した日常生活または社会生活を営むことを助け，これらの者の福祉の増進を図ることとされている．定着支援センターの対象者は，上記のように高齢や障害のため自立した生活を営むことが困難であり，なおかつ帰住地がないといった特別調整[3]の対象者が優先されるが，帰住地のある一般調整[4]の対象者についても対象とできる．なお，2009年12月1日現在で定着支援センターが設置されているのは6県である．また，保護観察所においては調整担当の保護観察官が配置されており，特別調整対象者について，帰住にあたっての調整を定着支援センターとも連携して行っている．

　今後，定着支援センターが各都道府県に整備されることで退院（出所）者支援の体制作りが進んでいくと思われる．しかし，前述したように，発達障害者においては受け入れ施設が極めて少なく，また自宅が帰住地であっても，そこに帰住することにより再非行（再犯）につながるといった場合もある．今後，定着支援センターにおいては，発達障害者に対して，どのような支援を行っていくかが課題となろう．また，発達障害者に限らず，要援助退院（出所）者の受け皿が少ない状況であり，定着支援センターの整備に併せて，受け皿の整備も行っていく必要がある．

おわりに

　日本の更生保護は1949年の犯罪者予防更生法の成立を機に制度化されたが，その時点から刑事司法の一環とされ，社会福祉とは一線を画している．しかし，2007年に社会福祉士及び介護福祉士法が改正され，2009年度から社会福祉士養成課程において，更生保護が教育内容に加えられたことにより，ようやく社会福祉の一環として認知されるようになった．また，更生保護法ではその目的を「この法律は，犯罪をした者及び非行のある少年に対し，社会内において適切な処遇を行うことにより，再び犯罪をすることを防ぎ，又はその非行をなくし，これらの者が善良な社会の一員として自

立し，改善更生することを助けるとともに，恩赦の適正な運用を図るほか，犯罪予防の活動の促進等を行い，もって，社会を保護し，個人及び公共の福祉を増進することを目的とする」（1条）としている．つまりは，退院（出所）者のみを対象とせず，犯罪をした者と非行のある少年すべてを対象としている．したがって，触法高齢者や障害者を対象とした，被疑者段階から，審判（裁判），処分中（受刑中），処分終了後（出所後）についての継続した福祉的支援は，再非行（再犯）防止であり，なおかつ自立更生を図るものであって，更生保護の一環であると言える．つまりは，更生保護自体が社会福祉と刑事司法の連携とも言うべきものであり，本書に記したような触法障害者への支援は，福祉と刑事司法との連携，すなわち更生保護とも言えるものである．

［注］
1 WHOが2001年に提唱したすべての人をとらえる時の共通言語．「生活機能」とは人間が生活する上で使用しているすべての機能である．ICFでは，「生活機能」を身体系の生理的機能である「身体機能」，身体の解剖学的部分の「身体構造」，生きていくために役立つさまざまな生活行為の遂行に関する「活動」，社会的な出来事に関与したり役割を果たしたりすることに関する「参加」に分類し，またそれらの生活機能が低下した状態を障害と捉え，それぞれ「心身機能・身体構造障害」「活動制限」「参加制約」と表現している．さらに，それらの生活機能に影響を及ぼす外的・内的背景因子をそれぞれ「環境因子」「個人因子」としている．これらの構成要素は支え合い影響し合う等ダイナミックに相互作用するので，一つの要素が変化すると他の複数の要素も変化することが考えられる．
2 識字や文章理解の学習障害は，知的な遅れはないが，読んだり書いたりすることが苦手な人たちのことを言い，ディスレクシア（Dyslexia）とも言われる．ディスレクシアは「文字とその文字が表す音とが一致・対応し難く，勝手読みや飛ばし読みが多い」，「音読作業と意味理解作業が同時にできないため読み書きに時間がかかる」，「読みが出来ないと文字を書くことはより困難になる」などの特性がある．ディスレクシアは，米国や日本では，学習障害に包含されている．米国ではディスレクシアとLDはほぼ同義で使われている．日本では「読み書き困難」，「読み書きのLD」とも言われている．
3 退院（出所）者の生活環境調整のうち，高齢（おおむね65歳以上）であり，または障害を有する入所者等であって，かつ，適当な帰住予定地が確保されていない者を対象と

して，特別の手続に基づき，帰住予定地の確保その他必要な生活環境の整備を行うものを言う．

4　生活環境調整のうち，特別調整以外のものを言う．

[文献]

上田敏，2005，『ICFの理解と活用』きょうされん（発売：萌文社）．

鴨下守孝・松本良江（編集代表），2009，『改訂　矯正用語事典』東京法令出版．

佐々木正美・梅永雄二，2008，『大人のアスペルガー症候群』講談社．

佐藤幹夫，2007，『裁かれた罪裁かれなかった「こころ」』岩波書店．

品川裕香，2005，『心からのごめんなさいへ』中央法規．

社会福祉士養成講座編集委員会（編），2009，『新・社会福祉士養成講座 20　更生保護制度』中央法規．

http://www.dinf.ne.jp/doc/japanese/glossary/Dyslexia.html（障害保健福祉研究情報システム　重要な用語の解説　ディスレクシア）．

白澤正和・渡辺裕美・福富昌城（編著），2002，『福祉キーワードシリーズ　ケアマネジメント』中央法規．

諏訪さゆり，2007，『ICFの視点を活かしたケアプラン実践ガイド』日総研出版．

田中康雄，2009，『大人のAD／HD』講談社．

村尾康弘・廣井亮一（編），2004，『よくわかる司法福祉』ミネルヴァ書房．

山口幸男，2005，『司法福祉論　増補版』ミネルヴァ書店．

（はらだ・かずあき）

第 13 章 オーストラリア・ビクトリア州における知的障害をもつ非行少年（ジャスティス・クライアント）への処遇

水藤昌彦（高槻地域生活総合支援センターぷれいす Be 施設長）

はじめに

　本稿ではオーストラリア・ビクトリア州において知的障害をもつ非行少年がどのように処遇されているのか，制度と実践について概観する．オーストラリアは6つの州と2つの準州からなる連邦制の国家であり，日本の都道府県に比べると，州および準州（以下，州という）の自立性が高い．連邦の立法権限は国防，外交，通商，租税，通貨，移民等の分野に限られており，その他の分野は州の権限となっている．社会政策も州レベルで策定，実施されているので，州ごとに違った内容となっている．本稿で取り扱う少年司法および障害者福祉についても，州の自立性が高いという状況は同じであり，法，政策，制度，およびそれらの運用などはビクトリア州に独自のものである[1]．

　ビクトリア州の障害福祉サービスの分野では，知的障害をもち犯罪加害行為により刑事司法制度の対象となっている，あるいはそうなるリスクが高いと考えられるクライアントをジャスティス・クライアントと呼ぶ．これは法的に定義された用語ではないが，このクライアント・グループを端的に示す言葉として実務では多用されており，成人および少年の両方に用いられている．そこで本稿では，知的障害をもつ非行少年をジャスティス・クライアントとして表記する．

　本書は発達障害と少年非行を主題としているが，ビクトリア州でジャスティス・クライアントという場合，本人の障害種別は知的障害に限定されていることを特に強調しておきたい．自閉スペクトラム障害，後天性の脳障害，注意欠陥・多動性障害といった障害をもつ少年は，同時に知的障害を伴

わない限りは，ジャスティス・クライアントとはされず，ここで述べる特別処遇の対象とはならない．

　このように知的障害とそれ以外の障害が区別して取り扱われているのは，福祉制度が整備されてきた経緯が障害種別によって異なり，知的障害のある人へのサービスは州が公的事業として実施してきたという歴史的背景によるものと考えられる．長年にわたり，知的障害をもつ人には州が直接サービスを行い，州立の入所施設内で公務員として雇用された職員がケアにあたってきた．彼らは主に大規模入所施設へ隔離され，集団で処遇されていた．1980年代に入り，このような入所施設が解体され，そこに住んでいた人たちは地域に建設されたグループ・ホームに移行した[2]（Jones 1997）．1985年に「知的障害者サービス法」（Intellectually Disabled Persons' Services Act 1986）が成立した．これにより，入所施設を出て，地域で暮らし始めた知的障害をもつ人たちを支援する仕組みとして，ケース・マネージメントをはじめとする非施設型のサービスが新たに整備された．後ほど詳しく述べるように，ケース・マネージメントはジャスティス・クライアントへの対応の中心的役割を果たすことになる．知的障害者サービス法の成立により，サービス提供は引き続き州が行うことになったので，ケース・マネージメント等の非施設型サービスは州による直轄事業とされ，移行先となったグループ・ホームも設置当初はすべて州が建設し，管理運営を行っていた[3]．

　一方で，知的障害以外の障害をもつ人たちに対しては，州政府が事業費を負担するが，サービス提供は民間福祉団体等の事業者に業務委託するという形がとられており，州による直接のサービス提供はされてこなかった[4]．知的障害者サービス法の施行から約5年後には「障害サービス法」（Disability Services Act 1991）が制定されたが，法の適用範囲は身体障害，後天性脳障害，神経系の病気による後天性の障害等をもつ人とされ，知的障害および精神障害をもつ人とは明確に区分された．障害サービス法の施行時には，発達障害はそれほど広く認知されていなかったが，後にその存在が広く知られ，理解されるようになってくると障害サービス法の適用範囲に含められるようになっていった．

　知的障害者サービス法では，ジャスティス・クライアントが裁判で有罪となった場合には，通常の刑に加えて特別処遇の対象とすることができると初めて規定された．一方，障害サービス法にはこのような規定は設けられ

なかった.

　障害種別によってサービス提供の根拠となる法律が異なり，具体的なサービス内容や実施者が違うという状況が長年続いていたが，これを改善する形で，前述の二つの法律が廃止され，新たに「障害法」（Disability Act 2006）が2007年7月から施行されている．これにより，精神障害以外の障害をもつ人への福祉サービスは一つの法律に準拠して提供されることになった．しかし，障害法においても，特別処遇規定は知的障害をもつ人のみに適用され，発達障害などその他の障害をもつ人は対象に含まれていない．

　ジャスティス・クライアントへの処遇にあたっては，彼らを対象とした特別処遇制度が法的に整備されており，司法と福祉の両分野の専門職が連携して支援・介入しているのがビクトリア州の制度の最大の特徴である[5]．そこで，次節以降では，まず少年司法と障害福祉の各制度の概要を説明し，それぞれの基本的な役割を見ていく．その上で処遇にあたっての司法と福祉の連携した実践の様子を紹介する．実践の説明にあたっては，制度運用の実際の一端を示すために，筆者がこれまでに携わった少年非行の複数の事例をもとにした架空のケースを創作し，そのケースへの対応を記述するという形をとる．最後にビクトリア州の現行制度の課題点について検討する．なお，本文で使用している法律，機関等の日本語名は筆者が独自に翻訳したものであることをお断りしておく．

1　少年司法制度の概要

　はじめに述べたように，オーストラリアは連邦制を採用しているため，州は独自の立法権，司法権をもっている．ビクトリア州の少年司法制度は「子ども，少年および家族法」（Children, Youth and Families Act 2005）[6]によって定められており，この法律はおもに被虐待児童の保護を含む児童・家族向け支援サービスおよび少年司法について規定している．ビクトリア州で少年として扱われるのは，罪を犯したと疑われる行為時の年齢で10歳以上18歳未満の者であり，18歳以上の者については成人の刑事司法制度の対象となる．

　図1は少年司法手続の流れを示したものである．少年事件および児童虐待事件の審判を専門とする児童裁判所（Children's Court）が設置されており，

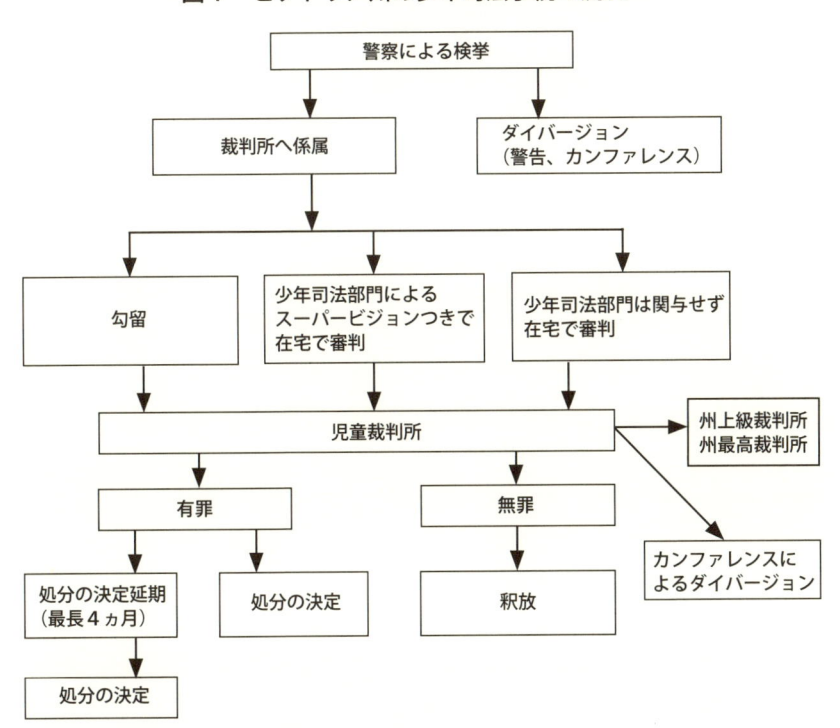

図1 ビクトリア州の少年司法手続の流れ

出典：Australian Institute of Health and Welfare, 2009, Juvenile Justice in Australia 2007-08, p.9の図をもとに，ビクトリア州の手続きの場合に限って再編．

ほとんどの少年事件はここで審判され，処分が決定される．ただし，殺人（謀殺），殺人未遂，故殺，放火による殺人，危険運転致死の場合は，州上級裁判所（County Court）あるいは州最高裁判所（Supreme Court）で陪審裁判を受けることになる[7]．児童裁判所は少年事件を扱う専門法廷と位置づけられており，ここに勤務する裁判官は少年の発達ニーズ等を理解した専門家であるとされている．また，児童裁判所には臨床心理士および精神科医によるアセスメントを行うクリニックが併設されている[8]．

ビクトリア州の少年司法の特色として以下の点がある．第1は社会内処遇が多用され，矯正施設への収容を最後の手段としていることである．オーストラリア統計局の発表によれば，有罪判決を受けた少年のうちで矯正施設

表1 少年事件の処分の種類

名称	処分内容	前科記録
Dismiss the Charge (Dismissal)	処分せず.	なし
Non-accountable Undertaking	良好な素行を誓約. 上限6ヵ月.	なし
Accountable Undertaking	良好な素行を誓約. 上限6ヵ月.	なし
Good Behaviour Bond	良好な素行を誓約. 上限12ヵ月.（処分時に少年が15歳以上であり，例外的な状況であると裁判官が判断する場合は上限18ヵ月）.	なし
Fine	罰金.	選択可能
Probation	保護観察. 上限18ヵ月.	選択可能
Youth Supervision Order	保護観察. 上限18ヵ月.	選択可能
Youth Attendance Order	社会内奉仕命令つきの保護観察. 15歳以上のみを対象. 上限52週間.	あり
Youth Residential Centre Order	矯正施設収容. 10歳〜14歳を対象. 上限2年.	あり
Youth Justice Centre Order	矯正施設収容. 15歳〜20歳を対象. 上限3年.	あり

出典：Children, Youth and Families Act 2005, Chapter 5 – Children and the Criminal Law, Part 5.3 – Sentencing Orders をもとに筆者が作成.

処遇の処分を受ける者の割合がビクトリア州では6％であり，全国的にみると最低水準にある[9]（Australian Bureau of Statistics 2009）．表1は少年事件の処分の種類を一覧にしたものであるが，これを見ると全部で10種類の処分があり，多岐にわたっていることが分かる．そして，そのほとんどが社会内処遇である．表の右端の欄にある「前科記録」であるが，ここが「選択可能」と表記されている処分については，裁判官は処分にあたって前科記録を残すかどうかを選択することができる．こうすることにより，同じ処分であっても前科記録を残さないほうが，残すよりも軽い処分となるので，この違いを含めれば社会内処遇として11種類の処分が存在すると見ることもできる．

第2は，警察の検挙段階から，さまざまな形で司法手続からのダイバージョンがはかられているという点である．ダイバージョンの多用はオーストラリアの少年司法制度における特徴であるが（Australian Institute of Health and Welfare 2009; O'Connor and Cameron 2002），ビクトリア州においても「少年に対して，司法制度からの適切なダイバージョンを最大限に行うこと」が少年司法の主要目標の一つであるとされている（Keating and Barrow 2006）．また，ビクトリア州警察も効果的なダイバージョン手続を増やしていくことを今後の優先課題として挙げている（Victoria Police 2009）．ダイバージョ

ンの具体的内容としては，警察による非公式・公式の警告，グループ・カンファレンス[10]がある．

　第3は，少年司法における処遇業務を福祉行政所管の省庁が担当している点である．日本では少年司法は法務省の管轄であるが，ビクトリア州では州政府の「ヒューマン・サービス省」[11]（Department of Human Services. 以下，DHSという）の「子ども・青少年・家族局」（Children, Youth and Families Division）内に設置されている「少年司法部門」（Youth Justice Program）[12]が非行少年への処遇業務を担当している．少年司法部門では，①児童裁判所あるいは少年事件を扱う成人裁判所に対して，保釈が適当であるかどうかに関しての意見，量刑選択についての意見を述べ，少年司法部門の処遇内容について説明すること[13]，②保護処分の決定を猶予された少年，在宅で審判を受ける少年，保釈された少年を裁判所の命令によってスーパービジョン[14]すること，③社会内処遇の処分を受けた少年をスーパービジョンおよび支援すること，④少年矯正施設[15]を運営し，勾留あるいは保護処分として施設収容された少年を処遇すること，という4つの業務を行っている（Department of Human Services 2009c）．

　少年司法部門が置かれているDHSは，社会福祉分野全般に関する政策の立案と実施を担当している．少年司法分野における業務以外にも，医療，被虐待児童の保護，高齢者福祉，障害者福祉，公営住宅管理などを管轄している．日本の厚生労働省に近い機能を担っていると言えるが，政策の企画，予算管理，制度設計などとともに，被虐待児童保護，少年司法，障害者福祉，公営住宅管理の分野では直接サービスも提供している点が日本と大きく異なる．

　広大な面積をもつ州全体に直接サービスを実施するためには，地域ごとに窓口を置く必要がある．そこで，DHSでは州内を8つの圏域に分け，圏域ごとに統括事務所を設けている．統括事務所内には，前述した少年司法，障害者福祉といったような，対象者に直接サービスを行うプログラムがそれぞれ専用の対応窓口を置いている．

　少年司法部門では担当する少年のアクセスを向上させるため，統括事務所以外に小さな事務所を設けている場合もある．すべてがそうではないが，地域の住宅地のなかで既存の建物を改装して事務所としている例もあり，少年が事務所へ足を運びやすくなるような工夫が見られる．所属ワーカー

はこの事務所を拠点とし，裁判所，スーパービジョンの対象者の少年の自宅等へ出かけていくほか，少年を対象とした教育訓練グループなどもここで運営している．

2　知的障害者福祉制度の概要

次に知的障害者福祉制度の概要を紹介する．この分野においても，連邦制のもとで州の自立度が高くなっており，州が独自に立法し，政策の立案，実施や制度設計を行っている．ただし，少年司法が完全に州独自のものとなっているのに比べると，障害者福祉については連邦政府が一定程度関与している．連邦と州政府のあいだで「連邦，州，準州政府間の障害政策に関する協定」(Commonwealth / State / Territory Disability Agreement) が結ばれているからである．この協定によって，就労支援，権利擁護，障害者年金と現金給付による所得保障に関しては連邦政府が政策決定をし，一部は直接サービスも実施している（水藤 2008）．

DHSのなかに「障害サービス局」(Disability Services Division) が設けられており，障害福祉政策およびサービス提供を統括している．先述したように，精神障害を除く障害をもつ人のためのサービスは障害法によって規定されている．

知的障害をもち地域で生活する人達，その家族や関係者を圏域レベルで直接支援しているのは「障害クライアント・サービス部門」(Disability Client Services) である．同部門は各圏域に置かれており，①当事者，家族，専門家等からのサービス利用に関する初期の問い合わせや相談への対応，②障害判定，③ケース・マネージメント，④行動変容のための介入や家族支援などを行っている (Department of Human Services 2009c)．都市部にある平均的な大きさの圏域の場合，部門内は3ユニット制となっていることが多い．内訳は圏域ごとに異なるが，筆者が勤務していた圏域を例にとると，初期対応とインテーク，3ヵ月間までの短期ケース・マネージメント，および知的障害判定を行うユニット[16]，3ヵ月以上の長期間のケース・マネージメントを行うユニット，応用行動分析等を取り入れた行動変容のための介入および家族療法を取り入れた支援を行うユニットが1つずつという構成であった．各ユニットに所属する職員は，ソーシャル・ワーク，心理学，障害学等の対人

援助関連の分野において教育を受けた者であり，多職種によるチーム編成となっている．

　ジャスティス・クライアントを担当することの多い職員に対しては，通常の研修以外に犯罪学や臨床心理に関連する特別研修が行われている．障害クライアント・サービス部門に入職する職員のほとんどは福祉，心理系の教育を受けてきているため，法学，犯罪学，刑事政策等の詳しい知識をもたないことが多い．そのため，非行少年や犯罪加害者に対応する上で必要となる知識やスキルは，採用後の研修や訓練によって身につけさせる方針をとっている．メルボルン大学大学院犯罪学専攻の科目履修が代表的な研修制度である．それ以外にも，DHSの法務部に所属する弁護士が講師となり，刑事司法制度と手続，裁判所に提出するリポート等の書き方，公判での証人尋問への対応方法などを学ぶ研修会が定期的に開催されている．また，危機介入，自殺企図への対応，ワーカー個人の安全確保，薬物の知識等といった関連分野をテーマとした研修も実施されている．

　なお，障害クライアント・サービス部門以外に，DHSから委託を受ける形で民間の社会福祉法人，企業等の団体もケース・マネージメントやグループ・ホームの運営，短期入所，ヘルパーの派遣といった各種の福祉サービスを実施している．しかし，次に述べるようなジャスティス・クライアントへの特別処遇の内容決定に関わるのは，DHSに所属する職員に限定されている．これは審判に提出する計画書等を作成する責任はDHSにあると，法律によって定められているためである[17]．

　障害クライアント・サービス部門では，ケース・マネージメント・ユニットに所属するケース・マネージャー（以下，ケース・マネージャーという）がジャスティス・クライアントへの処遇業務を主に担当している．

3　ジャスティス・クライアントへの特別処遇

　ここまで，ジャスティス・クライアントへの処遇にあたって，司法サイドから関わる少年司法部門，福祉サイドから関わる障害クライアント・サービス部門について，それぞれの概要を説明した．次に，具体的な特別処遇の内容をみていくことにする．

　障害法，ならびに子ども，少年および家族法の規定によれば，ジャスティ

ス・クライアントに対して保護処分を決定するときは，児童裁判所の裁判官は，検討している処分が社会内処遇であるか施設内処遇であるかにかかわらず，当該少年に関する「判決前調査書」(Pre-sentence Report) ならびに「サービス計画書」(Plan of Services) を提出するよう DHS に命じなければならない[18] (Department of Human Services 2007). 判決前調査書は，保護処分決定前の段階で児童裁判所の命令により少年司法部門のワーカー（以下，ワーカーという）が作成する文書であり，知的障害の有無に関係なく，すべての非行少年を対象としている．判決前調査書の提出を命令するかどうかは，原則として児童裁判所が任意に決定できる[19]. しかし，ジャスティス・クライアントに関しては，判決前調査書提出の命令は任意ではなく，裁判所は必ず提出を受けなければならない．

それに加えて，ジャスティス・クライアントに限っては，裁判所はサービス計画書の提出も求める必要がある．サービス計画書には，①当該少年に対して適切である，②障害法によって規定されている，③再犯可能性を低めると考えられる，という3つの条件を満たすサービスが記載されなければならず，ケース・マネージャーが作成の責任を負う（Department of Human Services 2007: 39).

再犯可能性を低めると考えられるサービスの具体的内容は，少年の生活環境，障害の種類や程度，非行歴，非行行為の種類等を勘案して決定される．例を挙げると，知的障害者を対象として活動している犯罪分野専門の臨床心理士による治療的介入，性知識や社会スキル等を身につけることを目的とした教育訓練プログラム，薬物治療教育プログラム，就労準備のための支援，就労移行の支援等がある．いずれのプログラムや支援を選択するにしても，ケース・マネージャーは知的障害に起因する認知特性に考慮し，少年本人の認知レベルに応じた内容であるかどうかを検討する．具体的には，情報が視覚化，簡略化，単純化されて示されたフォーマットが活用されていたり，同内容が繰り返されたり，ロール・プレイが使われたりしながら，できる限り実践的な内容となっているものが良い．治療的介入や教育プログラムでは認知行動療法を基本とし，内容の提示や共有には，視覚化，簡略化され，写真や図表等を多く取り入れたツールが用いられている[20].

ケース・マネージャーはサービス計画書の作成にあたっては，同時に「クライアント状況報告書」(Client Overview Report) も作成する．これは対象と

なる少年本人の障害像や障害特性およびそれによる影響等について，裁判官に情報提供する目的でサービス計画書に添付されるものであり，以下の項目を含む3ページ程度の文書である（Department of Human Services 2007: 7-9）．

- 障害の程度
- 発達歴
- これまでの障害サービスの利用状況
- 現在の本人の状況

ワーカーとケース・マネージャーはそれぞれにケース・マネージメント業務を行い，その一部として特別処遇のための判決前調査書やサービス計画書を作成する．図2はそれぞれが具体的にどのようにしてケース・マネージメントを通じて連携していくのかを示したものである．ケース・マネージメントとは，「対人サービスや機会や給付の調整を促進するための，利用者の立場に立つ方法である」と定義され，「①機関の範囲をこえたサービスを提供すること，②ケアの継続性を達成すること」が主要な効果であるとされる（Moxley 1989=1997: 4）．ケース・マネージメントでは，アセスメント，プランニング，プランの実施・介入，モニタリングおよび見直しという各段階を経ることが基本であり，図2においてもそのように規定されていることが分かる．

ワーカーとケース・マネージャーは，少年本人，家族，関係者等との面談，各種記録類の精査などを通じて情報収集し，それに基づいたアセスメントを行う．そして，その結果をもとに処遇計画を作成，実施する．そして，介入やサービス実施の内容をモニタリングし，必要であれば計画の見直しを行う．この一連の流れのなかで，少年へのスーパービジョン，家族への支援，付添人等の関係者との連絡調整，適切だと思われるサービスの調査，利用に向けての事前面談設定をはじめとする連絡調整などの業務を行う．ワーカーとケース・マネージャーが個々にこれらの業務を進めれば，作業の重複が起こりたいへん非効率である．そこで少年司法部門と障害サービス局のあいだでは覚書を交わし，相互の業務分担の明確化を図っている（Department of Human Services 2009c）．

なお，同じ図のなかにある「支援計画書」は，少年への障害福祉分野でのサービス全般についての計画書である．ここでは紙幅の関係上，支援計画

図2 ケース・マネージメントを通じての障害サービスと少年司法部門の協力関係

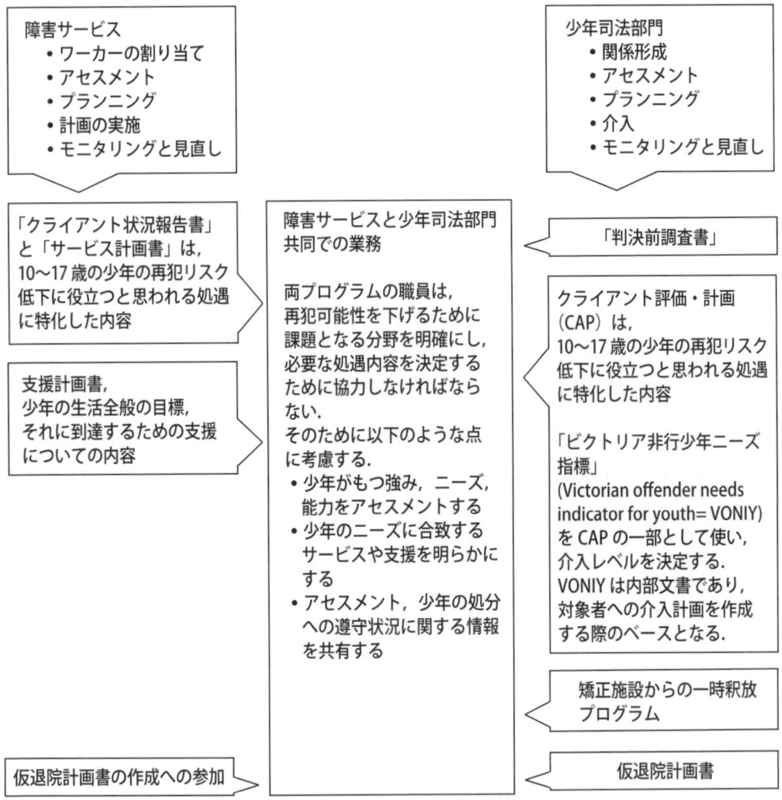

障害サービス
- ワーカーの割り当て
- アセスメント
- プランニング
- 計画の実施
- モニタリングと見直し

少年司法部門
- 関係形成
- アセスメント
- プランニング
- 介入
- モニタリングと見直し

「クライアント状況報告書」と「サービス計画書」は，10〜17歳の少年の再犯リスク低下に役立つと思われる処遇に特化した内容

障害サービスと少年司法部門共同での業務

両プログラムの職員は，再犯可能性を下げるために課題となる分野を明確にし，必要な処遇内容を決定するために協力しなければならない．
そのために以下のような点に考慮する．
- 少年がもつ強み，ニーズ，能力をアセスメントする
- 少年のニーズに合致するサービスや支援を明らかにする
- アセスメント，少年の処分への遵守状況に関する情報を共有する

「判決前調査書」

クライアント評価・計画（CAP）は，10〜17歳の少年の再犯リスク低下に役立つと思われる処遇に特化した内容

「ビクトリア非行少年ニーズ指標」
(Victorian offender needs indicator for youth= VONIY) を CAP の一部として使い，介入レベルを決定する．VONIY は内部文書であり，対象者への介入計画を作成する際のベースとなる．

支援計画書，少年の生活全般の目標，それに到達するための支援についての内容

矯正施設からの一時釈放プログラム

仮退院計画書の作成への参加

仮退院計画書

出典：Department of Human Services, 2009c, Protocol between Disability Services and Youth Justice and guidelines for workers 2009. p.15 掲載の Figure 1: Disability Services and Youth Justice collaboration through the case management process を翻訳．

書の詳細については説明できないが，サービス計画書が再犯可能性を低めると考えられる障害者向けサービスを示すことに特化しているのに対して，支援計画書の内容は必ずしも非行への対応に限らないという違いがある．支援計画書は障害クライアント・サービス部門のケース・マネージメントを利用するすべての人に対して作成される．

ケース・マネージャーが作成したクライアント状況報告書およびサービス計画書は，判決前調査書に添付する形で児童裁判所に提出される．これら

の内容を検討した裁判官が,それを適切だと認め,社会内処遇の処分を選択すると,サービス計画書に記載された福祉サービスを利用することが処分の一部とされる.これにより,少年は福祉的な視点からみて再犯可能性を低めると考えられるサービスを利用する義務を負う.

　裁判官が施設内処遇を選択した場合にも,サービス計画書を処分の一部とすることができるが,このような運用はまれである(Department of Human Services 2007: 72).ジャスティス・クライアントの施設内処遇においては,少年司法部門と障害クライアント・サービス部門は以下のように連携している.

　矯正施設内での処遇としては,ジャスティス・クライアントを専門に収容する施設は設けられておらず,日本の医療少年院にあたるような施設もない.しかし,ジャスティス・クライアントへの治療教育を専門に行う機関が障害サービスのなかに設置されている.これは「障害司法アセスメント・治療サービス」(Disability Forensic Assessment and Treatment Services)[21]と呼ばれる組織であり,入所型治療プログラム,地域に生活するクライアントを対象とした認知行動療法に基づく治療教育プログラム,刑務所に収容中のクライアントへの支援,精神科医によるクリニック,障害サービス事業者へのコンサルテーションなどを行っている.障害司法アセスメント・治療サービスには,「障害サービス・上級アドバイザー」(Senior Disability Advisor)が配置されており,①少年矯正施設の職員に対するコンサルテーション,②少年司法部門と障害サービス間の連絡調整,③退院前の移行支援,④司法・障害・医療の各機関のあいだの関係構築などを行っている(Department of Human Services 2009b: 10).上級アドバイザーは障害サービスに所属しているが,勤務時間の多くを少年矯正施設で過ごしている.

　これに加えて,ケース・マネージャーが矯正施設の職員や上級アドバイザーと協力し,退院時の移行支援を行っている.退院日の数ヵ月前からクライアントに面会し,帰住先,必要なサポートサービスの準備等を行っている.

　筆者は障害クライアント・サービス部門に勤務していたが,そのときの経験をふり返ってみると,このような司法と福祉によるジャスティス・クライアントへの共同処遇は有効性が高いと感じる.知的障害をもつ非行少

年への処遇が，連携によって障害特性に配慮したより適切なものとなるということを経験した．それとともに，関係する職員相互の知識の蓄積やスキルの向上にも役立っていたように思う．たとえば，ワーカーのもつ障害あるいは障害サービスに関する知識の量にはかなりの個人差がある．過去に障害をもつ少年を担当したことのあるワーカーのなかには，障害特性に関する正確な知識をもち，サービス・システムを理解している者もいる．しかし，そのような経験をもち合わせない者の場合には，各ジャスティス・クライアントへの連携した処遇を通じて，彼らの障害特性，特にコミュニケーションの特性について，ワーカーの理解が深まることも多かった．また，ケース・マネージャーがワーカーから少年非行処遇の実務，特に初期段階における関係性の構築，裁判所による保護処分の枠組みのなかでの支援等について学ぶ貴重な機会ともなっていた．

付言すると，コミュニケーションに関する支援などは，障害に関する専門知識をもつケース・マネージャーが処遇に加わり，司法と福祉が連携することによって生じる利点の典型的なものであろう．障害特性に配慮した，より適切なコミュニケーション方法を知ることで関係者の少年との意思疎通が格段にスムースになるという例が多くあった．ワーカーだけではなく，付添人として活動する弁護士に対しても，障害やコミュニケーション特性についてちょっとした情報提供や説明をすることで，クライアントとの意思疎通に大きく役立つことも経験した．また，審判の過程において，各手続や審判の内容について，少年の障害特性に配慮した視覚化や簡略化を施した説明をケース・マネージャーがすることで，彼らの理解の手助けとなることもよくあったように思う．

4 ジャスティス・クライアント処遇
―― 架空のケースＸを題材にして

前節では特別処遇の内容について解説したが，ここでは筆者がDHSのケース・マネージャーとして担当した複数のケースをもとに作りだした架空の少年Xを事例として，特別処遇の実践の様子を紹介する．なお，ここでは主にケース・マネージャーからみた処遇の流れを記述している．

Xは15歳の男子．メルボルン郊外の新興住宅地に両親，10歳の弟と4人

で暮らしている．過去に非行による補導歴等はない．Ｘが小学校低学年のころ，学校の教師からのアドバイスにより発達検査を受けた．その後，児童精神科医によって軽度の知的障害を伴う自閉症であるという診断を受けている．家庭環境は比較的安定しており，自閉症児を専門に教育する学校へ入学してからは本人の状態像も落ち着いていたため，それ以上の継続的福祉ニーズはなく，これまでDHSの障害クライアント・サービス部門の利用歴はない．

　6ヵ月前にＸの自宅で両親が主催するバーベキュー・パーティーが開かれ，そこに出席していたＡという10歳の女子に対して，Ｘの個室においてお互いに裸になった上でＸがＡの性器を触るという行為が発生した．当日は誰もその行為に気がつかなかったが，後日Ａが母親に打ち明けたことで発覚した．Ａには中程度の知的障害があり，ＸとＡの家族は以前から親しく交際していた．お互いの自宅において以前からそうした行為が行われていたとＡが訴え，またＡはＸに脅迫されていたと母親に話したため，母親が事件を警察に告訴した．警察の捜査はＸが在宅のままで行われ，その結果，今回のバーベキュー・パーティーの日の件，それ以前の2件について，児童裁判所に審判が申し立てられた．ＸはＡとの性的行動については認めたが，一連の行為のなかでＡを脅迫したことは否認した．

　担当裁判官はＸの事件を在宅で審判することとし，少年司法部門に審判中のスーパービジョンを命じた．少年司法部門では担当ワーカーを配置し，2週間に1度の割合で事務所での面談を設定した．官選弁護人がＸの付添人となり，有罪を認める答弁をした．Ｘが自閉症児専門の学校に通学しており，児童精神科医によって正式診断を受けていること，またＸが有罪答弁をしたことから，裁判官はこの件をＸの居住地を管轄する障害クライアント・サービス部門に通知し，事件記録の概要を送付するとともにサービス計画書の作成を命令した．

　クライアント・サービス部門では，Ｘがジャスティス・クライアントであるため，優先的に障害判定を行った後にケース・マネージャーを配置した．担当となったケース・マネージャーは，まずＸを担当するワーカーに連絡を取り，詳細情報を共有したうえで，Ｘに対して合同面談を行うことにした．ケース・マネージャーが初めて会ったＸは，自閉症のある人に典型的にみられるコミュニケーション特性を示しており，言われたことをそのままに受け取ってしまい，相手の言葉に付随する感情や情緒，あるいは文脈に応じ

た理解はしづらい様子であった．すでにワーカーがXと一定の関係を築いていたため，ケース・マネージャーは初回から比較的容易にXとの面談を進めることができた．面談終了後，ケース・マネージャーとワーカーは，Xの障害特性やそれに伴うコミュニケーション上の注意点などについての情報を共有し，統一した対応をとることにした．

ケース・マネージャーは裁判所から送られてきた記録，本人および家族，付添人，学校関係者からの聞き取り等によって得た情報をもとに初期アセスメントを行った．その結果，Xの行為の暴力性の度合や認知のゆがみの有無について，より詳しい専門的なアセスメントが必要であるとの結論に達したため，知的障害をもつ性犯罪者の治療教育を専門に行っている臨床心理士にコンサルテーションを依頼した．この臨床心理士は犯罪加害者の治療教育および生活支援を専門とする民間の社会福祉法人に勤務しているが，所属しているプログラムはDHSによって委託された事業である．

ケース・マネージャーから臨床心理士への情報提供が行われ，本人との面談，事件記録詳細の検討，関係者からの情報等に加えて，ツールを利用したリスク・アセスメントも行われた．その結果，臨床心理士は「Xの行為については認知のゆがみによるものというよりは，適切な性行動に関する知識の欠如である可能性が高い」という結論に達し，報告書をケース・マネージャーに提出した．

これらの情報に基づいて，ケース・マネージャーは「Xが知的障害をもつ少年を専門とした性教育プログラムへ出席すること」を条件とするサービス計画書を案として作成した．サービス計画書に記載されるサービスは，審判によって処分が決定した際には，必ず利用できる見込みがなければならないので，ケース・マネージャーはある事業者に連絡して空き状況を確認した．そして，ワーカーと協議の上で，Xと両親にプログラムに出席する必要性とその内容について説明した．当初，Xはこうした教育の必要性を認めようとしなかったが，2回の面談の結果，サービス計画書の内容に同意した．

児童裁判所における審判には，社会内処遇が適当だとする少年司法部門による判決前調査書，障害サービス部門が作成したクライアント状況報告書，サービス計画書が提出され，裁判官はXを12ヵ月間のProbationの処分とし，サービス計画書に従うことを遵守条件とした．期間中は少年司法部門のスーパービジョンを受けることも命じられた．

審判終了後，Xの件を担当するワーカーとケース・マネージャーは，Xとの面談を含むProbationのモニタリングは障害部門が主に行い，遵守事項に関して問題が起こった時には，速やかにケース・マネージャーがワーカーへ連絡することで同意した．Xに対しては，ケース・マネージャーがサービス計画書に記載された性教育プログラムの初回インテーク面接に同行し，その後も4週間に1回程度の頻度でプログラム担当者と連絡を取り合い，Xのプログラムの進度などについて確認した．Xがプログラム途中で休みがちになるという問題が一時起こったが，教育プログラムの最終段階まで終了し，12ヵ月間を再犯に至ることなく過ごした．Probationの期限満了と同時に少年司法部門は処遇を終了し，間もなくケース・マネージャーもサービスを終了した．

おわりに

　ビクトリア州における司法と福祉の連携によるジャスティス・クライアントへの処遇について，制度ならびに実践の様子を紹介した．紙幅の関係上，実践に関しては事例をもとにしながらも，実際のケースをかなり簡略化せざるをえなかったが，処遇の具体的なイメージをつかむ一助としていただければと思う．
　2003年にビクトリア州法制改革委員会が行った調査では，ここに紹介したジャスティス・クライアントへの特別処遇制度を含む現行法の規定は，認知に障害のある非行少年のケアに有効に作用していると評価されている（Victorian Law Reform Commission 2003: 82-85）．また，実務に携わっていた筆者の目から見ても，犯罪行為と知的障害という複合的な困難を抱えるためにニーズが複雑化しがちで，処遇にいっそうの注意が必要とされることが多いジャスティス・クライアント対して，司法と福祉の両分野の専門職の連携した処遇がもたらす意義は大きいと思われる．
　しかし，その一方で，当然ながら現行制度にも課題点は存在している．なかでも，筆者がもっとも困難を感じていたのは，裁判所の決定した処分に基づき，強制力をもって処遇する役割を果たす少年矯正部門と，随意（voluntary）でのサービス利用しか想定されていない障害サービスが連携することによって生じるさまざまな矛盾であった．少年矯正部門による処遇

は，それを受け入れることが少年の法的義務であるが，障害サービスによる介入や支援はあくまでも少年の同意による随意利用となる．サービス計画書は確かに保護処分の一部であるが，その内容が遵守されなかったとき，ケース・マネージャーにはサービスを受けるように強制する力はない．

　事例のなかで示したように，処遇にあたっては，少年矯正部門と障害サービスの間で主担当を決めることが多い．本人とのコミュニケーションやサービス計画書を実施する都合上，この役割をケース・マネージャーが請け負うことがままある．しかし，ケース・マネージャーには強制力がないため，こうした事情をよく知る累犯の少年などの場合は，審判が終わった途端にコンタクトが途切れがちになるといったことも珍しくない．制度上は少年司法部門が強制力を担保することになっているが，実際には業務量の問題もあって，実効性のある対応をとることができないこともあった．そして，矯正施設への収容を最後の手段とする少年司法制度のもとで，保護処分を受けてはサービス計画書が作られ，それが実効をあげないままに累犯を繰り返す少年が出てきてしまうという現実がある．

　また，少年矯正部門による処遇は保護処分が終了するまでという明確な終わりがあるので，実際のケースでは少年矯正部門が処遇を終了することで，少年とのコンタクトが途切れてしまい，本人のもつ福祉的な課題は未解決となることも少なくなかったという印象がある．特に少年自身の障害理解といった，時間のかかる課題に取り組んでいるときに，このような形での支援の断絶を経験すると深いジレンマを感じさせられた．

　最後に，本書の主題である発達障害をもつ非行少年への処遇に関して，ビクトリア州における近年の動きを紹介しておきたい．これまで障害福祉の分野ではサービスの展開が遅れがちであった自閉症をもつ人について，今後のサービス展開を促進する指針とするために「自閉症州計画」（Autism State Plan）が策定され，2009年に発表された（Department of Human Services, 2009a）．この計画には，自閉症スペクトラム障害（ASD）をもつ青少年のあいだで非行が喫緊の課題であることが明記されている．そして，刑事司法関係者への啓発活動，警察官に対してASDの障害特性に関する理解を深めることを目的とした訓練をまず実施していくことが決定している．

［注］

1 たとえば，州ごとの少年司法制度の違いは，処遇業務を所管する官庁の違いに象徴的に表れている．ニュー・サウス・ウェールズ州，西オーストラリア州などでは，少年矯正を専門に担当する官庁が独立して置かれているのに対して，ビクトリア州，クイーンズランド州，南オーストラリア州，タスマニア州などでは，家族，障害，公営住宅関連といった福祉サービスを担当する官庁が少年司法の関連業務を所管している（Australian Institute of Health and Welfare 2009）．司法と福祉の連携は同一官庁が所管する後者のほうがより進みやすいと推測される．

2 知的障害者サービス法が成立するまで，知的障害者は精神障害者医療の一部として支援されていた（Jones 1997）．このため，大規模入所施設でのケアは医療モデルによるものであり，当時の記録では入所者は「患者」とよばれ，治療的アプローチが多用されるなど，支援内容等にそれが色濃く表れている．

3 その後，グループ・ホームの運営は民間社会福祉団体へ委託されるようになったが，現在でも州直営と民間委託によるものが混在している．

4 身体障害者のリハビリテーションについては連邦政府が管轄し，予算配分，サービスを行っている．

5 ここでは非行少年の特別処遇制度を紹介しているが，類似の制度は知的障害をもつ成人犯罪者に対しても整備されている．これについては筆者による他の発表を参照されたい（水藤 2009）．

6 この法律は「子どもおよび少年法」（Children and Young Persons Act 1989）に代わり，2007年4月より施行されている．

7 ただし，実務においては，殺人事件は常に州最高裁判所で審理されるが，殺人以外の少年事件は児童裁判所で審判されることが通常となっている（Department of Human Services 2007: ix）．

8 児童裁判所の組織および業務内容については，ウェブサイトに詳細な情報が掲載されている．アドレスはhttp://www.childrenscourt.vic.gov.au/．なお，クリニックの機能は心理，精神医学の見地からのアセスメントに特化している．

9 矯正施設収容処分の割合がもっとも高いのは北部準州であり，23％に達している（Australian Bureau of Statistics 2009）．

10 グループ・カンファレンスには，非行少年，家族，被害者あるいはその代理人，警察官，付添人，その他の関係者が出席し，運営にあたっては修復的司法の原則が適用される（Keating and Barrow 2006: ii）．

11　DHSの組織および業務内容については，ウェブサイトに詳細な情報が掲載されている．URLはhttp://www.dhs.vic.gov.au/home.

12　少年矯正部門の詳細については，http://www.cyf.vic.gov.au/youth-justice/homeを参照のこと．

13　ビクトリア州では成人刑事司法制度の対象となった18歳から20歳の被告人について，裁判所が適当と認めた場合には，成人刑務所で服役させる代わりに少年矯正施設へ収容することができる．これは「デュアル・トラック・システム」とよばれ，オーストラリアではビクトリア州に独自の制度である（Hanson 2009）．デュアル・トラック・システムを適用しようとする場合，裁判所は少年司法部門に対して，適用の可否について意見を求めることができる．この制度は障害の有無に関係なく適用される．

14　スーパービジョンという言葉は，ビクトリア州を含むオーストラリアの司法制度では指導および監督という意味で，少年と成年の双方に対して広く使われている．

15　非行少年を収容して処遇する少年院にあたる施設として，10歳から14歳の男子および10歳から20歳までの女子を収容するYouth Residential Centreが1ヵ所，15歳から20歳までの男子を収容するYouth Justice Centreが2ヵ所設けられている．先述したデュアル・トラック・システムの対象となった18歳から20歳の受刑者のうち，男子については1つのYouth Justice Centreに集中的に収容され，17歳以下の少年とは分けて処遇されている．

16　6～7名程度のスタッフが所属する「チーム」が組織の最小単位となり，そこからユニット，プログラムの順に大きくなる．日本で言えば，それぞれ係，課，部といったイメージであろうか．

17　「子ども，少年および家族法」Part 7.8 Division 6 572.

18　前掲Part 7.8 Division 6 571（3）（4）．条文にはpre-sentence reportsとのみ書かれているが，このなかにサービス計画書が含まれると解釈され，運用されている．

19　ただし，前掲Part 7.8 Division 6 571（2）によって，矯正施設内での処遇を検討する場合には，児童裁判所は判決前調査書の作成を命令しなければならない．

20　欧米では認知行動療法に基づき，知的障害者の障害特性に考慮した治療教育ツールが開発されているが，日本においても近年それらの翻訳が出版され，日本語で情報が入手できるようになっている．たとえば，知的障害をもち性問題行動のある者のためのワークブック（Hansen and Kahn 2006）等．

21　以前はStatewide Forensic Servicesという名称であったが，2009年1月に一部改組，改称された．

[文献]

Australian Bureau of Statistics, 2009, 4513.0 - Criminal Courts, Australia, 2007-08, ABS.

Australian Institute of Health and Welfare, 2009, Juvenile Justice in Australia 2007-08, Juvenile Justice Series no. 5, Cat. No. JUV 5, AIHW.

Department of Human Services, 2007, Criminal Justice Practice Manual 2007, Disability Service Division.

Department of Human Services, 2009a, Autism State Plan, Portfolio Services and Strategic Projects.

Department of Human Services, 2009b, Disability Forensic Assessment and Treatment Services: Service Framework, Disability Services Division.

Department of Human Services, 2009c, Protocol between Disability Services and Youth Justice and guidelines for workers 2009, DHS.

Hansen, K. and Kahn, T., 2006, FOOTPRINTS: Steps to a Healthy Life, Safer Society Foundation. (=2009, 本多隆司・伊庭千恵監訳『性問題行動のある知的障害者のための16ステップ』明石書店).

Hanson, S., 2009, Youth Justice in Victoria: The benefits of Victoria's Youth Justice System and the challenges ahead, YMCA.

Jones, M., 1997, Colony to Community: The Janefield and Kingsbury Training Centres, Janefield and Kingsbury Redevelopment Project.

Keating, C. and Barrow, D., 2006, Report on the Juvenile Justice Group Conferencing Program, Department of Human Services.

水藤昌彦,2008,「オーストラリアビクトリア州における知的障害のある犯罪加害者（ジャスティス・クライアント）へのケース・マネージメント実践」『国際社会福祉情報』, 32: 55-64.

水藤昌彦,2009,「オーストラリアビクトリア州における知的障害のある犯罪加害者への社会内処遇1」『月刊福祉』,92 (6) : 92-95.

Moxley, D. P., 1989, The Practice of Case Management, Sage Publications, Inc.（=1997, 野中猛・加瀬裕子監訳『ケースマネジメント入門』中央法規）.

O'Connor, I. and Cameron, M., 2002, Juvenile Justice in Australia. In Graycar, A. and Gravosky, P. (Ed), The Cambridge Handbook of Australian Criminology, Cambridge University Press.

Victoria Police, 2009, Victoria Police Child and Youth Strategy 2009-2013 – Action Plan

2009-2010, Victoria Police.

Victorian Law Reform Commission, 2003, People with Intellectual Disabilities at Risk: A Legal Framework for Compulsory Care: Report, VLRC.

（みずとう・まさひこ）

終章 **まとめに代えて**
何が明らかになったか

村井敏邦（龍谷大学教授）

1　刑事司法における発達障害についての理解の変遷

「前認定のとおり信用すべき樫葉鑑定及び林・岡江鑑定等の関係証拠によれば、被告人は、妄想性、非社会性及び情緒不安定性（衝動型）の複合的人格障害者ないしは他者に対して冷淡、残忍、冷酷な情性欠如を中核とする人格障害者であって、しかも、他罰性、自己中心性、攻撃性、衝動性が顕著で、その人格障害の程度（人格の偏りの程度）は非常に大きいと認められるところであるが、その人格障害は、仮に被告人の脳に心理的発達障害の素因となるべき器質的機能異常が存したとしても、それ自体を精神疾患とはいい難く、また、被告人が精神分裂病等の精神疾患に罹患していないことも認められるのであるから、このような人格の偏りがなんらかの疾患を原因とするものではないことも明らかである．そうすると、被告人に認められる人格傾向の著しい偏りそれ自体は、責任能力に直ちに影響を及ぼすものではないといわなければならない」．

池田小学校事件についての2003（平成15）年8月28日大阪地方裁判所判決の中の一節である．この判決には、「人格障害」「心理的発達障害」などの言葉や「行動障害」という言葉がたびたび出てくる．しかし、これらは結局精神疾患には結びつかないとされ、しかも、これらゆえに、かえって「妄想性、非社会性及び情緒不安定性（衝動型）」があり、「他者に対して冷淡、残忍、冷酷な情性欠如を中核とする人格障害者」であり、「他罰性、自己中心性、攻撃性、衝動性が顕著で」あるとされている．「行動障害」「人格障害」「発達障害」は、「非社会性」「残忍」「冷酷」「自己中心性」「攻撃性」「衝動性」などの修飾語がつけられて、死刑を選択する理由へと向かっている．

筆者は，この判決に接したとき，かつての「精神病質」というレッテルをはられた人々の犯罪行為に対する裁判所の量刑判断が再現されているのを感じた．1977年に上梓された『刑事鑑定の理論と実務』（上野正吉ほか編・成文堂）で精神鑑定と責任能力の章の執筆を担当した際，筆者は，「精神病質」という診断名が責任能力を否定あるいは制限する方向に作用するよりむしろ，刑を重くし，究極的には死刑を科する理由となっていることを公表されている判決の分析によって明らかにした．

　「行動障害」「人格障害」「発達障害」というタームは，「精神病質」と同様の扱いを受けていた．責任能力との関係ではこれを否定するほどの精神障害ではなく，量刑の点では，むしろ重くする要因として扱われていた．少なくとも，2005年ころまではそうだった．

　2005年に発達障害者支援法が成立・施行されて，発達障害に対する一般的認識は少し変わった．最近の判例のなかには，知的障害に広汎性発達障害が加わった被告人の行為に対して，心神耗弱を認めるものも見られる（大阪地判平成20年12月10日）．しかし，裁判における扱いに特別な変化が生じているわけではない．この点については，本書の各論文，特に第7章浅田論文に詳細に論じられているところである．

2　少年事件と発達障害

　少年審判においてはどうだろうか．2000年5月1日に発生した豊中市主婦殺害事件では，はじめてアスペルガー症候群による心神耗弱が認められた．しかし，発達障害が責任能力に影響を与える病気として認められることは，少年事件においても稀である．「責任能力の判断は，精神の障害の有無（生物学的要素）と行為の是非善悪を弁識する能力及びその弁識に従って行動を制御する能力（心理学的要素）とを勘案して判断すべきところ，広汎性発達障害は，いわゆる精神病ではないことから，これがあるからといって直ちに精神の障害があるものとは認められない」（東京地裁八王子支判平成19年7月31日）とするのが，現在においても一般的である．

　少年の事件においては，少年の成長発達権が阻害されているとして要保護性が争われることが多い．素朴に考えるならば，少年に自己の責任によらない発達障害があり，それが非行・犯罪行動に結びついたならば，少年に対

する責任を問い得ないはずであり，むしろこれを問うことは少年保護の精神に真っ向から衝突することになるはずである．ところが，事実はそうはなっていない．特に，2000年以降の少年法改正のなかで，少年に対して刑事責任を問う声は大きくなり，事件の重大性が重視され，たとえ広汎性発達障害と家庭裁判所が認めても，事件の社会的影響などを配慮して，刑事責任を問うための逆送決定になることのほうが依然として確率的には多い．そこには，少年事件と責任能力との関係という根本問題があるとともに，発達障害のある少年の処遇の場として少年院が適切か刑事施設が適切かという少年処遇の問題がある．これらの点については，第3章および第10章の小栗論が有益な情報をもたらしてくれている．

3 裁判員裁判と発達障害

　現在では，新たに，裁判員裁判との関係が問題になる．特に，責任能力が争われる事件の扱いについては，鑑定の問題だけではなく，審理期間や裁判員の理解を助ける手段など各種の問題が生じてきている．とりわけ，発達障害のように，一般においても，いまだ十分に理解がされているとは言えない領域の問題について，裁判員が判断することには，よほど考えなければならない問題がある．すでに，山口県で1件，アスペルガーと診断された被告人の放火事件について裁判員裁判が開かれ，実刑が言い渡されている．この審理においては，責任能力は裁判官の判断の問題とされ，アスペルガー症候群と認められ，さらに自宅を放火することにこだわりをもっていたとは認められたものの，父や伯母に危険が及ばないように常識的な判断で自分をコントロールしているとして，行動を抑止できない程度のものではなかったと判断された模様である．執行猶予ではなく実刑とした理由については，社会での更生は困難であり，再犯の可能性もあるということのようである．

　この一例だけで，裁判員裁判におけるこの問題の扱い方を占うことはできない．しかし，裁判員には困難な判断を求められているとの受け取り方が強く，それだけに，責任能力判断は法的判断であり，裁判官の判断領域であるとすることによって，裁判員の負担が軽減されると感じる傾向は強いであろう．特に，アスペルガーが責任能力に影響するか否かの判断を裁判員ではなく，裁判官の判断に委ねる傾向は，今後の裁判において強くなる可能性

が高い．しかし，そうであるとしても，画一的にアスペルガーが責任能力判断には影響を及ぼさないとすることになってはいけない．症状や事件の内容という個別的事実ごとの判断が重要であり，その意味においては，裁判員の事実の見方もそこには反映されるべきであろう．今後の裁判員裁判での発達障害の事例を見守る必要がある．

4 発達障害者の社会生活のために

　もっとも重要なことは，発達障害を有している人は，他人とのコミュニケーションにおいて失敗が際立っており，それによってパニック状態に陥り，時にはその結果が刑事事件になるということを認識しておくことであろう．コミュニケーション障害があるということは社会生活をおくる上で大変なハンディであるが，反社会性があるということではない．初期のころは，この点の誤解があった．現在では，アスペルガーの人のコミュニケーションの取り方についての一定の理解が広がってきており，そのことを理解して他人が接触すれば，そのような人も十分に社会生活を送ることができ，また，現に多くの人は問題なく社会生活を送っている．

　発達障害をもつ人には，コミュニケーションに障害があることについての社会的認知が深まっていくなかで，発達障害の人々に対する援助がより充実したものとなり，そのような人々の居場所が広がっていくであろう．

　発達障害の人々への支援の充実と居場所の確保のための総合的システムをどのように構築すればよいのであろうか．一例として，台湾では，知的障害者についてであるが，知的障害者の親の会が財政的基盤も確保して，かなり総合的な取り組みを展開しているので，参考として紹介しておく．

　台湾では，各地に知的障害者の親の会が設立され，それを統括する全国的本部（智障者家長総会）が設置されている．この本部のもとに，会務相談委員会，特別教育委員会，就職促進委員会，健康・医療・支援サービス委員会，法的権利委員会，身体的適応委員会，国際渉外委員会，研究・展開チームなどの各種委員会が組織されている．これらの委員会は，ソーシャル・ワーカーや法律家などの専門家によって支えられている．

　文字通り総合的な支援機構であり，このような総合的な取り組みがあって，初めて司法における知的障害者への援助も実現するものであることを

実証している．

　もっとも，この組織では，いまだ発達障害までは手が回っていないという．しかし，発達障害の問題が重要であることは認識されている．このような知的障害者支援の組織を参考にして発達障害者支援の総合的組織を構築する必要があろう．

5　本書の意義

　本書は，発達障害の問題が刑事・少年司法においてどのように扱われているかを中心として論じたものである．ここから，発達障害の人に対して，どのような対応をすべきであるか，施設内外においてどのような処遇をすべきであるかに回答を得ることは，必ずしも容易でない．しかし，まず現状を認識し，その現状の問題点を見極めることが大事である．それから先の具体的な処遇プログラムの構築・提案は今後の課題として残されているが，本書は，その課題へ向かう第一歩を提示するという役割をある程度果たし得たのではないかと思う．

（むらい・としくに）

▷編著者略歴（掲載順）

浜井浩一／はまい・こういち
龍谷大学法務研究科教授．専門は犯罪学．早稲田大学教育学部卒業後，1984年に法務省に採用され，少年院，刑務所，保護観察所等の犯罪者処遇の現場のほか，法務省からの派遣で米国南イリノイ大学大学院留学，在イタリア国連犯罪司法研究所，法務省総合研究所研究官を歴任，2003年から現職．主著に『犯罪統計入門』（編著），『刑務所の風景』（いずれも日本評論社），『2円で刑務所，5億で執行猶予』（光文社新書）などがある．社会保障審議会障害者部会専門委員などを歴任．臨床心理士．

村井敏邦／むらい・としくに
龍谷大学法務研究科教授および同矯正・保護研究センター長．一橋大学法学部卒業．司法研修所第20期終了．一橋大学教授を経て現職．弁護士．主著に『公務執行妨害罪の研究』（成文堂），『罪と罰のクロスロード』（大蔵省印刷局），『民衆から見た罪と罰』（花伝社），『裁判員のための刑事法ガイド』（法律文化社）等がある．

▷著者略歴（掲載順）

浜田寿美男／はまだ・すみお
奈良女子大学文学部教授．専門は発達心理学・法心理学．主著に『自白の研究』（北大路書房），『自白の心理学』（岩波書店），『「私」とは何か』（講談社），『私と他者と語りの世界』等がある．

中野育子／なかの・いくこ
札幌市精神保健福祉センター勤務．児童精神科医．発達障害のある青年への支援を主に行っている．精神保健指定医，産業医，精神科専門医，日本児童精神医学会認定医．

小栗正幸／おぐり・まさゆき
特別支援教育ネット代表．専門は思春期・青年期の逸脱行動への対応．法務技官として矯正施設に勤務し，鳥取少年鑑別所長，宮川医療少年院長を経て2009年退官．主著に「発達障害児の思春期と二次障害予防のシナリオ」（ぎょうせい）などがある．

渕上康幸／ふちがみ・やすゆき
八王子少年鑑別所首席専門官．専門は犯罪心理学．1992年に法務省に採用され，少年鑑別所，矯正協会附属中央研究所を歴任．『発達障害と非行に関する実証的研究（日立みらい財団）』（共著），『矯正用語事典（東京法令出版）』（共著）がある．

山岡 修／やまおか・しゅう
長男がLD傾向であったことから親の会の活動に参加．全国LD親の会会長，日本発達障害ネットワーク代表等を歴任し，現在はNPO法人全国LD親の会理事，日本発達障害ネットワーク・副代表．文部科学省や厚生労働省関係の審議会等の委員を多数務める．主著に「発達障害者支援法ハンドブック」（河出書房新社）〔分担執筆〕等がある．

古田 茂／ふるた・しげる
弁護士，第二東京弁護士会所属．

浅田和茂／あさだ・かずしげ
立命館大学法科大学院教授．専門は刑法．関西大学助手，同専任講師，助教授，大阪市立大学助教授，同教授を経て，2008年から現職．刑法学会常務理事，法と心理学会理事，法と精神医療学会理事・理事長を歴任．主著に『科学捜査と刑事鑑定』(有斐閣)，『刑事責任能力の研究・上巻・下巻』(成文堂)，『刑法総論(補正版)』(成文堂) 等がある．

仲 真紀子／なか・まきこ
北海道大学大学院文学研究科教授．専門は認知・発達心理学，法と心理学．科学技術振興機構経費により「司法面接支援室」を開室．主著訳書に「目撃証言の心理学」(共著，北大路書房)，「子どもの司法面接」(英国内務省，共訳，誠信書房) 等．

阪本哲也／さかもと・てつや
1980年より法務省・瀬戸少年院・法務教官採用．以降，大阪矯正管区内の少年施設および刑事施設で勤務．現在，大阪拘置所統括矯正処遇官(教育担当)．

山口裕司／やまぐち・ひろし
京都保護観察所保護観察官．臨床心理士．臨床発達心理士．1985年に法務省に採用され，主に保護観察の現場で勤務．非行や犯罪をした人とその家族に対する心理臨床的な援助，援助職の連携・協働，理論と実践の橋渡しをテーマとしている．

原田和明／はらだ・かずあき
社会福祉法人一羊会・相談支援センター「であい」所長．1986年，社会福祉法人大阪自彊館に採用．社会福祉学修士，社会福祉士，介護福祉士，精神保健福祉士，介護支援専門員．日本社会福祉学会，日本司法福祉学会，日本福祉文化学会に所属．

水藤昌彦／みずとう・まさひこ
社会福祉法人北摂杉の子会高槻地域生活総合支援センターぶれいすBe施設長．専門はソーシャル・ワークと犯罪学．2001年よりビクトリア州政府ヒューマン・サービス省に勤務し，知的障害のある犯罪加害者の社会内処遇等の業務に従事する．

龍谷大学矯正・保護研究センター叢書　第11巻

発達障害と司法
非行少年の処遇を中心に

2010年3月31日　第1版第1刷発行
2010年11月1日　第1版第2刷発行
2011年4月28日　第1版第3刷発行

編著者　浜井浩一・村井敏邦
発行人　成澤壽信
編集人　桑山亜也
発行所　株式会社 現代人文社
　　　　〒160-0004 東京都新宿区四谷2-10 八ッ橋ビル7階
　　　　Tel　03-5379-0307（代）　Fax　03-5379-5388
　　　　E-mail　henshu@genjin.jp（編集）　hanbai@genjin.jp（販売）
　　　　Web　http://www.genjin.jp
　　　　郵便振替口座　00130-3-52366
発売所　株式会社 大学図書
印刷所　株式会社 平河工業社
装　丁　Malpu Design（渡邊雄哉）

検印省略　Printed in JAPAN
ISBN978-4-87798-439-7 C3032
©2010 by Hamai Koichi & Murai Toshikuni

本書の一部あるいは全部を無断で複写・転載・転訳載などをすること、または磁気媒体等に入力することは、法律で認められた場合を除き、著作者および出版者の権利の侵害となりますので、これらの行為をする場合には、あらかじめ小社または編集者宛に承諾を求めてください。